# 创新驱动与贸易强国

## 基于技术贸易的视角

崔艳新◎著

CHUANGXIN QUDONG YU
MAOYI QIANGGUO

JIYU JISHU MAOYI DE SHIJIAO

知识产权出版社

全国百佳图书出版单位

**图书在版编目（CIP）数据**

创新驱动与贸易强国：基于技术贸易的视角/崔艳新著. —北京：知识产权出版社，2018.4

ISBN 978-7-5130-5458-4

Ⅰ.①创… Ⅱ.①崔… Ⅲ.①技术革新—研究—中国 ②技术贸易—研究—中国 Ⅳ.①F124.3 ②F723.84

中国版本图书馆 CIP 数据核字（2018）第 043297 号

**内容提要**

创新是引领我国经济发展的第一动力，是建设现代化经济体系的战略支撑，而科技创新是建设创新型国家和推动全面创新的核心引领，也是增强国家综合竞争力的根本保障。本书从科技创新与国际贸易相互促进的理论出发，围绕科技创新与技术贸易全球最新发展趋势，对我国技术贸易以及知识产权贸易的发展现状与问题展开实证研究，指出新形势下必须坚持创新驱动理念，发挥科技创新对贸易结构的优化作用，促进对外贸易提质增效，最终实现贸易强国的建设目标。

| | |
|---|---|
| 责任编辑：韩　冰 | 责任出版：孙婷婷 |
| 策划编辑：蔡　虹 | 封面设计：邵建文 |

创新驱动与贸易强国

——基于技术贸易的视角

崔艳新　著

出版发行：知识产权出版社有限责任公司　　网　　址：http://www.ipph.cn

社　　址：北京市海淀区气象路 50 号院　　邮　　编：100081

责编电话：010-82000860 转 8126　　责编邮箱：hanbing@cnipr.com

发行电话：010-82000860 转 8101/8102　　发行传真：010-82000893/82005070/82000270

印　　刷：虎彩印艺股份有限公司　　经　　销：各大网上书店、新华书店及相关专业书店

开　　本：787mm×1092mm　1/16　　印　　张：16

版　　次：2018 年 4 月第 1 版　　印　　次：2018 年 4 月第 1 次印刷

字　　数：220 千字　　定　　价：59.00 元

ISBN 978-7-5130-5458-4

# 前　言

　　当前世界经济形势正在发生深刻变化，国家间综合国力竞争日趋激烈，创新成为全球经济增长最重要的驱动力。我国在经历了近40年的改革开放之后，经济发展方式正在发生根本性转变。党的十九大报告指出，我国经济已由高速增长阶段转向高质量发展阶段，正处在转变发展方式、优化经济结构、转换增长动力的攻关期，建设现代化经济体系是跨越关口的迫切要求和我国发展的战略目标。创新是引领发展的第一动力，是建设现代化经济体系的战略支撑。发展创新型经济必须坚持质量第一、效益优先，以供给侧结构性改革为主线，推动经济发展质量变革、效率变革、动力变革，不断增强我国经济的创新力和竞争力。

　　科技创新是建设创新型国家和推动全面创新的核心引领，也是供给侧结构性改革和培育发展新动能的重要支撑。科技是国之利器，世界上的现代化强国无一不是科技创新强国。党的十八大以来，我国在实施创新驱动发展战略上取得了显著成就，科技进步对经济增长的贡献率从2012年的52.2%提高到2016年的56.2%，有力推动了产业转型升级。我国在量子通信与计算机、高温超导、中微子振荡等基础研究领域，在载人航天和探月工程、载人深潜、深地钻探、超级计算等高端技术领域取得了重大突破；腾讯、华为、中兴等一大批科技创新主体已成长为具有全球竞争力的行业领军企业；科技体制改革逐步深化，科技创新的生态环境与服务体系不断改善。但同时，我国仍处于由科技大国向科技强国转变的关键阶段，科技创新能力、自主研发水平和企业国际竞争力与当今世界科技强国相比仍有一定差距。科技领域也应从供给、结构、改革三方面入手，优化科技供给要素投入，推动科技主体与载体结构升级，实施科技体制机制改革，完善科技服务环境与制度创新。

技术贸易是科技创新资源、产品与服务国际化的必然产物，是当前国际贸易的重要组成部分。国际技术贸易的发展，加速了生产要素在国家间的转移，推动了技术贸易参与国家的经济发展，缩短了有关国家经济现代化和科学技术现代化的进程。技术在国家间的转移、扩散与外溢，带来了科技创新资源的优化配置，有效改善了发展中国家技术创新的外部条件，直接或间接刺激了贸易双方技术创新的内在动力与外在压力，进而带动贸易方式、科技水平与产业结构向更高级别演进。我国在构建全面开放新格局的过程中，大力发展技术贸易，不仅可以优化我国贸易结构，促进对外贸易提质增效，还可以在弥补我国科技"短板"的同时，带动国内企业自主创新，进而推动供给侧结构性改革，实现产业结构调整与建立现代化经济体系的目标。目前我国已成为 GDP、货物贸易与服务贸易全球第二大经济体，但关键核心技术的研发能力仍然较弱，关键核心技术的对外依存度高达 50%，高端产品开发 70% 依靠技术引进，先进技术的进口仍是弥补我国科技创新能力不足、建设现代化经济体系不可或缺的资源要素。同时，我国在技术引进的过程中，了解和熟悉先进国家的新技术与新产品，进行学习、模仿乃至创新，提升了本土企业的自主创新能力，正逐步形成赶超发达国家的"后发优势"。

随着科技进步与各国经济交往的加深，国际技术贸易已不仅局限于传统的专利、商标、专有技术、特许经营权等标的物的有偿转让许可以及技术咨询、技术服务等形式，还扩展到合作研发与生产、技术并购、国际 BOT、工程承包等多个领域。全球技术贸易在蓬勃发展的同时，呈现出新的发展态势和特征，主要表现为技术贸易结构不断升级，贸易方式趋向数字化与信息化，与之相关的国际贸易规则也变得越来越复杂。数字技术革命催生的新业态、新模式正在成为加速全球技术贸易持续增长的新动力。以数字化形式交付的技术内容日益丰富，如软件服务、在云端交付的数据服务、计算平台服务以及通过互联网实现的通信服务等。基于云端的技术服务模式被广泛认可，一种完全创新的技术提供方式正在兴起。现代技术手段引发国际贸易"数字革命"的同时，也带来了一系列挑战。数字形态的技术产品和服务在生产、交付、存储、使用、定价、交易合同签订等环节均与传统的贸易方式不同，在税收征收、商业秘密与个人隐私权保护、版权保护、打击有关犯罪、审查监管与争端解决等领域有待确立新的规则。与传统的关税、许可证与配额等贸易限制措施不同，数字化技术面临的贸易壁垒也更趋隐蔽与复杂，本地化要求、跨境数据流量限制、知识产权（IPR）侵权、国际合规性评估、独特的标准和繁重的测试、规避网络安全风险等新型贸易规则，给政策制定者和贸易参与方提出了许多全新的待解难题，加强相关领域的研究非常必要。

笔者长期以来一直从事国际服务业与服务贸易等相关领域的研究，近年来在科技创新、技术贸易、知识产权贸易、数字贸易等领域承担了相关部委的课题，也撰写了不少研究报告，对我国在新形势下如何建设创新型国家，深入实施"科技兴贸"与"知识产权强贸"战略进行了一些思索。本书围绕科技创新与技术贸易这一主题，在笔者多年跟踪研究的成果基础上，分别在八个方面展开论述。第一章系统梳理了科技创新与技术贸易的相关理论；第二章概括总结了全球科技创新趋势，在此基础上展开科技创新能力的国际比较以及全球科创中心城市的比较研究；第三章深入论述了科技创新与供给侧结构性改革的内在联系，科技创新推动供给侧结构性改革的机理与路径，以及在供给侧结构性改革背景下进一步提升我国科技创新能力的思路与举措；第四章开展了在开放经济条件下科技创新对我国经济结构调整的实证研究，系统梳理与归纳了我国技术贸易发展的现状与问题，对我国新形势下发展技术贸易，推动科技创新提出了思考和建议；第五章与第六章围绕科技创新的核心要素——知识产权展开论述，回顾了我国知识产权贸易发展历程与相关贸易政策，对国际知识产权规则发展最新趋势与特点进行了系统分析，为提升我国参与国际知识产权规则制定提出了若干建议；第七章详细梳理了包括美国、欧盟在内的发达国家数字贸易规则的最新发展趋势，分析了数字贸易规则对我国造成的可能影响以及应对策略；第八章从区域创新的角度，探讨了新形势下推动京津冀协同创新发展与全国科技创新中心建设的相关思路与举措。

在写作过程中，笔者深感提升我国科技创新国际竞争力的紧迫性与必要性，也意识到完成这一任务的艰巨性。现代科技日新月异，国际规则深刻变革，相关领域的研究也需要紧跟时代步伐，不断做出新的思考。在我国迈向科技强国与贸易强国的征程中，笔者愿与相关同人一道，深入思索与探寻，勤于动笔与耕耘，为我国实现社会主义现代化强国建设目标贡献自己的绵薄之力。

# CONTENTS

目 录

# 第一章　科技创新与技术贸易理论综述

## 第一节　经济学关于科技创新理论研究综述

20 世纪以来，科技进步的步伐大大加快，创新在人类生产生活中的重要性日益凸显，经济学界开始了对创新理论的研究与探索。全球经济一体化的深入发展，更推动了创新理论向专业化与国际化方向发展。

### 一、熊彼特创新理论

1912 年，美籍奥地利经济学家约瑟夫·熊彼特在其著作《经济发展理论》❶ 中率先提出"创新理论"概念，他指出，"创新"就是要"建立一种新的生产函数"，是企业对"生产要素的重新组合"，认为"创新"是资本主义经济增长和发展的动力，没有"创新"就没有资本主义的发展。创新的实现有五种方式：①生产一种新的产品，即产品创新；②采用一种新的生产方法，即工艺创新；③开辟一个新的市场，即市场创新；④获得一种原料或半成品的新供给来源，即材料创新；⑤实行一种新的企业组织形式，即组织管理创新。

---

❶ 熊彼特. 经济发展理论［M］. 孔伟艳，等译. 北京：北京出版社，2008.

熊彼特以"创新理论"解释资本主义的本质特征，解释资本主义发生、发展和趋于灭亡的结局，从而闻名于资产阶级经济学界。后来，他又相继在《经济周期》❶ 和《资本主义、社会主义和民主》❷ 等著作中对理论进行运用和发挥，逐步形成了以"创新理论"为基础的独特的理论体系。

熊彼特的"创新理论"主要有以下几个基本观点：

第一，创新是生产过程中内生的。熊彼特指出，尽管投入的资本和劳动力数量的变化，能够导致经济生活的变化，但这并不是唯一的经济变化，还有另一种经济变化，它是不能用从外部加于数据的影响来说明的，它是从体系内部发生的，这种经济变化就是"创新"。

第二，创新是一种"革命性"变化。熊彼特曾做过这样一个形象的比喻：你不管把多大数量的驿路马车或邮车连续相加，也绝得不到一条铁路。他充分强调创新的突发性和间断性的特点，主张对经济发展进行"动态"性分析研究。

第三，创新同时意味着毁灭。熊彼特认为，在竞争性的经济生活中，新组合意味着对旧组织通过竞争而加以消灭，随着经济的发展、经济实体的扩大，创新更多地转化为一种经济实体内部的自我更新。这也是熊彼特"创造性破坏"的主要观点，他在其书《资本主义、社会主义与民主》中强调"资本主义企业的创新，就是不断地从内部使这个经济结构革命化，不断地破坏旧结构，不断地创造新结构。这个创造性破坏的过程，就是资本主义的本质性的事实。"

第四，创新必须能够创造出新的价值。熊彼特认为，先有发明，后有创新；发明是新工具或新方法的发现，而创新是新工具或新方法的应用。"只要发明还没有得到实际上的应用，那么在经济上就是不

---

❶ 熊彼特. 经济周期循环论对利润、资本、信贷、利息以及经济周期的探究 [M]. 叶华，编译. 北京：中国长安出版社，2009.

❷ 熊彼特. 资本主义、社会主义和民主 [M]. 吴良健，译. 北京：商务印书馆，2006.

起作用的。"因为新工具或新方法的使用在经济发展中起作用，最重要的含义就是能够创造出新的价值。

第五，创新是经济发展的本质规定。熊彼特认为，可以把经济区分为"增长"与"发展"两种情况。如果经济增长是由人口和资本的增长所导致的，并不能称作发展。"我们所说的发展，可以定义为执行新的组合。"这就是说，发展是经济循环流转过程的中断，也就是实现了创新，创新是发展的本质规定。

第六，创新的主体是"企业家"。熊彼特把"新组合"的实现称为"企业"，那么以实现这种"新组合"为职业的人便是"企业家"。因此，企业家的核心职能不是经营或管理，而是看其是否能够执行这种"新组合"。熊彼特对企业家的这种独特的界定，其目的在于突出创新的特殊性，说明创新活动的特殊价值。

熊彼特非常强调企业家在创新中的作用，他认为引起创新活动的动机有两个：一是获取创新利润的强烈渴望，二是创新主体企业家拥有的创新精神。企业家与只想赚钱的普通商人和投机者不同，个人致富充其量只是他的部分动机，而最突出的动机是"个人实现"，即"企业家精神"。熊彼特认为这种"企业家精神"包括：建立私人王国；对胜利的热情；创造的喜悦；坚强的意志。这种精神是成就优秀企业家的动力源泉，也是实现经济发展中创造性突破的智力基础。

熊彼特还利用创新理论对资本主义经济周期的产生进行了解释，他强调创新推动经济从衰退走向繁盛的过程可以分为三个步骤，即实施创新、模仿创新、适应创新。首先，为了获取潜在的利润，企业家会大胆地进行创新活动，改变原有的生产函数，促使新产品的产生。其次，当个别企业家通过这种创新活动而获得利润时，就会引起更多的企业家或者投资者来进行模仿创新，与该新产品、新技术、新原料、新市场等有关的经济行为在市场上会被广泛地推广。最后，一些老企业在这种新的经济形势下，面对新企业激烈的竞争，旧的生产方式不再适应经济的发展，如果不及时进行更新和变革来适应新的经济形势就会被淘汰、摧毁。这三个步骤的过程，其实就是创新推动经济由衰退走向繁荣的过程，从创新的开始实施到创新带来的影响最大化的过程，其后因为利润被不断地分享，利润率变得越来越低，直至消失，经济开始不景气，经过一段时间后，新一轮的创新会开始……如此周而复始，形成经济周期。

## 二、技术创新理论和制度创新理论

20 世纪 50 年代以后，熊彼特的追随者将"创新理论"发展出当代西方经济学的另外两个分支：以技术变革和技术推广为对象的技术创新理论和以制度变革和制度形成为对象的制度创新理论。

### （一）技术创新理论

技术创新理论又分为新古典学派和新熊彼特学派两个流派。

新古典学派以索洛、阿罗为首，该学派运用新古典生产函数原理，表明经济增长率取决于资本和劳动的增长率、资本和劳动的产出弹性以及随时间变化的技术创新。索洛区分出经济增长的两种不同来源：一是由要素数量增加而产生的"增长效应"，二是因要素技术水平提高而产生的"水平效应"的经济增长。他还建立了著名的技术进步索洛模型，专门用于测度技术进步对经济增长的贡献率。在《在资本化过程中的创新：对熊彼特理论的述评》一文中，索洛提出了创新成立的两个条件，即新思想的来源和以后阶段的实现和发展。这种"两步论"被认为是技术创新概念界定研究上的一个里程碑。在继续深入研究技术进步对经济增长作用的同时，新古典学派还开展了技术创新中政府干预作用的研究，提出当市场对技术创新的供给、需求等方面出现失效时，或技术创新资源不能满足经济社会发展要求时，政府应当采取金融、税收、法律以及政府采购等间接调控手段，对技术创新活动进行干预，以提高技术进步在经济发展中的促进和带动作用。

新古典理论仍采用正统经济理论模型作为分析工具，因此也不能反映技术变化和创新时时处于动态的经济现实，没有充分考虑经济发展中技术和制度的作用及其发挥作用的方式。为了尽可能接近并反映现实世界，不应该抽象掉对于制度和技术研究至关重要的动态特性，制度与技术经济理论研究必须以演化的、发展的眼光，对制度和技术的动态性及创新、变迁的过程予以特别关注，才能使得该理论在更加科学的方向上得以不断推进和突破。因此，对于一些重大的理论与现实问题，如决定企业生产率水平高低的因素是什么，决定企业间生产率差异的因素又是什么，新技术的产生、筛选、扩散过程怎样，仍未能给予充分的回答，这说明新古典理论与现实存在严重脱节。另外，技术创新的新古典学派是将技术创新过程看成一个"黑箱"（black box），他们本身并不关心这个黑箱内部的运作。

新熊彼特学派以埃德温·曼斯菲尔德、莫尔顿·卡曼、南希·施瓦茨等为代表，该派坚持熊彼特传统，强调技术创新和技术进步在经济发展中的核心作用，认为企业家是推动创新的主体，并将技术创新视为一个相互作用的复杂过程，重视对"黑箱"内部运作机制的揭示，研究新技术推广、技术创新与市场结构的关系、企业规模与技术创新的关系等，侧重研究企业的组织行为及其对技术创新的影响。新熊彼特学派的技术创新理论主要由各个学者在研究创新作用过程的基础上提出的一系列技术创新模型构成。

曼斯菲尔德❶对新技术的推广问题进行了深入的研究，分析了新技术在同一部门内推广的速度和影响其推广的各种经济因素的作用，并建立了新技术推广模型。他提出了四个假定：①完全竞争的市场，新技术不是被垄断的，可以按模仿者的意愿自由选择和使用；②假定

---

❶ Edwin Mansfield. The Role of Technology in Business Economics [J]. International Journal of the Economics of Business, 1994, 1 (1)：23-26.

专利权对模仿者的影响很小，因而任何企业都可以对某种新技术进行模仿；③假定在新技术推广过程中，新技术本身不变化，从而不至于因新技术变化而影响模仿率；④假定企业规模的大小差别不至于影响采用新技术。在上述假定的前提下，曼斯菲尔德认为有三个基本因素和四个补充因素影响新技术的推广速度。这三个基本因素为：①模仿比例，模仿比例越高，采用新技术的速度越快；②模仿相对盈利率，相对盈利率越高，推广速度越快；③采用新技术要求的投资额，在相对盈利率相同的情况下，采用新技术要求的投资额越大，推广速度越慢。而四个补充因素具体包括：①旧设备还可使用的年限，年限越长，推广速度越慢；②一定时间内该部门销售量的增长越快，推广速度越快；③某项新技术首次被某个企业采用的年份与后来被其他企业采用的时间间隔越长，推广速度越慢；④该项新技术初次被采用的时间在经济周期中所处的阶段不同，推广速度也不同。

尽管曼斯菲尔德的理论填补了熊彼特创新理论中的一个空白，研究了技术创新与模仿之间的关系以及二者变动的速度，在一定程度上有助于对技术模仿和技术推广的解释，但其理论假设的前提条件与实际相差太大。例如，完全竞争市场只是一个理想化的状态，而新技术出现的初期一般都处于垄断状态，只是维持时间长短不同而已，因此模仿者根本无法自由使用，而使用是要付出很大代价和成本的，同时也存在很多风险；专利权是受法律保护的，企业如要使用也是要付出成本的，因此也会直接影响模仿者的选择；科学技术发展日新月异，新技术的生命周期越来越短，只有不断地创新与变革才能保持其生命力，所以新技术在推广的过程中是需要持续不断去完善的，因此也会直接影响模仿比例；企业的规模大小也会直接影响其是否采用新技术，毕竟采用新技术存在很大的风险等。由此可见，曼斯菲尔德的理论对现实经济的解释是有限的。

卡曼、施瓦茨❶等人从垄断与竞争的角度对技术创新的过程进行了研究，把市场竞争强度、企业规模和垄断强度三个因素综合于市场结构之中来考察，探讨了技术创新与市场结构的关系，提出了最有利于技术创新的市场结构模型。卡曼、施瓦茨等人认为：竞争越激烈，创新动力就越强；企业规模越大，在技术创新上所开辟的市场就越大；垄断程度越高，控制市场能力就越强，技术创新就越持久。在完全竞争的市场条件下，企业的规模一般较小，缺少足以保障技术创新的持久收益所需的控制力量，而且难以筹集技术创新所需的资金，同时也难以开拓技术创新所需的广阔市场，故而难以产生较大的技术创新。而在完全垄断的条件下，垄断企业虽有能力进行技术创新，但由于缺乏竞争对手的威胁，难以激发企业重大的创新动机，所以也不利于引起大的技术创新。因此，最有利于创新的市场结构是介于垄断和完全竞争之间的所谓"中等程度竞争的市场结构"。

新熊彼特学派对技术创新理论进行了系统的研究，对熊彼特的创新理论也从不同角度进行了发展。该学派虽然坚持熊彼特创新理论的传统，但所关注的是不同层次的问题，熊彼特忽略了创新在扩散过程中的改进和发展，而新熊彼特主义者的着眼点则在于创新的机制，包括创新起源、创新过程、创新方式等内容。

## （二）制度创新理论

制度创新理论以诺斯❷、戴维斯❸等人为代表。他们认为，科学技

---

❶ Kamien MI, Schwartz NL. Limit pricing and uncertain entry［J］. Econometrica, 1971, 39（3）：441-454.

Kamien MI, Schwartz NL. Dynamic optimization［M］. New York-Oxford：North Holland, 1981.

❷ Douglass C North, Robert Paul Thomas. The Rise of the Western World：A New Economic History［M］. New York：Cambridge University Press, 1973.

❸ L E Davis, Douglass C North. Cnstitutional Change and American Economic Growth［M］. London：Cambridge University Press, 1971.

术的进步对经济的发展虽然重要，但真正起关键作用的是制度，包括所有制、分配、机构、管理、法律政策等。有效率的组织需要在制度上做出安排，形成一种刺激，一旦现有制度不能促进发展，就应当酝酿建立新制度，否则，经济就会处于停滞状态。具体而言包括以下观点：

第一，关于制度创新与技术革新的比较。诺斯和戴维斯认为，制度创新与技术创新存在许多相似性：①技术创新往往是技术上一种新发明的结果，而制度创新也往往是制度上的一种新发明的结果；②技术创新往往需要在已知的几种可供选择的可能性中进行选择，制度创新也是如此；③一个行业的技术创新可能引起另外一些行业的技术创新，一个行业的制度创新也可能引起其他行业的制度创新。其不同点在于制度创新的时间不取决于物质资本寿命的长短，而技术创新的时间则依赖于此。

第二，关于促成或推迟制度创新的因素。诺斯和戴维斯认为，市场规模的变动、生产技术的发展、社会集团对自己收入预期的变化能够导致成本和收益之比发生改变，从而对制度创新需求起作用。

第三，关于制度创新的过程。诺斯和戴维斯把制度创新过程分为五个阶段：第一步，形成"第一行动集团"。这是指在决策方面支配着制度创新过程的一个决策单位，它预见到潜在利润的存在，并认识到只要进行制度创新，就可以得到潜在的利润。第二步，"第一行动集团"提出制度创新方案。第三步，"第一行动集团"对实现之后纯收益为正数的几种制度创新方案进行选择，选择的标准是最大利润原则。第四步，形成"第二行动集团"。这是在制度创新过程中，为帮助"第一行动集团"获得预期纯收益而建立的决策单位。制度创新实现后，"第一行动集团"和"第二行动集团"之间可能进行追加的收益再分配。第五步，"第一行动集团"和"第二行动集团"共同努力，使制度创新得以实现。诺斯和戴维斯提出，在经过上述这些步骤而使制度创新实现后，就出现了制度均衡的局面。但制度均衡不是永久不变的，当生产技术、组织形式和经营管理方式、社会政治环境发生变化时，制度均衡就会被打破。制度发展的过程就是从制度均衡到制度创新，再到制度均衡，又再回到制度创新的过程。

第四，关于制度创新的主体。诺斯和戴维斯认为，制度创新可以在三级水平上进行，即可以由个人来创新，或者个人之间自愿组成的合作团体来创新，或者由政府机构来创新。其中，由政府机构来创新具有一系列优越性。

第五，关于制度创新的趋势。诺斯和戴维斯通过研究发现，在美国，各行各业都呈现出一种趋势，即由政府机构进行的制度创新变得越来越重要，从而整个经济越来越走向"混合经济"。

制度创新理论非常强调政府的作用，戴维斯和诺斯认为，政府的制度创新依靠政府的强制力，它站在与个人、自主合作组织不同的起点，它的创新与法律和政治是紧密相连的。政府通常采取三种不同的行为方式来影响潜在的制度创新：①通过一项特别的法令允许一种特别的制度创新；②通过一项普通法律允许一系列可能的制度创新；③通过一项法律授予第二行动集团一定的权利，允许他们采取一系列行动。政府究竟决定采取哪一种制度创新的方式依据的是每一种方式的成本和收益的比较。

政府也可以自行实施制度创新，但戴维斯和诺斯认为，政府只有在以下三种情况时才进行创新：①政府的内部结构发展完善了，而私人市场却未高度发展。政府组织可以产生相当可观的利润，而这些利润在现有的市场结构下却不能生产出来。②大量的外部收益在现存的所有制下很难实现。在私人所有制状况下，通过自主性联合获取外部性收益的可能性很小，因为任何一个人拒绝加入合作都会使大家不能获取外部收益，参加联合的人数越多，成功的可能性就越小。③收入分配可能损害某些人的利益从而使分配变得困难。戴维斯和诺斯指出，由于收入重新分配的任何一种形式都会使一些人更穷，某种强制力量能使受损的人必须接受这种新的分配方式。如果重新分配是从多数人到少数人，在没有明显的强制力的状况下，抵抗分配的组织费用和信息成本会影响分配。

诺斯❶认为制度创新的作用主要表现在两个方面：一是制度创新对经济增长的作用；二是制度创新对技术创新的作用。

就制度创新与经济增长而言，诺斯认为，制度创新带来有效率的经济组织，有效率的经济组织会促进经济增长。他指出："有效率的经济组织是经济增长的关键。""有效率的组织需要在制度上做出安排和确立所有权以便造成一种刺激，将个人的经济努力变成私人收益率接近社会收益率。"这里，在制度上做出安排和确立所有权就是制度创新。对于资本、技术、人力资本在经济增长中扮演的角色，诺斯认为，资本积累、教育、规模经济等都不是促进经济增长的因素，它们是由制度创新引起的经济增长的表现。也就是说，对经济增长起决定作用的只有制度因素，对于任何国家的任何时期，经济发展中的首要选择是"制度的选择"。换言之，在经济发展中，"制度至关重要"。

就制度创新与技术创新而言，诺斯和托马斯认为，是制度创新决定技术创新，而不是技术创新决定制度创新，好的制度选择会促进技术创新，不好的制度选择会将技术创新引离经济发展的轨道，或遏制技术创新。他们以专利制度等制度创新对技术创新重要作用的论述，充分说明了这一点，例如，正是制度的进步——如专利制度对技术创新的保护——刺激了技术的发展，"付给数学家报酬和提供奖金是刺激努力出成果的人为办法，而一项专门为包括新思想、发明和创新在内的知识所有权而制定的法律则可以提供更为经常的刺激。没有这种所有权，便没有人会为社会利益而拿私人财产冒险。""制度环境的改善会鼓励创新，结果是私人收益率接近社会收益率。奖励为具体的发明带来了刺激，但并没有为知识财产的所有权提供一个合法的依据。专利法的发展则提供了这种保护。"

---

❶ Douglass C North. Structure and Change in Economic History［M］. Norton, 1981.

### 三、国家创新体系理论

1987 年，英国著名技术创新研究专家弗里曼发现，日本在技术落后的情况下，以技术创新为主导，辅以组织创新和制度创新，只用了几十年的时间，便使国家的经济出现了强劲的发展势头，成为工业化大国。在此基础上，弗里曼第一次提出了"国家创新体系"的概念❶，并由纳尔逊、伦德瓦尔、波特等学者进行了发展。根据国家创新体系理论的结构与功能又可以将其分为宏观学派、微观学派和综合学派。

（一）国家创新体系的宏观学派

宏观学派以弗里曼和纳尔逊为代表。弗里曼教授的国家创新体系理论侧重于分析技术创新与国家经济发展实绩之间的关系❷，特别强调国家专有因素对于一国经济发展实绩的影响。概括起来说，弗里曼国家创新体系的核心思想是："不论技术如何好，也不论企业家如何具有进取心，如果没有必要的基础设施和网络以支持其创新活动允许新技术的扩散的话，这种技术动力在经济中就不可能变为现实。这样一种制度框架包括从政治性和制度性国家机器到作为市场所提供新产品或服务的最终消费者的特定个人。"弗里曼并不强调专业化，但把很大的注意力放在系统将资源配置到创新活动的投资上。

纳尔逊❸的研究则侧重将技术变革的存在及其演变特点当作研究的起点，将重点放在知识和创新的生产对国家创新体系的影响上，因为在总体上科学技术的性质是不断变化的，而且在不同的技术领域也

---

❶ Christopher Freeman. Technology policy and economic performance：lessons from Japan ［M］. Frances Printer Publishers，1987.

❷ Christopher Freeman. The "National System of Innovation" in historical perspective ［J］. Cambridge Journal of Economics，1995，19（1）：5-24.

❸ Richard R Nelson. National innovation systems：A comparative analysis ［M］. Oxford：Oxford University Press，1993.

是有变化的，因而有关知识和创新的制度安排也在不断调整变化。在其著作《国家创新体系：比较分析》一书中，纳尔逊明确指出，现代国家创新体系相当复杂，它既包括各种制度因素以及技术因素，还包括致力于公共技术知识的大学，以及政府的基金和规划之类的机构。其中，私人以盈利为目的的厂商是所有这些创新体系的核心，他们相互竞争又相互合作。另外，他还强调科学和技术发展中的不确定性，因此就会有多种战略选择。纳尔逊认为，国家之间在"产业组合"上的差异"强烈影响着国家的形态"。

（二）国家创新体系的微观学派

国家创新体系的微观学派主要以伦德瓦尔为代表。其研究侧重微观层面，着重分析国家创新系统的微观基础，即国家边界是如何对技术创新实绩发挥作用的。在他看来，现代工业社会的一个重要特征就是创新过程中用户和生产者分离，而这一现象具有重要的经济学内涵。1992年，伦德瓦尔在其著作中再一次发展了自己的理论❶，他认为所谓国家创新体系就是"由在新的且有经济价值的知识生产、扩散、应用过程中相互作用的各种构成要素及其相互关系组成的创新系统，而且这种创新体系植根于一国边界之内的各种构成要素及其相互关系"。国家创新系统是包括了国家含义上的要素和关系。狭义上讲，这些要素和关系包括与研究和探索有关的机构和制度；广义上讲，包括影响学习和研究的经济结构和制度。一方面，国家创新系统是一个社会系统；另一方面，它又是一个动态的过程，以正反馈和再生产为特征。伦德瓦尔的理论特点是强调在生产系统中相互学习的作用。

（三）国家创新体系的综合学派

20世纪90年代以后，随着全球经济一体化的快速发展，国家创

---

❶ Bengt-Ake Lundvall. National systems of innovation: Toward a theory of innovation and interactive learning [M]. London: Pinter Publishers, 1992.

新体系（National Innovation System，NIS）的开放性越来越受到经济学界的重视。波特❶于 1990 年首次在经济全球化的背景下对国家创新体系展开研究，他提出国家创新体系的运转不仅受到国内创新主体的影响，而且势必受到国家间相互作用的影响，通过内外两种作用机制的互相影响促进国家创新体系的开放性。根据波特的观点，政府应该追求的主要目标是为国内的企业创造一个适宜的、鼓励创新的环境。据此，他提出了决定国家竞争优势的四个因素：①可能受到补贴影响的生产要素条件，影响资本市场和教育的政策等；②可能因为产品和工艺标准变化而改变的需求状况；③相关的支持性产业可以被无数条件影响；④公司的战略和竞争结构也是一个可能受到不同政策影响的重要决定因素。他指出，每个国家都应该有自己的创新体系。

后期的学者也展开了一系列关于国家创新体系与全球化关系的研究。邓宁（Dunning，1994）认为跨国研发中心对东道国的国家创新体系存在直接影响和间接影响。尼尔斯（Niosi，1994）和贝隆（Bellon，1996）认为全球创新网络是以国家创新体系为基础构建的，虽然各国的国家类型和开放程度具有较大差异，但是通过技术扩散转移和知识溢出等可以实现创新的发展。

（四）经济合作与发展组织的国家创新体系

经济合作与发展组织（OECD）在国家创新体系研究方面也非常活跃，它们对于国家创新体系有自己的见解❷。按照它们的说法，"国家创新体系的概念是建立在以下假说之上的，即创新过程中各主体之间的联系对于改进技术实绩至关重要。创新和技术进步是生产、分配和应用各种知识的主体之间一套复杂关系的结果。一个国家的创新实绩在很大程度上取决于这些主体如何联系起来成为一个知识创新及其

❶ Michael E Porter. The Competitive Advantage of Nations［M］. New York：Free Press，1990.

❷ OECD. National Innovation System. Paris，1997.

所用技术集合体的组成部分。这些主体主要是私营企业、大学、公共研究机构以及其中的人们。它们之间的联系可以通过合作研究、人员交流、专利共享、设备购买等渠道进行。"按照 OECD 的观点，国家创新体系的核心问题是知识流动。

## 四、区域创新系统理论

在国家创新体系之后，又衍生出区域创新系统理论。"区域创新系统"概念是在 1992 年由英国卡迪夫大学的库克教授率先提出的❶，他认为区域创新系统主要是由在地理上相互分工与关联的生产企业、研究机构和高等教育机构等构成的区域性组织系统，这种系统支持并产生创新。

区域创新系统的概念还未获得普遍接受，很多学者从不同的角度和层面对区域创新系统的概念进行了描述，综合分析已有区域创新系统的定义，可以认为区域创新系统概念的内涵有以下几点：①具有一定的地域空间范围和开放的边界；②以生产企业、研究与开发机构、高等院校、地方政府机构和服务机构为创新单元；③不同创新单元之间通过关联，构成创新系统的组织结构和空间结构；④创新单元通过创新（组织和空间）结构自身组织及其与环境的相互作用而实现创新功能，并对区域社会、经济、生态产生影响；⑤通过与环境的作用和系统自组织作用维持创新的运行和实现创新的持续发展。具体地，从构成要素上看，区域创新系统由主体要素、功能要素和环境要素构成。

第一，区域创新系统的主体要素，即创新活动的行为主体，区域创新系统包含一组参与者或实体，例如公司、其他的组织和公共机构，它们在生产过程当中新知识的产生、使用和传播中相互影响。整个创新过程的系统通常包括四个主要构成部分，包括具有某些共同特征的

---

❶ Philip Cooke. Regional innovation systems：Competitive regulation in the new Europe [J]. Geoforum, 1992, 23（3）：365-382.

参与者群体，如生产部门、科研部门以及生产者服务部门，另外还有支配群体内部和群体之间关系的公共机构。其中，生产部门由生产企业及其研发机构组成，这些研发机构在研究和技术发展方面扮演重要角色；科研部门包括教育和培训组织，以及高等院校和其他研究组织；生产者服务部门包括组织或较大组织内部的单位，它们为保持工业生产过程的连续性、促进工业技术进步、产业升级和提高生产效率提供保障服务。公共机构要么对公司内部不同团体的雇员之间进行协调，要么则对公司与外部的其他供应商、公司以及生产者服务供应商进行协调。

第二，区域创新系统的功能要素，即行为主体之间的关联与运行机制，包括组织创新、制度创新、技术创新、管理创新的机制和能力。这包括两个层次：第一层次是区域创新系统各主体的内部激励机制；第二层次是在不同创新主体之间构建联系紧密、高效运行的协调机制，关键是解决好信息、知识存量的高效流动、创新合作和技术外溢等问题，形成生产部门、科研部门与生产者服务部门以及公共机构之间的资源合理配置、信息高效流动和优势充分发挥的机制，使区域资源得到有效的利用，从而提高区域创新能力和创新效率。

第三，区域创新系统的环境要素，包括宏观政策环境、体制机制、基础设施、服务设施、社会文化环境和创新氛围等。环境要素是企业创新活动的基本背景，是维系和促进创新的保障因素。环境要素通常包括硬环境和软环境两个方面，其中硬环境主要是经济发展水平、科技基础设施、产业配套服务设施以及高新技术园区建设等；软环境包括历史文化传统、市场环境、科技与科技人才管理、法律制度保障、财政投入与金融发展，以及人力资源与培训教育等支撑系统。妥善处理好不同要素之间、要素与系统之间的关系，对充分发挥区域创新系统的功能、提升区域创新能力至关重要。

区域创新系统还具有以下特点：①区域邻近性，区域创新体系是某一特定空间范围内的经济现象，由于地理邻近，节约了信息传递的时间和成本，使得技术外溢在区域创新体系中发挥出更大的作用；②主体多元性，区域创新体系是一定区域内与创新全过程相关的各种主体组成的系统；③文化根植性，根植性代表一组适合于系统创新的特征，反映了社会社区按照共同的合作规范、互信的相互作用以及非贸易的相互依赖进行运作的程度；④系统集成性，区域创新体系由区域范围内产业体系、科技体系、教育体系、资金体系、政府部门等子系统构成，其互动关联影响着区域经济的整体发展；⑤网络开放性，区域创新体系是特定区域创新资源在创新主体之间流动的网络。成功的区域创新体系应当充分挖掘利用域内要素，并尽量吸引域外可利用的要素，以增强创新能力和保持竞争力；⑥创新集群性，产业集群带来了各类创新要素的集聚，为区域创新体系的形成提供了必不可少的条件，从某种角度讲，产业集群是一个天然的区域创新体系。

## 五、三重螺旋理论

1995 年，受生物学中三螺旋模式的启示，美国的亨利·埃茨科威兹和荷兰的罗伊特·雷德斯多夫教授首先提出基于政府-产业-大学伙伴关系的三螺旋创新模式，来解释实际的技术创新过程中三者之间的协作关系❶。埃茨科威兹和雷德斯多夫认为大学和产业的触角已经开始伸向了属于对方的领域，与此同时，政府的角色也开始超越其传统行政职能向大学和产业的领域靠近。随后两人对三螺旋理论做了进一步的阐释，提出了三螺旋创新模式的三种类型❷。

第一类是"国家社会主义模型"，简称三重螺旋 I （图1-1）。这

❶ Henry Etzkowitz, Loet Leydesdorff. The Triple Helix−University−Industry−Government Relations：A Laboratory for Knowledge Based Economic Development ［J］. Glycoconjugate Journal，1995，14（1）：14−19.

❷ Henry Etzkowitz, Loet Leydesdorff. The dynamics of innovation：from National Systems and "Mode 2" to a Triple Helix of university−industry−government relations ［J］. Research Policy，2000，29（2）：109−123.

种结构体系最为显著的特点便是政府的主导性，政府掌控一切，学术界和产业部门都必须在政府的控制下进行运作。学术界和产业界则隶属于政府系统，属于它们自己的创新空间极为有限。

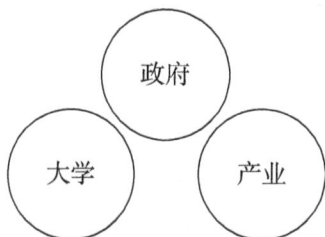

图 1-1　三重螺旋 Ⅰ

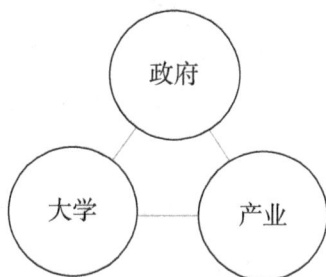

图 1-2　三重螺旋 Ⅱ

第二类是"自由放任的模型"，简称三重螺旋 Ⅱ（图 1-2）。在这个模型体系中，政府、大学和产业不像国家社会主义模型那样结构固定，没有多余的边界活动。三者之间拥有着宽松的边界，三者都能够按照自身的职能进行运作，独立发展。然而这种模型就像其命名的那样自由放任，三者间互不干涉，缺少及时的沟通，并不利于有效发展。

第三类是"三重螺旋模型"，简称三重螺旋 Ⅲ（图 1-3）。作为第三种也是最有价值的模型体系，在三重螺旋模型内，政府、产业、大学三方面彼此相连，交织结合在一起，形成了一种三边网络和混合组织。三者既能有效地履行自身职能，又能在第一时间进行沟通，利用其他两方面为自己谋取发展，这种模型也是当下各国比较推崇的一种。

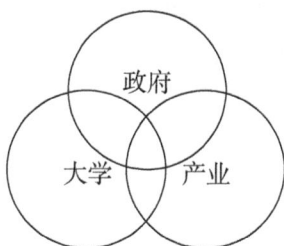

图 1-3　三重螺旋 Ⅲ

"三重螺旋"理论强调官产学三者紧密合作，共同创新。该理论通过引入生物学中的三重螺旋概念，着重探讨了以大学为代表的学术界、产业部门、政府等创新主体是如何借助市场需求这个纽带，围绕知识生产与转化这个主题，相互连接在一起，形成三种力量相互影响、抱成一团又螺旋上升的三重螺旋关系。

我们可以从以下四个方面来理解三重螺旋的具体内容：

第一，官产学的传统角色在螺旋内部的进化，即发生在每条螺旋线上的角色转换。例如，研究型大学在传统的教学与科研之外增加了第三个职能，除了教育培养学生和从事科学研究之外，还承担起科学技术的传播与应用，利用其科研成果创办科技型公司。企业不仅是生产，它本身也可以和其他企业合作开展研发活动，通过研发活动学习知识，培养人才。政府不只是制定政策和法律，还介入风险投资，提供创新的公共品，如公共实验室、计算中心等，这也是政府自身角色的变化。

第二，官产学在螺旋体间的相互影响。埃茨科威兹指出，三条螺旋的相互影响并没有先后次序，而是三位一体的螺旋状发展。在三重螺旋系统里，大学具有教学、科研和促进经济发展三重使命，其运转也需要资金和人力资源，因此其投入机制上也有多种来源，其产出主要为新知识、新技术、新思想以及高素质人才。大学只有不断地产生新的知识和技术，培养高素质的人才，才能不断地从政府、企业和社会获取资源，从而促进其自身的发展。产业的动力来源于其不断产生和获取超额利润的能力，而创新正是不断提供这种能力的源泉。创新需要有资金、人力和技术的不断投入，由此产生符合市场需求的商品和服务。因此，产业只有不断提高其核心竞争能力，才能实现自身的良性发展。政府拥有资金和组织调控能力，是技术创新政策和环境的创造者，能够承担一定的技术创新风险。

第三，官产学通过三条螺旋的相互作用产生新的重叠组织机构和网络，以此刺激组织的创造性和区域的创新活力。三重螺旋理论指出，大学、产业、政府的关系是平等的，在制度框架内可以进行角色互换。

但是，由于制度变革总是落后于现实发展，现有的制度安排不能为三条螺旋的自身进化和协同进化提供活动空间。因此，需要一个更专门的组织，综合三方面的需求、利益和目标，进行跨边界的沟通和联系。这有利于创新要素，如人才、信息、资金等的顺畅流动，降低交易成本，协调各方利益，激励创新活动。例如，官产学联合攻关小组、官产学联席会议，以及其他类似有"重叠模式"三边合作的混生组织。

第四，三重螺旋模型存在学术界、产业界和政府之间递进的影响，既作用于各自的螺旋体系，又更广泛地作用于社会。官产学的紧密合作形成一股推动经济社会发展的力量，学术研究让政府的决策更加科学，科学技术提高整个社会的生产力，丰富了人们的物质和文化生活，全社会将更加文明、富足、和谐。

三重螺旋模型给创新参与者提供了全新的选择。每个参与者既有分工，又有合作，每条螺旋内的创新都产生于整个大螺旋体系内，因而会在第一时间内与其他螺旋发生联系并被选择利用。螺旋产生的经济效益和社会效益也会很快被子系统吸收。同时，三重螺旋这种富有弹性的开放结构，非常容易吸收、消化外来的能量，同时，也非常容易适应知识的变迁，很快就能再次形成新的特定组合，新组织、新结构形成不断创新的动力，推进创新由低级向高级发展。

## 六、科技创新理论在创新型国家建设中的应用

熊彼特创新理论阐述了创新的内涵，是其他创新理论的基石，奠定了我国建设创新强国的理论基础。在熊彼特理论的基础上，衍生出技术创新理论和制度创新理论。技术创新理论说明技术创新在企业生产与经济增长中的重要作用，建设创新型国家，要加强技术创新、技术推广，促进企业创新能力的建设。制度创新理论强调了制度创新可以有效减少交易成本、促进创新资源的有效配置，应从制度机制方面促进提高创新能力。

在全球化背景下，国家技术专业化、研究开发国际化、技术创新全球化成为趋势，因此构建开放性的国家创新体系至关重要。各国建立自己的国家创新体系时会遵循不同的战略路径，其中创新带动与开放促进交互影响型发展路径（崔新健，2016），是建设创新型国家的一条发展捷径，但是在实施中却也充满挑战。因为只有创新带动与开放促进的不同功能组合机制相互协调，才能形成一条有效的演化路径。只有国内外创新主体与载体之间形成一个相互促进、交互作用的网络系统，才能形成自主创新与对外开放相互促进的良性循环发展。

区域创新系统理论和三重螺旋理论都是从系统的角度出发，指出科技创新是一个系统工程，而不是简单的要素组合。区域创新系统理论是国家创新体系理论的重要发展，它强调区域内所有创新资源、创新要素相互联系，共同作用，最终促使区域创新能力的提高。而三重螺旋理论解释了三个核心创新主体（政府、产业、高校和科研机构）之间的关系。这些理论为我国建设创新型国家提供了重要依据和指导：在创新型国家建设过程中，技术源头是关键，制度改革是根本，开放式创新是趋势，要将创新型国家建设作为一个系统工程，积极调动所有创新资源，注重各创新要素之间的相互联系、相互作用，构建良性互动的国家创新体系和国家创新生态。

科技创新理论概述见表1-1。

表1-1 科技创新理论概述

| 理论 | 主要内容 |
|---|---|
| 熊彼特创新理论 | 开创了创新问题的研究，是其他创新理论的基石，解释了创新所涵盖的基本内容 |
| 技术创新理论 | 强调技术创新和技术进步的作用，研究产品设计、试制、生产、营销活动中的新技术 |
| 制度创新理论 | 制度创新可以降低创新活动的交易成本，提高资源的配置效率 |

| 理　　论 | 主要内容 |
|---|---|
| 国家创新体系理论 | 在探讨国家创新体系的微观机制与宏观机制的基础上，诞生了全球经济一体化大背景下考察国家创新体系的国家竞争力学说，阐述了决定国家竞争优势的四个因素 |
| 区域创新系统理论 | 强调科技创新是一个系统工程，必须加强各因素之间的联系 |
| 三重螺旋理论 | 强调要加强创新主体（政府、产业、高校和科研机构）之间的合作和联系，提高创新效率 |

资料来源：作者根据相关文献整理。

## 第二节　科技创新与国际贸易互动关系的理论研究

当代贸易理论认为，技术进步和科技创新可以为国际贸易创造有利的基础和条件，以及更大的生产能力和比较优势，而国际贸易可以促进一国的技术进步，为科技创新创造条件并加速科技创新的发展。科技创新与国际贸易互为因果、相辅相成，二者的协调发展是一国经济增长的重要保障。

### 一、科技创新与国际贸易理论

#### （一）技术进步影响国际贸易的理论

技术进步会影响国际贸易的基础和格局。一方面，技术进步能够改变土地、劳动和资本在生产中的相对比例关系，提高资源利用效率，进而通过对产品、企业、产业施加影响而产生相应的比较优势，确立贸易基础。另一方面，技术进步确立的贸易基础会影响一国的产业政策和贸易政策，从而决定一国的贸易格局。

早在 18、19 世纪，传统贸易理论就已经关注了技术进步对国际贸易的影响作用。亚当·斯密认为两国间生产技术的绝对差异决定着国际贸易的基础和格局，大卫·李嘉图指出两国间生产技术的相对差异决定着国际贸易的基础和格局。在第二次世界大战后的国际贸易理论中，波斯纳的技术差距论和雷蒙德·弗农的产品生命周期理论都强调技术差距是国际贸易的基础，马库森和斯文森进一步指出技术差异可以引起产业内贸易，1957 年索洛在《技术变化和总量生产函数》一文中明确指出了技术进步对经济增长的贡献，其贡献甚至超过了资本和劳动这两大传统要素。但他们均将技术作为一种外生变量，无法对长期经济增长和贸易发展的机制进行解释。

与技术外生贸易理论相比，技术内生贸易理论主要研究技术变动的原因以及技术进步作为生产和贸易的结果对贸易模式与社会福利的影响。1962 年，肯尼斯·阿罗在《从干中学的经济含义》一文中提出了"干中学"（learning by doing）模型。1986 年，保罗·罗默在《收益递增经济增长模型》中指出知识和技术研发是经济增长的源泉。1985 年，克鲁格曼和赫尔普曼在《市场结构和对外贸易》一书中研究了技术进步对发达国家和发展中国家福利的影响。1989 年，克鲁格曼和赫尔普曼从内生增长理论出发，构建了一个产品创新和国际贸易并存的动态一般均衡模型，该模型认为，在产品创新中，人力资本和研发投入密集度大的国家国际竞争力比较强，其出口异质工业制成品，进口传统产品，且在国际贸易中所占份额会相应上升。1991 年，克鲁格曼和赫尔普曼进一步构建了国际贸易中的质量阶梯模型，指出先进的"北方"国家首先进行技术创新，落后的"南方"国家在随后进行模仿，并依靠其廉价劳动力优势分享"北方"国家技术创新所带来的部分垄断利润，"北方"国家会不断进行技术创新，双方不断循环这一过程，而研发投入的多少决定着双方在竞争中的胜负。

在技术内生与技术外生贸易理论不断演进的过程中，一些学者将目光转向了技术扩散。技术扩散理论认为，一项技术创新影响经济的方式应该是得到广泛的应用和推广，技术扩散能够促使技术创新在更大范围内产生经济效益和社会效益，助推国际贸易的发展。美国耶鲁大学曼斯菲尔德教授（Mansfield，1961）指出，其他企业的模仿速率决定了一项创新技术在部门内部扩散的快慢，模仿速率越快，技术扩散就越快。在此基础上，1971年美国经济学家Z.格里列希斯提出了技术扩散的"S形增长曲线"，进一步丰富了技术扩散理论。

（二）国际贸易影响技术进步的理论

赫尔普曼和格罗斯曼对国际贸易影响技术进步的机制进行了深入的研究和探讨，他们分析了国际贸易对技术进步和经济增长的四种影响机制。第一，国际贸易为技术扩散和转移提供了新的渠道。国际贸易为各国企业开辟了一个广阔的国际市场，加速了产品和要素的国际流动，给各国企业相互启发的机会，诱发技术创新的思想和行为，从而引起世界范围内的技术进步。第二，国际竞争促使每个国家的企业追求世界范围的技术创新，从而减少了重复研究和资源浪费。一国通过国际贸易进口技术密集型产品或引进先进技术，可以改善国内企业技术创新的外部条件，通过技术优势的培育来促进技术水平的提高，从而增强企业的竞争优势和国际竞争力。第三，国际贸易扩大了企业面对的市场规模。市场规模的扩大增加了企业的销售额和利润量，但也使得企业不得不面对更多的竞争者。第四，不相似国家之间的国际贸易会引起国内资源在研究部门、生产部门等不同部门之间进行重新配置，从而对贸易模式、创新和增长产生重要影响。

科伊（Coe）和赫尔普曼（Helpman）在《国际研究开发溢出效应》一文中指出：在其他条件不变的情况下，若一国的进口来源由技术知识积累水平较低的国家转向较高的国家，则进口国的生产率水平将因此而提高；在进口商品结构不变的条件下，一国进口在国民经济中所占比例越高，该国从国外开发研制新的中间投入品活动中所获得的利益越大。从而证明了国际贸易对进口国技术创新活动的促进作用。美国经济学家芬德瑞（Findlay）认为，技术如同传染病一样，可以传播得很远，国际贸易为进口国生产厂商提供了与国外技术创新者接触和交流的平台，在了解国外产品信息和技术信息的同时，新技术有可能被有效地复制出来。

国际贸易对于出口国的技术进步也会产生一定的影响。第一，国际市场竞争的巨大压力可以通过国际贸易传递给出口国厂商，促使国内生产厂商进行技术改进和创新，从而促进出口国技术创新能力的增强。第二，通过国际贸易，出口国可以获取到进口国对产品的反馈信息，及时了解国际市场的需求动态，从而不断进行技术改进和创新以满足国际市场的需求。第三，伴随着国际贸易而发生的各种技术扩散会使贸易出口国所拥有的技术创新优势逐渐丧失，为保持其技术优势和领先地位，贸易出口国必须不断进行新的技术创新活动。第四，贸易出口国拥有技术上的"先发优势"，出口新产品获得的垄断利润为技术创新活动提供资金。第五，技术输出国通过国际技术贸易输出次新的、不太关键的、收益率已经处于下降态势的技术，这种有偿的技术扩散也可以为下一轮的技术创新注入新的资金。

## 二、技术贸易理论

自20世纪60年代以来，随着国际技术转移的加速发展，国际技术贸易已成为国际贸易的重要组成部分，但由于国际技术贸易是以技术这种特殊商品作为交易目标的贸易活动，与一般的商品贸易存在显著区别，已有国际贸易理论并不能完全解释国际技术贸易的发生机制。在此背景下，国际技术贸易理论应运而生。一些西方学者从不同角度对国际技术转移的机制和政策提出了若干经典理论，其中，对国际技术贸易具有重要指导意义的有：技术差距论、技术生命周期理论、后发优势理论、中间技术论和适用技术论。

### （一）技术差距论

美国学者波斯纳（M. Posner）于 1961 年在其《国际贸易和技术变化》一文中首次提出了技术差距理论，该理论认为，技术是一种独立于劳动和资本的第三种生产要素，各国拥有及掌握的技术的数量、质量差别很大，即各国存在技术要素禀赋差异。一般来说，工业发达国家技术创新处于领先地位，技术要素禀赋比较充足。在一定时间内，已经完成技术创新的国家不仅取得了技术上的优势，还可以通过技术创新研究开发出新产品，并凭借这种优势取得相关产品生产的垄断地位，使得技术创新国家和其他国家间产生了技术差距。这种技术差距就成为了技术创新国家独有的资源禀赋，成为一种比较优势。由技术优势带来的经济增长会促使其他国家争相效仿，这就导致了该技术及技术产品在国际的交易。随着其他国家的技术进步，技术创新国的比较优势逐渐减弱，技术产品利润回报率逐渐降低，技术创新国会通过纯技术转让等方式止损，其他国家可以通过引进技术或自主研发逐步掌握该技术，最终技术差距缩小并消失，各国技术要素禀赋趋于一致。而创新国由于技术优势所获取的垄断利润的消失，会促使其不断创造出新技术、新工艺，开发出新产品，从而形成新一轮的技术差距。

技术差距论明确指出了技术差距的消失存在时滞效应，主要表现为需求滞后和模仿滞后。需求滞后是指非技术创新国的消费者对新技术生产的产品从起初的不了解而没有需求，到逐步接纳并产生需求，进而从创新国进口该产品，这一过程需要一定的时间间隔。需求滞后的长短取决于非技术创新国消费者对新产品的认同速度，需求滞后越短，技术创新国技术产品出口越快，获得的利益越多。模仿滞后是指从技术创新国生产新技术产品，到模仿国可以完全生产出这种新技术产品的时间间隔。模仿滞后的长短取决于技术创新国对模仿国进行技术转让的速度和模仿国对新技术的消化吸收能力等因素，模仿滞后越长，技术创新国在技术及其新产品出口上的垄断优势保持时间越长。

## （二）技术生命周期理论

技术生命周期理论是美国的经济学家雷蒙德·弗农（Raymond Vernon）等人于1966年在《经济学季刊》上发表的《产品周期中的国际投资和国际贸易》一文中提出的。他通过分析产品技术的变化及其对贸易的影响，指出产品在国际的流动就是各种形式的技术在国际的流动，而且与产品生命周期类似，技术也有生命周期，技术也存在产生、成长、成熟和衰退的过程，这一过程即技术生命周期。

技术生命周期分为四个阶段：第一阶段为新技术产品垄断阶段。技术创新国利用技术优势开发新技术、生产新产品，与非技术创新国的技术差距拉大，同时不进行技术转让并严防技术扩散，以保证新产品在国内、国际市场的垄断地位和高额利润。第二阶段为出口增长阶段。技术创新国新产品生产技术日趋成熟，生产规模与产量不断增加，国际市场开始进口该产品并逐步进行新产品仿制，从而在进口国市场上逐渐形成了进口产品与本国仿制品之间的竞争。这一阶段开始出现跨国公司内部技术转移。第三阶段为出口竞争阶段。随着生产技术标准化、生产规模扩大、成本下降，技术创新国技术优势逐渐丧失，仿制国逐渐在国际市场取得优势，技术创新国通过向非技术创新国转让该技术、减少产量以回收技术开发费用、延缓技术在技术创新国内的衰退。第四阶段为出口衰退阶段。技术创新国以进口代替该产品生产，成为该产品的净进口国，而其他非技术创新国取得该技术产品生产的绝对优势，成为净出口国，该技术在原技术创新国的生命周期结束，原技术创新国会再继续开发更先进的技术以保持其垄断优势。

## （三）后发优势理论

后发优势理论是美国经济史学家亚历山大·格申克龙（Alexander Gerchenkron）在总结德国、意大利等国经济追赶成功经验的基础上，于1962年在《经济落后的历史回顾》一文中提出的。格申克龙对19

世纪德国、意大利、俄国等欧洲较为落后国家的工业化过程进行了分析，并指出：一个工业化时期经济相对落后的国家，其工业化进程和特征在许多方面的表现与先进国家（如美国）显著不同，后起国家可以通过引进先进国家的技术、设备和资金获得后发优势。引进技术是正在进入工业化国家获得高速发展的首要保障因素，后起国家引进先进国家的技术和设备可以节约科研费用和时间，快速培养本国人才，在一个较高的起点上推进工业化进程，引进资金可解决后起国家工业化中资本严重短缺的问题。

美国社会学家 M. 列维从现代化的角度将后发优势理论具体化。列维认为"后发优势"有五点内容：①后发国对现代化的认识要比先发国在自己开始现代化时对现代化的认识丰富得多；②后发国可以大量采用和借鉴先发国成熟的计划、技术、设备以及与其相适应的组织结构；③后发国可以跳越先发国的一些必经发展阶段，特别是在技术方面；④由于先发国的发展水平已达到较高阶段，可使后发国对自己现代化前景有一定的预测；⑤先发国可以在资本和技术上对后发国提供帮助。

（四）中间技术论

中间技术论是英国经济学家舒马赫于 1973 年在《小的是美好的》一文中提出的。他认为，发展中国家最迫切的需要之一是创造就业机会，为此，引进技术和生产时应考虑发展中国家经济贫困、落后的环境，采用容易推广、消化的技术，即比那些最新最先进的资本密集型技术更简单、更廉价、更易于维修，同时又比初级原始技术更优越的适用技术。这样既可以回避发展中国家资金短缺和高技术人才匮乏的难题，又可以带来扩大就业和技术易于消化吸收、效益良好的连锁效应。

在此基础上，舒马赫提出了"中间技术"这一概念，即一种介于低价格技术和高价格技术、传统技术和先进技术之间、容易掌握、易于推广、能够适应比较简单的环境、设备操作与生产方法简单、转让价格低廉的适用于发展中国家的技术。中间技术具有以下三个主要特点：一是属于劳动密集型技术，不需要占用过多的资本，比较适合小型企业，利于就业；二是比传统技术的生产率要高得多，与资本高度密集的现代工业技术相比，又要便宜得多；三是适合发展中国家的环境，在应用、管理和维修方面的问题都容易解决。

舒马赫进一步指出，采用中间技术可以解决发展中国家的"二元经济"现象和就业问题。由于发展中国家城乡居民之间存在明显的收入差距，农村居民大量涌入城市，从而产生严重的就业问题，而如果发展中国家充分利用丰富的廉价劳动力，采用容易推广、消化、简单、廉价的中间技术发展小型工业，就可以创造大量的就业机会，从而解决发展中国家的二元经济问题以及进而产生的就业问题。

### （五）适用技术论

鉴于中间技术论存在理论缺陷，印度经济学家雷迪提出了适用技术论。在研究如何促进印度农村经济发展的过程中，雷迪指出，技术是在一个国家社会体系、价值体系、技术体系和自然条件的相互关系中产生转移并被加以利用的，因此，所引进的技术应该能够适应各种社会条件并能以正确的方式来满足社会有效需求。因此，发展中国家引进技术不仅要考虑本国经济发展需要，更要考虑自身发展现状，如生产要素多寡、技术水平、市场规模、社会文化环境以及技术消化吸收能力等因素，尽量获得技术引进的最大效益。要满足这些要求，必须要选择适用的技术。

适用技术是指既能适用于本国国情，又能促进经济增长和发展的技术。可以是先进技术、尖端技术，也可以是中间技术甚至原始技术，最主要的选择依据是该技术是否能满足本国发展过程中的环境目标、社会目标与经济目标。环境目标是指适用技术应该能够节约能源，循环使用各种材料，实现资源的最佳配置，减少环境污染，保护生态环境；社会目标是指适用技术应该最大限度地满足人类的基本需要，提供富有创造性和引人入胜的工作，能与发展中国家的传统文化相交融，促进社会和睦并赋予群众较大的自主权。经济目标是指适用技术应该能够克服经济发展的非均衡因素，广泛提供就业机会，采用地方资源并生产地方消费品，分散经营。

适用技术论还有两种具体提法，即梯度论和跳跃论。梯度论认为，技术转移会按国家发展阶段依次进行。基于这一观点，有学者认为技术可分为先进技术、中间技术和基础技术三个梯度。大多数发展中国家处于基础技术水平阶段，只能引进工业发达国家的基础技术，随着其技术水平的提高，再引进中间技术或先进技术。跳跃论则认为，引进技术不一定必须按梯度进行，处于第三梯度基础技术水平的国家可以根据其经济发展需要，直接引进工业发达国家的先进技术，即进行跳跃式技术引进。

# 第二章　全球科技创新趋势与国际比较

## 第一节　全球科技创新趋势

随着全球经济一体化的深入推进以及互联网与信息技术的快速发展，全球科技创新正呈现出新的发展态势，国家间创新竞争日趋激烈，创新的环境更加复杂多变，创新主体与创新载体呈现出与以往不同的结构特征，政府在创新活动中的角色更加多元，创新激励手段也日益市场化。

### 一、创新竞争国家化

国际金融危机以来，为抢占未来经济科技制高点，在新一轮国际经济再平衡中赢得先发优势，世界主要国家都提前部署面向未来的科技创新战略和行动。创新战略成为世界主要国家核心战略，美国陆续发布了《空间力量：建设美国创新共同体体系的国家战略》《空间力量2.0：创新力量》等报告，强调优化空间布局对国家和区域创新发展的重要性，并基于此提出了"美国创新共同体"这一具有空间属性的创新体系概念和一批相关重要举措。2013年7月，日本出台酝酿良久的经济增长新战略，其中"国家战略特区"被视为安倍政府新增长战略的主要亮点。日本政府与地方自治体合作创设"国家战略特区"，将多个分离的地方组合成一个"虚拟特区",通过放松管制、减免税费等多种优惠措施手段,打造国际性商业环境,聚集全球高端技术、人才和资金,全面提升日本的国际竞争力。作为国家行为,由首相亲自领衔、举全社会之力强有力推进。作为指引欧洲未来十年发展的"2020战略"的七大项目之一,"创新型联盟"战略具体有30多个措施,主要包括:促进卓越的教育和技能发展,推动创新资源跨境合作,建立统一的创新市场,开发和利用欧洲创造潜力等。为促进各区域更紧密的合作,组建多个"知识和创新共同体",汇集高等教育机构、研究机构、企业,重点在可持续能源领域、适应和减缓气候变化、未来信息和通信等领域展开合作。为实现"从世界办公室迈向创新型国家"的目标,印度政府颁布了《国家创新法》,从法律层面对研发和创新活动的支持进行明确规定,并推出"印度十年创新路线图(2010—2020)",制定和完善了第四套科技创新政策,在推进包容性创新、加强创新人才培养等方面出台了一系列新举措。泰国于2016年正式提出"泰国4.0"高附加值经济模式。泰国总理在多个公开场合描述了改革泰国经济结构的设想,表示要把泰国经济升级到4.0,推动更多高新技术和创新技术应用,使创新真正成为推动泰国经济增长的主要动力。

## 二、创新环境复杂化

当前,科技领域学科交叉融合加速,新兴学科不断涌现,前沿领域不断延伸,以绿色、智能、泛在为特征的群体性技术大量涌现,尤其是信息技术的多点突破和融合互动,推动新产业、新业态、新模式的不断兴起,目不暇接,科技创新活动不断突破地域、组织、技术的界限,演化为创新体系的竞争。另外,创新正在推动着全球范围内的整合——物与物的整合、人与人的整合、人与物的整合、组织与组织的整合,而且整合速度非常迅速,结果是产生了越来越多相互联系的大系统和自体系。创新过程不再是一个线性的或循环的过程，创新活动显得日益不可控与随机化。

## 三、创新行为协同化

新一轮创新浪潮中，各市场主体、各类要素、各种环境相互促进互动，产、学、研、用、金、介、政有机协同，共同构成了一个完整的生态系统。创新主体都有条件逐步构建一个生态系统或参与一个生态系统，通过生态系统更准确地识别用户需求，再通过创新活动迅速地满足需求，生态系统中的需求识别、资源组合以及价值变现的速度和准确性远高于传统的价值链体系，因此更能适应如今剧烈变化的市场环境。而且，迅速变化的创新环境要求企业更加重视通过合作创造共同的价值增量，快速对市场做出响应，加快创新成果转化速度。在这种情况下，单个独立企业的创新已经赶不上外部环境变化的步伐，创新更多的是由多个企业在一个创新生态系统中相互合作完成的，创新边界已经超出了企业既有的边界。创新的挑战已经从企业内部走向外部，面对技术和市场的快速变化，要求企业走出内部创新的藩篱，主动进行开放式创新，通过合作伙伴之间的协同与互补实现创新。因此，企业价值也更多体现在对其他企业的互补性上，开放协同创新已渐成趋势。

## 四、创新主体社会化

创新主体不仅限于企业、高校和科研院所等组织行为，而是发展为有创新能力的个人，"创客"运动渐成趋势。随着互联网技术快速发展，分布于现实空间的"创客"聚集在网络空间，在创意驱动下形成创新群体，共同设计、共同研发、共享成果。实现从数据到信息、从信息到智能、从智能到价值的转变。特别是一大批新生代创业者普遍具有学历高、技能高、创业志向高的"三高"特点，他们拥有更广阔的创业平台、更活跃的风险投资、更公平的创业环境，主导着创新驱动型创业。创业、创新和创投"铁三角"联合驱动，"众创""众包""众筹"等新的商业模式、投资模式、管理机制，使得创新主体的积极性、主动性得以调动，创新活力迸发，创新创业已成为一种生存方式。创新创业者上升为主流人，成为汇集这个时代最积极能量的一个新阶层。

## 五、创新载体平台化

传统意义上的基础研究、应用研究、技术开发和产业化的边界日趋模糊，创新载体从园区化走向平台化。创新行为以市场为导向，以互联网为支撑，通过共性技术平台、产学研合作平台、信息共享平台等载体，促进创新资源在一定区域和空间聚集（如众创空间），形成纵向与横向相互交织的合作创新网络。在此基础上，创新载体建设更加注重创新服务体系建设，为创新创业主体提供精准、周全的服务和支持。科技创新服务体系主要包括四个链条：一是从创业苗圃到孵化器，再到加速器的全过程创业服务链条；二是技术转移服务链条；三是资金服务链条，传统银行无法应对创新创业的风险和不确定性，创业投资、天使投资、风险投资、知识产权质押贷款等科技金融创新开始发挥主要作用；四是人才服务链条。科技创新服务体系提供的平台，充分发挥了创新活动的网络协同效应，通过提供专业化、集成化、便捷化服务，催生大众创新、万众创业，激发社会创新活力。

## 六、创新激励市场化

在创新的大时代，创新生态环境逐步改善，系统更趋完备，不仅在微观层面带来企业创新行为和运行方式的深刻变革，而且在宏观层面对国家的创新政策和制度供给提出新要求。主要体现为：政府大多减少对资金资助、税收减免等直接激励方式的依赖，更多地通过创造需求、营造环境、提供服务等手段，引导社会构建一个有效运行、自我平衡、自我净化的创新生态系统。如完善创新基础设施、健全创新服务体系、加强知识产权保护等。

由上可见，我国建设创新型国家，必须顺应全球创新趋势，在创新主体、载体、平台、服务体系、政策、制度等方面加大改革力度，放手让创新的活力竞相进发，让一切创造社会财富的源泉充分涌流。

# 第二节　科技创新能力的国际比较

创新型国家的建设应当置身于全球环境中，通过对我国与其他国家创新能力的比较，可以了解我国创新能力现状，并找出我国与创新强国之间存在的差距。针对国家创新能力开展研究和评价的国际报告很多，其中较为权威的包括世界经济论坛的《全球竞争力报告》，瑞士洛桑国际管理发展学院的《世界竞争力年鉴》，世界知识产权组织、美国康奈尔大学和英士国际商学院共同发布的《全球创新指数》（GII），OECD 发布的《科学、技术和工业：记分牌和指标》，欧盟发布的《欧洲创新记分牌（EIS）》等。本节引用《全球创新指数》（GII）报告中的数据来进行分析与比较。

## 一、全球创新能力综合比较

（一）《全球创新指数》（GII）指标体系介绍

从 2007 年起，英士国际商学院开始启动全球创新指数项目，目前这一报告由世界知识产权组织、美国康奈尔大学和英士国际商学院共同发布。全球创新指数（GII）包括 2 个亚指数、7 项一级指标、21 项二级指标、84项三级指标（三级指标有些年度会有稍微的调整）。2个亚指数分别是创新投入亚指数、创新产出亚指数，其中，创新投入亚指数下设5项一级指标——制度环境、人力资本与研究、基础设施、市场成熟度、商业成熟度；创新产出亚指数下设2项一级指标——知识与技术产出、创意产出。GII各项二级指标和三级指标见表2-1。

表2-1 全球创新指数指标体系

| 全球创新指数 | 创新亚指数 | 一级指标 | 二级指标 | 三级指标 |
|---|---|---|---|---|
| GII | 创新投入亚指数 | 一、制度环境 | 1. 政治环境 | 政治稳定性；政府效率；出版自由 |
| | | | 2. 管制环境 | 管制质量；法治；冗余裁员成本 |
| | | | 3. 商业环境 | 创业容易程度；破产处理容易程度；纳税容易程度 |
| | | 二、人力资本与研究 | 4. 教育 | 教育支出；每位学生公共支出；上学平均年限；就读数学科学专业学生PIS值；师生比例 |
| | | | 5. 高等教育 | 高等教育入学率；科学与工程专业毕业生比例；高等教育流出毛入学率；高等教育流入比例 |
| | | | 6. 研发 | 研发人员数；研发支出占GDP比例；QS排名前三的大学平均得分 |
| | | 三、基础设施 | 7. 信息通信技术 | 信息通信技术接入；信息通信技术使用；政府在线服务；公民在线参与 |
| | | | 8. 一般基础设施 | 电能产出；电能消耗；物流绩效；资本形成额占GDP比例 |
| | | | 9. 生态可持续性 | 单位GDP能耗；环境绩效；ISO14001环境认证数 |

| 全球创新指数 | 创新亚指数 | 一级指标 | 二级指标 | 三级指标 |
|---|---|---|---|---|
| GII | 创新投入亚指数 | 四、市场成熟度 | 10. 信贷 | 获得信贷容易程度；国内私人贷款占 GDP 比例；小额信贷占 GDP 比例 |
| | | | 11. 投资 | 保护投资者容易程度；资本市值占 GDP 比例；股票交易额占 GDP 比例；风险资本交易额 |
| | | | 12. 贸易竞争 | 适用加权税率；进入非农业市场加权关税；本地竞争强度 |
| | | 五、商业成熟度 | 13. 知识员工 | 知识密集型行业员工占比；提供正规培训企业占比；企业研发支出占 GDP 比例；由企业资助的研发占比；GMT 平均分；GMT 参与人数 |
| | | | 14. 创新群 | 高校和企业的合作研发；集群发展状态；外国资本资助研发比例；合资企业/战略联盟合约占比；在至少 3 个专利局注册的专利族数 |
| | | | 15. 知识吸收 | 版权和许可费用支出占服务进口比例；高技术净进口占总净进口比例；通信、计算机和信息服务进口额占服务进口比例；外商直接投资净流入额占 GDP 比例 |
| | 创新产出亚指数 | 六、知识与技术产出 | 16. 知识创造 | 国内居民专利申请量；本地居民 PCT 专利申请量；国内实用新型专利申请量；科技类文献数；可引用文献的 H 指数 |
| | | | 17. 知识影响 | 人均 GDP 增长率；每千人企业注册数；购买计算机软件支出占 GDP 比例；ISO9001 质量认证数；高、中高技术制造商占比 |

| 全球创新指数 | 创新亚指数 | 一级指标 | 二级指标 | 三级指标 |
|---|---|---|---|---|
| GII | 创新产出亚指数 | 六、知识与技术产出 | 18. 知识扩散 | 版权和许可费用收入占服务出口比例；高技术净出口额占总净出口额比例；通信、计算机和信息服务出口额占服务出口比例；外商直接投资净流出额占 GDP 比例 |
| | | 七、创意产出 | 19. 无形资产 | 国内居民商标注册数；马德里系统注册商标数；信息通信技术创新商业模式的程度；信息通信技术创新组织模式的程度 |
| | | | 20. 创意产品与服务 | 文化和创意服务出口比例；百万人口国家电影数；娱乐和媒体产出；印刷出版制造业产出占制造业总产出比例；创意产品出口比例 |
| | | | 21. 在线创意 | 每千人通用顶级域名数；每千人国家地区代码顶级域名数；每百万人维基百科月编辑页数；youtube 视频上传人均次数 |

数据来源：《2017 全球创新指数报告》（The Global Innovation Index，GII）。

（二）《2017 全球创新指数报告》对我国创新能力的评价

2017 年 6 月，世界知识产权组织、美国康奈尔大学和英士国际商学院共同发布了《2017 全球创新指数报告》。报告显示，中国全球创新指数（GII）排名居第 22 位，比 2016 年上升 3 位（见表 2-2）。这是中国继 2016 年成为首个进入全球创新指数前 25 强的中等收入经济体之后，又一明显进步。

表 2-2　中国 GII 指数全球排名

| 年份 | 2007 | 2009 | 2010 | 2011 | 2012 | 2013 | 2014 | 2015 | 2016 | 2017 |
|---|---|---|---|---|---|---|---|---|---|---|
| 中国 GII 排名 | 29 | 37 | 43 | 29 | 34 | 35 | 29 | 29 | 25 | 22 |

数据来源：各年份全球创新指数报告。

通过 2017 年全球创新指数排名的国际比较可以发现：

（1）在一级指标层面上（见表 2-3），我国知识与技术产出（第 4 位）和商业成熟度指标（第 9 位）表现良好，这两个一级指标排名甚至超过了很多发达国家。表现最差的是制度环境指标（第 78 位），该排名不仅被发达国家远远甩在后面，即使是与 GII 指数排名远低于中国的泰国相比，我国的制度环境排名也更低。同时，我国的市场成熟度指标（第 28 位）、基础设施指标（第 27 位）、创意产出指标（第 26 位）和人力资本与研究指标（第 25 位）排名也低于我国的 GII 综合排名水平。

表 2-3　2017 年全球创新指数一级指标排名的国际比较

| 指　标 | 中国 | 美国 | 德国 | 日本 | 韩国 | 印度 | 泰国 |
|---|---|---|---|---|---|---|---|
| 全球创新指数排名 | 22 | 4 | 9 | 14 | 11 | 60 | 51 |
| 一、制度环境指标排名 | 78 | 17 | 18 | 13 | 35 | 92 | 75 |
| 二、人力资本与研究指标排名 | 25 | 13 | 10 | 14 | 2 | 64 | 72 |
| 三、基础设施指标排名 | 27 | 21 | 20 | 9 | 13 | 73 | 71 |
| 四、市场成熟度指标排名 | 28 | 1 | 16 | 12 | 14 | 39 | 42 |
| 五、商业成熟度指标排名 | 9 | 8 | 15 | 11 | 17 | 55 | 68 |
| 六、知识与技术产出排名 | 4 | 7 | 8 | 12 | 6 | 38 | 40 |
| 七、创意产出指标排名 | 26 | 10 | 7 | 36 | 15 | 85 | 53 |

数据来源：《2017 全球创新指数报告》。

（2）在二级指标层面上（见表 2-4），我国表现较好的主要有知识员工指标（第 1 位）、知识影响指标（第 1 位）、贸易竞争指标（第 2 位）、无形资产指标（第 2 位）、一般基础设施指标（第 3 位）、知识创造指标（第 5 位）和教育指标（第 8 位）。我国表现最差的指标为管制环境指标（第 107 位）、高等教育指标（第 104 位）和在线创意指标（第 104 位）。

表 2-4　2017 年全球创新指数二级指标排名的国际比较

| 指标 | 中国 | 美国 | 德国 | 日本 | 韩国 | 印度 | 泰国 |
|---|---|---|---|---|---|---|---|
| 全球创新指数排名 | 22 | 4 | 9 | 14 | 11 | 60 | 51 |
| 1. 政治环境指标排名 | 64 | 21 | 15 | 11 | 42 | 87 | 79 |
| 2. 管制环境指标排名 | 107 | 20 | 25 | 14 | 61 | 73 | 110 |
| 3. 商业环境指标排名 | 75 | 10 | 19 | 21 | 3 | 121 | 37 |
| 4. 教育指标排名 | 8 | 41 | 29 | 46 | 40 | 114 | 85 |
| 5. 高等教育指标排名 | 104 | 54 | 20 | 38 | 15 | 68 | 90 |
| 6. 研发指标排名 | 17 | 4 | 8 | 3 | 1 | 32 | 40 |
| 7. 信息通信技术指标排名 | 48 | 11 | 18 | 5 | 2 | 80 | 71 |
| 8. 一般基础设施指标排名 | 3 | 16 | 26 | 28 | 11 | 32 | 51 |
| 9. 生态可持续性指标排名 | 78 | 61 | 36 | 32 | 79 | 103 | 77 |
| 10. 信贷指标排名 | 48 | 1 | 28 | 12 | 13 | 74 | 58 |
| 11. 投资指标排名 | 85 | 3 | 41 | 45 | 32 | 36 | 50 |
| 12. 贸易竞争指标排名 | 2 | 1 | 4 | 3 | 18 | 16 | 26 |
| 13. 知识员工指标排名 | 1 | 11 | 12 | 15 | 22 | 83 | 85 |
| 14. 创新群指标排名 | 62 | 15 | 20 | 19 | 28 | 37 | 85 |
| 15. 知识吸收指标排名 | 13 | 6 | 27 | 8 | 12 | 55 | 22 |
| 16. 知识创造指标排名 | 5 | 7 | 4 | 9 | 2 | 55 | 47 |
| 17. 知识影响指标排名 | 1 | 7 | 21 | 55 | 38 | 30 | 35 |
| 18. 知识扩散指标排名 | 24 | 12 | 15 | 10 | 13 | 26 | 39 |
| 19. 无形资产指标排名 | 2 | 38 | 4 | 30 | 3 | 78 | 62 |
| 20. 创意产品与服务指标排名 | 29 | 5 | 28 | 21 | 35 | 67 | 20 |
| 21. 在线创意指标排名 | 104 | 7 | 8 | 50 | 40 | 103 | 67 |

数据来源：《2017 全球创新指数报告》。

## 二、从历年 GII 指数看我国科技创新能力的进展与差距

通过对历年 GII 指数的各级指标体系进行分析，我们可以更清楚地观察出近年来我国迈向世界科技强国所取得的进步，以及制约我国创新能力的因素。

### （一）我国创新能力所取得的进展

由表 2-5 可以看出，我国 GII 指数综合排名由 2011 年的第 29 位上升到 2017 年的第 22 位。GII 的 7 项一级指标中，6 项均取得了不同程度的进步，其中知识与技术产出指标排名由 2011 年的第 9 位上升到 2017 年的第 4 位，商业成熟度指标排名由 2011 年的第 29 位上升到 2017 年的第 9 位，人力资本与研究指标排名由 2011 年的第 56 位上升到 2017 年的第 25 位，创意产出指标排名由 2011 年的第 35 位上升到 2017 年的第 26 位，基础设施指标排名由 2011 年的第 33 位上升到 2017 年的第 27 位，制度环境指标排名由 2011 年的第 98 位上升到 2017 年的第 78 位。

表 2-5　2011—2017 年中国 GII 指数的 7 项一级指标全球排名

| 指标 ＼ 年份 | 2011 | 2012 | 2013 | 2014 | 2015 | 2016 | 2017 |
|---|---|---|---|---|---|---|---|
| 全球创新指数排名 | 29 | 34 | 35 | 29 | 29 | 25 | 22 |
| 1. 制度环境指标排名 | 98 | 121 | 113 | 114 | 91 | 79 | 78 |
| 2. 人力资本与研究指标排名 | 56 | 84 | 36 | 32 | 31 | 29 | 25 |
| 3. 基础设施指标排名 | 33 | 39 | 44 | 39 | 32 | 36 | 27 |
| 4. 市场成熟度指标排名 | 26 | 35 | 35 | 54 | 59 | 21 | 28 |
| 5. 商业成熟度指标排名 | 29 | 28 | 33 | 32 | 31 | 7 | 9 |
| 6. 知识与技术产出排名 | 9 | 5 | 2 | 2 | 3 | 6 | 4 |
| 7. 创意产出指标排名 | 35 | 56 | 96 | 59 | 54 | 30 | 26 |

数据来源：各年份全球创新指数报告。

通过观察历年我国 GII 指数的二级指标全球排名（见表 2-6），可以发现，我国有 12 项指标排名取得进步，其中进步最大的为教育指标排名，由 2011 年的第 51 位上升到 2017 年的第 8 位，贸易竞争指标排名由 2011 年的第 67 位上升到 2017 年的第 2 位，无形资产指标排名由 2011 年的第 30 位上升到 2017 年的第 2 位，知识员工指标排名由 2011 年的第 30 位上升到 2017 年的第 1 位。

表 2-6　2011—2017 年中国 GII 指数的二级指标全球排名

| 二级指标　　年份 | 2011 | 2012 | 2013 | 2014 | 2015 | 2016 | 2017 |
|---|---|---|---|---|---|---|---|
| 1. 政治环境指标排名 | 108 | 133 | 126 | 125 | 79 | 66 | 64 |
| 2. 管制环境指标排名 | 76 | 112 | 116 | 117 | 115 | 107 | 107 |
| 3. 商业环境指标排名 | 95 | 99 | 98 | 98 | 118 | 77 | 75 |
| 4. 教育指标排名 | 51 | 67 | 20 | 1 | 2 | 4 | 8 |
| 5. 高等教育指标排名 | 102 | 125 | 120 | 115 | 121 | 109 | 104 |
| 6. 研发指标排名 | 32 | 39 | 24 | 23 | 21 | 18 | 17 |
| 7. 信息通信技术指标排名 | 59 | 73 | 75 | 73 | 54 | 53 | 48 |
| 8. 一般基础设施指标排名 | 2 | 10 | 13 | 2 | 3 | 6 | 3 |
| 9. 生态可持续性指标排名 | — | 37 | 38 | 80 | 82 | 76 | 78 |
| 10. 信贷指标排名 | 36 | 62 | 55 | 69 | 63 | 54 | 48 |
| 11. 投资指标排名 | 8 | 16 | 21 | 50 | 62 | 29 | 85 |
| 12. 贸易竞争指标排名 | 67 | 94 | 83 | 75 | 59 | 3 | 2 |
| 13. 知识员工指标排名 | 30 | 27 | 28 | 29 | 20 | 1 | 1 |
| 14. 创新群指标排名 | 46 | 73 | 61 | 74 | 71 | 67 | 62 |
| 15. 知识吸收指标排名 | 19 | 20 | 24 | 28 | 32 | 14 | 13 |
| 16. 知识创造指标排名 | 12 | 4 | 3 | 4 | 6 | 7 | 5 |
| 17. 知识影响指标排名 | 9 | 6 | 2 | 3 | 1 | 11 | 1 |
| 18. 知识扩散指标排名 | 21 | 23 | 21 | 23 | 28 | 25 | 24 |

| 年份<br>二级指标 | 2011 | 2012 | 2013 | 2014 | 2015 | 2016 | 2017 |
|---|---|---|---|---|---|---|---|
| 19. 无形资产指标排名 | 30 | 38 | 72 | 47 | 39 | 3 | 2 |
| 20. 创意产品与服务指标排名 | 45 | 33 | 69 | 33 | 35 | 38 | 29 |
| 21. 在线创意指标排名 | — | 120 | 136 | 87 | 104 | 92 | 104 |

数据来源：各年份全球创新指数报告。

### (二) 我国创新能力的差距

同时，从上述数据可以看出，GII 一级指标中，我国制度环境指标的排名仍然大为落后于美国、日本、德国等发达国家，且我国市场成熟度指标近年来的排名有所下降，由 2011 年的第 26 位下降到 2017 年的第 28 位。

GII 二级指标中，我国有 9 项指标的排名有所下降，其中投资指标排名由 2011 年的第 8 位大幅下降到 2017 年的第 85 位，信贷指标排名由 2011 年的第 36 位下降到 2017 年的第 48 位，生态可持续性指标排名由 2012 年的第 37 位下降到 2017 年的第 78 位，创新群指标排名由 2011 年的第 46 位下降到 2017 年的第 62 位，管制环境指标排名由 2011 年的第 76 位下降到 2017 年的第 107 位。

从表 2-7 可以看出，GII 三级指标中，我国 2017 年全球创新指数排名最低的 20 个三级指标中有 6 个指标来自制度环境因素，主要表现为：过剩员工裁员成本高昂；创业较为艰难；纳税不便；政治稳定性存在隐患；政府管制质量低；法治不健全等。制约我国创新能力的第二因素是创意产出不高，主要表现为：人均视频上传不活跃；人均维基百科编辑量偏少；印刷出版制造业产出占比偏低；人均国家电影数量偏少；人均通用顶级域名数偏少等。同时，我国在开放式创新方面与发达国家相比还有较大差距，其中通信、计算机和信息服务进口额占服务进口比例的全球排名仅为第 99 位，外国资本资助研发比例的全球排名为第 90 位，通信、计算机和信息服务出口额占服务出口比例全球排名为第 77 位，信息通信技术接入的全球排名为第 77 位。

表 2-7　中国 2017 年全球创新指数排名最低的 20 个三级指标

| 三级指标 | 2017 年排名 |
| --- | --- |
| 每百万人维基百科月编辑页数 | 110 |
| 冗余裁员成本 | 107 |
| 通信、计算机和信息服务进口额占服务进口比例 | 99 |
| 高等教育流出毛入学率 | 98 |
| 单位 GDP 耗能 | 98 |
| 保护投资者容易程度 | 98 |
| 创业容易程度 | 96 |
| 纳税容易程度 | 94 |
| 环境绩效 | 93 |
| 外国资本资助研发比例 | 90 |
| 政治稳定性 | 90 |
| 印刷出版制造业产出占制造业总产出比例 | 89 |
| 百万人口国家电影数 | 88 |
| 管制质量 | 87 |
| 法治 | 78 |
| 信息通信技术接入 | 77 |
| 通信、计算机和信息服务出口额占服务出口比例 | 77 |
| 适用加权税率 | 76 |
| 每千人通用顶级域名数 | 74 |
| 小额信贷占 GDP 比例 | 73 |

数据来源：《2017 全球创新指数报告》。

　　我国近年来的确在全球创新指数排名中有着亮眼的成绩，但也存在不少问题，我们对该指数的排名结果需要客观看待：一方面，该排名表明我国不断增加创新投入、实施创新驱动发展战略和知识产权强国建设等措施，取得了一定成效并得到了世界的认可；另一方面，该报告为了体现其全面性与客观性，在不断增加与改进创新指标，因此纵向比较得出的结论价值有限。由于涉及全球100多个国家和地区，该指标体系需要在变量的质量和较大的国家覆盖面之间权衡，其最终选择的80多个具体评估指标中，有些指标对我国而言并不具有价值。

## 第三节　全球科技创新中心城市的比较研究

在创新全球化时代，创新资源和创新活动的分布并不均衡，集群式发展是现代科技创新的特征之一。在各国大力推进创新战略的过程中，涌现出一批科技创新中心城市。这些科技创新中心城市不仅发展高科技领域，也注重产业的变革和商业模式的创新，将技术创新、文化创新和产业变革融合在一起，使该地区拥有了强大的持续创新能力。伦敦、纽约、东京等先后提出了建设全球或区域创新中心的目标，通过研究全球科技创新中心城市发展的战略举措，总结科技创新中心城市建设模式，可以给国内建设科技创新中心城市提供经验借鉴。

### 一、全球科创中心城市发展模式比较

#### （一）政府主导模式

在科技创新中心城市的发展过程中，政府可以在加快科研成果转移，制定财税金融扶持政策，促进国际化合作等方面发挥重要作用。新加坡的发展就是典型的例子，新加坡在全球创新指数排名中位列第六，是较为成熟的科技创新中心城市，是继纽约、伦敦、香港之后的

第四大国际金融中心，也是亚洲重要的服务和航运中心之一。早在 20 世纪 90 年代初，新加坡就开始探索实施政府主导的创新战略与政策（见表 2-8）。

1. 政府制定科技发展战略规划

1991 年，新加坡政府成立了国家科技局，并开始制定国家科技发展五年计划，新加坡科技发展战略的目标是，希望通过科技发展将新加坡建设成为发达国家。政府通过制订创新计划，扶持生物医药、水务科技等产业的发展。政府对高科技产业的扶持政策、对创新基础设施的完善，为新加坡营造了良好的创新外部环境。这些举措推动了新加坡产业向知识性、服务性升级，新加坡形成了电子、化工、生物医药、资信与传媒、物流、金融等多个世界级的产业群，成为世界三大炼油中心之一、世界吞吐量最大的集装箱码头、跨国企业重要的物流和后勤管理中心。此外，新加坡还是全球第四大外汇交易中心，汇集了超过 110 家国家级银行。

2. 调整产业结构，重点发展知识密集型产业

1997 年亚洲金融风暴对新加坡产生了巨大冲击，1998 年新加坡 GDP 增长率跌至 1.5%。经济增长停滞迫使新加坡政府开始新一轮产业结构调整，大力发展知识密集型产业。政府积极推动私有化，促进本地企业、跨国公司与政府控股企业合作；大力发展物流产业，鼓励外资在新加坡设立运营总部，提升新加坡服务功能；把知识经济作为国家竞争的关键要素，在生物医药、环境、水务科技、互动媒体等方面加大投资。

3. 引进尖端高科技人才

新加坡推出了一系列吸引国际化创新人才的政策，如国外人才居住计划、减少就业障碍计划、外籍人士居留权计划、特殊移民计划等，以吸引国内外高层次的科技专家。

**表 2-8　新加坡政府推动创新的战略与措施**

| 战略与政策 | 具体内容 |
| --- | --- |
| 在政府层面设置专门机构主抓与创新城市建设相关事宜 | 政府专门设立"研究、创新及创业理事会",成员既包括企业界人士,也包括学术界以及政府部门成员,作为政府"智囊团",为国家在研究、创新及创业方面的政策提供咨询。另外,原"生产力与标准局"更名为"标准、生产力与创新局",该部门的主要任务就是增强中小型企业的创新能力。除此之外,新加坡还设立了"国家研究基金"等相关机构,以资助长期性的策略研究项目 |
| 政府重视教育和人才引进,刺激高层次人才的创新需求 | 新加坡推出了一系列吸引人才的政策,如国外人才居住计划、减少就业障碍计划、外籍人士居留权计划、特殊移民计划等,以吸引国内外高层次的科技专家 |
| 政府出台一系列举措资助中小企业的发展 | 建立风险投资基金、推出科技企业家投资基金计划等政策扶持创新产业的发展;除此之外,发起多项融资计划,设法解决小企业融资难的问题 |
| 打造开放的创新环境 | 新加坡地处马六甲海峡这个全球航运的十字路口,得天独厚的区位优势,长久以来东西方文化在该地区融会贯通,更能碰撞出创新火花,加上政府对于创新环境、创意产业氛围的培育,推动了创新、创意产业的发展 |

资料来源:作者根据相关资料整理。

## (二) 市场主导模式

纽约市位于美国东海岸北部,是美国最大都市和第一大港,是美国经济、金融、贸易中心。纽约是全球经济中心打造科技创新中心的典范。一直以来纽约都被认为是全球金融中心、传媒中心、时尚中心、医疗保健中心和贸易中心。然而自 2008 年金融风暴以来,为了维持其全球领先地位,纽约开始从高度依赖华尔街向依靠科技创新进行转变,并提出打造"全球科技创新领袖"的城市战略,迅速崛起成为美国东岸的科技重镇。

1. 市场在创新中发挥决定性作用

美国政府实行弱干预政策，认为科技创新的方向及资本、人力的投入量应当是由市场决定的。20世纪80年代末，纽约制造业严重衰退，大量制造企业撤出，曼哈顿地区房屋空置率一度高达18.6%，租金下降，大量的新媒体、网络科技、电信、软件开发、金融技术等初创企业开始聚集。纽约形成了第五大道与百老汇地区的科技企业集群，在曼哈顿中城、下城区，集聚了大量互联网、新媒体、网络科技、信息技术等高科技企业，已成为一个覆盖纽约大都市区，横跨地理空间与虚拟网络的庞大科技创新集群概念。纽约存在多家私营的科研机构，形成了竞争激烈的市场，而这种市场化的运作方式给科技创新带来了活力，市场机制在创新资源的配置中发挥着重要作用。

2. 强大的金融支持和创新生态系统

纽约成为全球知名的科技创新中心，很大程度上得益于其金融力量和资本市场，使得市场自发形成了优势高科技产业集群。成熟的资本市场使得企业发展有着充裕的资金支持，促进了创新活力的不断提升。纽约强大的科技实力与其以资本市场为主导、多种融资方式并存的科技创新金融支撑体系息息相关，纽约有大量的风险投资机构，还拥有大量投资银行、金融机构和投资人，有完善的资金链和丰富的顾客群。纽约同时还拥有科技大会和299个科技产业组织，涵盖金融、时尚、媒体、出版、广告等各类产业，建立起了产业互助系统，形成了良性的科技圈生态环境。

3. "高密度"的创造性活动

纽约汇聚了全美10%的博士、10%的美国国家科学院院士和近40万名科学家、工程师，高校毕业生人数占全国的10%左右。纽约有闻名世界的百老汇、格林威治村、苏荷区等文化圣地，这里集中了全球最前卫的艺术和文化。纽约同时拥有大批的作家、导演、编辑、设计师和艺术家以及大学生、少数族裔、新移民、雅皮士等多样化人群，使得不同的文化、多样的思想在纽约市激烈碰撞产生出创新火花。依据萨森全球城市中的理论"战略性创造性的活动——无论是经济、文化还是政治——密度利于繁荣",曼哈顿的密度无论是建筑密度、人口密度、企业密度或是经济活动密度（包括商业、金融、艺术、文化等行为密度）无疑是全球顶级的，促进了该地区科技创新活动的繁荣。

### (三) 双轮驱动模式

东京位于日本本州岛关东平原南端，不仅是日本的首都，而且是日本的经济中心，也是国际重要的金融、经济和科技中心之一。以东京都为核心的日本"东京都市圈"，从第二次世界大战后的传统工业城市群逐步转变为现代化的特大型都市经济圈，树立了独具一格的"东京模式"——"工业（集群）+研发（基地）+政府（立法）"深度融合，使得"东京圈"成为制造业基地、金融中心、信息中心、航运中心、科研和文化教育中心及人才高地。

#### 1. 政府的"先保护育成，再开放竞争"战略

日本政府早在 1970 年就提出"技术立国"的政策，提出"引进—消化—吸收—创新"的科技创新思路，支持本国的科技创新企业在开展研发活动的同时，引进国外先进技术，成功造就了索尼、松下、三菱、富士通等高科技公司。2001 年东京开始推进"科技产业集聚区"，促进产学研结合，造就了日本较高的科技成果转化率。通过制订一系列科技创新计划和对外国资本投资科技产业进行严格限制，日本政府给东京科技创新发展提供了良好的外部环境。在政府对本土科技企业的保护和扶持政策下，日本高科技公司飞速发展，涌现出一批富有国际竞争力的高科技公司。

#### 2. 实施"工业分散"战略

随着高科技企业实力的不断壮大，东京开始实施"工业分散"战略，将机械、电气等工业从东京逐渐迁至横滨、川崎等城市，发展形

成京滨、京叶产业聚集区。东京都则布局高端科技产业，加大力度开发高附加值、高成长性的服务性行业、奢侈品生产和出版印刷业，而石油、化工、钢铁等重工业则全面退出东京。东京都逐渐由传统工业化时期的一般制造业、重化工业为主的产业格局，转变为以金融服务、精密机械、高新技术等高端产业为主的科技创新城市。

3. 充分发挥市场的调节作用

随着高科技产业的逐渐成熟，东京都政府的政策导向逐步由保护与扶持转变为维护与保障，由市场主导科技创新的发展。市场自发形成科技产业集聚，吸引众多跨国公司总部在东京设立，带动了东京科技金融衍生品的发展，高度发达的金融市场反过来促进更多企业进驻东京，加大了科技竞争力度，促进了科技创新的发展。

4. 产学研合作创新模式

日本17%的高等院校、短期大学和27%的大学生在东京，同时，东京还集中了日本1/3的研究和文化机构，科技人才给东京科学技术的发展带来了源源不断的强大支撑。日本政府通过实施《大学技术转移促进法》，支援大学的共同研究中心和技术转让机构，对产学研合作活动取得的业绩开展基准评价，构筑从基础到应用共同研究的产学研持续性、发展性合作体系，在此基础上建立的高效协同的产学研合作机制大大推动了科技创新的发展。

**(四) 全球科创中心城市发展模式的启示**

美国著名学者伯顿·克拉克提出要构建政府、市场、大学的"三角协调模式"，综观全球领先的科技创新中心，其成功都来源于政府政策、科技研发实力和市场力量三者的相互配合。通常政府主导的科技创新模式适用于市场化程度不高的城市，或者是资源利用度不完善的地区。在亚洲各国的创新型城市建设的过程中，政府起着至关重要的主导作用，如新加坡、韩国大田等。而市场主导模式适用于市场化程度高的发达国家，这些发达国家的科技创新城市有着较为完善的金融体制、充足的创新资源以及较高的创新积极性，市场会自发推动城市科技创新的发展，如美国纽约、美国硅谷、英国伦敦等。因此，在欠发达的科技创新中心城市建设的过程中，政府扮演着组织者和领导者的角色；而在发达的科技创新中心城市的建设中，政府则扮演着调控者的角色。

在建设科技创新中心城市的不同阶段，政府与市场也扮演着不同的角色。在初始阶段，政府应该是科技创新的"掌舵者"与"助推者"，营造有利于促进创新的环境氛围。同时，政府还是科技创新中"市场"的"补位者"，弥补市场失灵所带来的问题。政府政策的制定一定要有明确的目标性、考虑问题的全面性，并且要前后衔接连贯。如新加坡政府的科学规划给新加坡科技创新发展带来了活力，东京政府的政策倾向和产业保护政策是中小企业发展的有力保障，纽约政府的有效服务是其科技发展的强大后盾。

在科创中心城市建设的进程中，应逐步由市场发挥主导与调节作用。应充分发挥市场配置资源的作用，调动市场主体积极性，让市场去决定创新的方向和方式，鼓励私人企业开展创新。日本东京筑波在建设创新城市的过程中，由于过于强调政府的作用，其发展模式曾经出现过弊端，自身发展最终失去了平衡与协调。在反思问题后，日本政府制定了目标明确、考虑详细的政策，充分发挥市场对于创新的引导作用，从而形成了有全球竞争力的科学城。

科技创新活动不仅是科技领土，还属于经济领域，政府为了城市的发展很难置身事外，任凭市场与资源发挥作用；而政府也无法在缺少资源、市场不发达的条件下，推动科技创新的发展。因此，政府与市场都是创新型城市不可或缺的部分，两者相互辅助，相互促进。国内在建设科技创新中心城市的过程中，不仅要依靠政府的科学规划与政策引导，还应当逐渐放开对市场的管制，让市场来驱动城市的科技创新。

## 二、全球科创中心城市功能定位比较

国内外特别是国外在建设科技创新中心城市的过程中，都会结合自身实际情况，以合理的功能定位促进科技创新的发展，这些做法也值得借鉴。

### （一）国外主要科技创新中心的功能定位

全球多数科技创新中心往往源于区域性经济中心，通过创新驱动、区域协调和转型升级，形成各具特色的产业体系和发展定位（见表2-9）。

表2-9　2thinknow全球创新城市排行榜top25

| 排名 | 城市 | 国家 |
| --- | --- | --- |
| 1 | 伦敦 | 英国 |
| 2 | 纽约 | 美国 |
| 3 | 东京 | 日本 |
| 4 | 旧金山-圣何塞 | 美国 |
| 5 | 波士顿 | 美国 |
| 6 | 洛杉矶 | 美国 |
| 7 | 新加坡 | 新加坡 |
| 8 | 多伦多 | 加拿大 |
| 9 | 巴黎 | 法国 |
| 10 | 维也纳 | 奥地利 |
| 11 | 首尔 | 韩国 |
| 12 | 阿姆斯特丹 | 荷兰 |
| 13 | 巴塞罗那 | 西班牙 |
| 14 | 悉尼 | 澳大利亚 |
| 15 | 慕尼黑 | 德国 |

| 排名 | 城市 | 国家 |
|------|------|------|
| 16 | 纳斯达-沃思堡 | 美国 |
| 17 | 柏林 | 德国 |
| 18 | 亚特兰大 | 美国 |
| 19 | 蒙特利尔 | 加拿大 |
| 20 | 芝加哥 | 美国 |
| 21 | 西雅图 | 美国 |
| 22 | 休斯敦 | 美国 |
| 23 | 马德里 | 西班牙 |
| 24 | 温哥华 | 加拿大 |
| 25 | 墨尔本 | 澳大利亚 |

资料来源：《Innovation Cities Index 2017》，www. innovation-cities.com。

1. 旧金山-圣何塞

以全球创新"圣地"硅谷为腹地的美国"旧金山湾区"，依托硅谷地区知识、资本的外溢和辐射，圣何塞的高技术产业群、奥克兰的高端制造业，以及旧金山的专业服务（如金融）和旅游业，通过长期发展构筑了一个"科技（辐射）+产业（网络）+制度（环境）"的全球创新中心。

（1）技术创新策源地。"硅谷之父"、曾任斯坦福大学电子工程学院院长的特曼教授在1951年创建了世界上第一个科技工业园——斯坦福研究园，园区毗邻大学校区，仅接纳科技企业入驻。发展至今，硅谷汇集了英特尔、思科、苹果、谷歌等众多全球顶级高科技企业，而其中惠普、苹果、雅虎等企业正是由斯坦福大学师生或校友创建的，他们创建的企业产值占硅谷总产值的50%~60%。

（2）全球科技服务中心。多样、畅通的融资渠道，使硅谷的企业尤其是新建企业取得资本支持的易得性强。硅谷年均风险投资额高达70亿美元左右，占美国的近25%，天使投资额占整个加州的87%。同时，风投公司在投入首期资金后绝不会放任不管，或只关注资金，而是投入大量的精力为初创企业提供增值服务，如帮助公司进行流动资金的融资运作、推荐人才、为公司经营进行咨询服务、促进与其他公司间的协调和合作等，以提高公司的价值。

（3）创新资源网络枢纽。在硅谷，高校、企业、研发机构、风险资本和各类中介机构紧密互动，形成了开放创新资源网络，信息、知识、技术、资本、人才资源和其他创新资源在其中自由流动，形成共享，促进合作，为新技术、新商业模式的诞生提供了最佳的土壤。正是由于这种创新生态系统的存在，硅谷才能长盛不衰，保持着源源不断的创新活力，成为全球信息技术、生物技术、新能源等高科技行业的创新摇篮。

（4）国际化人才聚集地。斯坦福大学和加州大学伯克利分校为硅谷提供了大量人才，仅诺贝尔奖获得者就有 50 多名，同时拥有多样的高素质人才，包括工程师、科学家、企业家、投资家以及专业金融和法律服务人员。在硅谷地区，技术移民人口占当地总人口的 36%，其创建的企业占到硅谷全部高科技企业的三分之一多。

2. 纽约

纽约结合自身交通、教育、文化、金融等方面的优势选择并制定适合自身发展的政策及战略规划，并从整体上实施城市创新运动（见表 2-10）。

（1）全球金融中心。纽约的产业结构以生产性服务业和知识性服务业为主，其中金融业和商业服务业最为发达，因此纽约的金融创新和服务创新最为活跃。金融方面，纽约每天为全美乃至全球 1600 家金融企业处理 2600 万宗交易，很好地提升了其全球金融中心的地位。除了纽约证交所和纳斯达克市场、全国性的场外交易市场和私募股票交易市场之外，纽约在担保体系和资本市场的基础上建立了比较完善的间接融资风险分担体系。全美 500 家最大公司，约有 30% 研发总部与纽约的金融服务相联系。同时，完善的风险投资体系保障了创业的实施，风险投资者一般具有丰富的经验和资源，在为公司提供资金的同时也能带来良好的公司管理经验。

（2）国际商业中心。纽约在 20 世纪 80 年代已经成为国际商务中心和国际总部中心，后期由以生产为主的制造业中心转变为以服务为主的金融贸易中心。纽约的全球经济组织高度集中，在新闻、广告、银行、证券等领域为全球提供优质的服务，在商业方面有着全球影响力。纽约的研究型大学往往设有技术转移办公室，负责知识产权的评估、申请与保护，并为技术成果的商业化提供完善的服务。

（3）数字经济中心。纽约为了创造一个高效的服务环境，提出了建设"数字化纽约"的目标，并利用自身基础设施、文化创意资源和人才资源等优势，发展文化创意和数字服务产业，成为美国数字经济与创意经济中心。

表 2-10　纽约媒体 2020 计划

| 创新政策 | 具体内容 |
| --- | --- |
| 支持科研和人才培养 | "纽约市经济发展组织"（NYCEDC）与哥伦比亚大学、纽约大学联合创立 Media Lab，主要作用是科研、技术转化及人才培养。NYCEDC 也提供奖学金项目，与高校开展新媒体人才培训计划 |
| 提供全方位财政税收支持 | Media Tech Bond Program 为媒体公司购买新设备、技术、产品提供税收减免，鼓励其进行更新换代；给予创业公司一系列税收优惠等 |
| 公开城市部门的公共数据 | 科技创新人士可通过挖掘大数据，找准社会需求进行创新，举办 NYC BigApps 竞赛，为获奖项目进行投资 |
| 统一宣传公关 | 纽约制造（Made in New York）项目，为纽约本土的电影、电视、剧院、数字化产品等提供"纽约制造"认证，这项举措随后推广到时尚业和高科技产业。只要在纽约创立的公司，或公司运营团队有 75% 在纽约的，就可申请这个认证，其信息会列在纽约制造数字地图（Made in New York digital map）上，这些公司可以统一在该网站公布招聘广告，增加被用户认识的机会 |

| 创新政策 | 具体内容 |
|---|---|
| 开展"纽约应用科学发展项目" | 向全球征集应用科学学院发展计划,纽约市政府与康奈尔大学、以色列理工学院等高校签署办校协议,并捐赠位于罗斯福岛上的土地,提供部分资金支持 |

资料来源:庄巧祎(2014)❶。

### 3. 伦敦

以伦敦城为中心的英国"大伦敦区",在工业革命之后顺应全球产业升级趋势,依靠市场力量和知识集聚,引领以创意、金融产业为代表的知识密集型产业迅速崛起,同时依靠区域协作与组合,推动多中心发展格局形成,并通过资本经营在全球范围内优化配置生产要素,凭借"知识(服务)+创意(文化)+市场(枢纽)"模式成为世界城市可持续发展的榜样(见表2-11)。

(1)全球创意产业中心。英国是世界上第一个政府明确提出发展创意产业的国家。作为英国政治和经济文化中心的伦敦,其文化底蕴深厚,多种文化交汇碰撞,其创意产业在政府政策和措施的大力扶持下得到了快速发展,不但促进了城市经济社会的健康发展,而且还发展成为英国创意之都和全球创意中心。为了实现文化创意产业和城市的持续发展,伦敦政府成立了"文化创意产业特别小组",对文化创意产业进行分析和规划。同时还建立了"创意伦敦"工作协调小组,一方面负责激发创意产业的积极性,另一方面解决企业在融资、人才、场所等方面的困难。

(2)全球创新研究中心。伦敦集聚了英国1/3的高等院校及科研机构,每年高校毕业学生占全国的40%左右。荟萃的人才使得英国研究力量雄厚,2014年伦敦提出打造"Med City"(医学城),要建设与新加坡、波士顿比肩的世界顶级医学研究中心,"医学城"充分利用

---

❶ 庄巧祎.纽约:正在崛起的高科技枢纽〔N〕.东方早报,2014-12-9.

了伦敦区的高校,由牛津大学、剑桥大学、伦敦大学组成英格兰南部"金三角"(golden triangle),成功打造了世界级医学中心。

(3)全球创新知识转移中心。为了继续保持在全球范围内的科技创新优势,伦敦在出台《伦敦创新知识转移战略》(London Innovation Knowledge Transfer Strategy)和《伦敦创新框架》(London Innovation Framework)的基础上,又颁布了《伦敦创新战略与行动纲要 2003—2006》(The London Innovation Strategy and Action Plan,2003—2006),提出了伦敦建设创新城市的远景、战略和具体举措。

表 2-11  伦敦文化创意产业发展战略与措施

| 创新政策 | 具体内容 |
| --- | --- |
| 发布一系列文化产业政策,推动文化创意产业发展 | 2004 年发布《伦敦文化之都:实现世界级城市的潜力》,这是伦敦第一份市长文化战略报告,明确提出要在文化层面上将伦敦打造成世界级的文化和创意都市。随后又相继推出《伦敦文化审计》《市长文化战略》以及《2014 文化都市——伦敦市长文化战略》等。除此之外,为了推动伦敦文化发展战略的顺利实施,伦敦相关政府部门也配合推出一系列政策配套措施,形成了严密的文化产业政策体系 |
| 成立促进城市创新的领导机构 | 成立伦敦经济发展局,此后该机构在 2004 年创立了伦敦创新指导小组,以政府和企业合作的方式运作,广泛汇集重要创意公司、艺术组织和政府部门官员的建议,为伦敦创意产业发展出谋划策 |
| 服务中小企业创新 | 创建"知识天使"的创新指导网络,组织一批富有创新经验的个人,作为"知识天使",将创新工艺、创新理念提供给中小企业,并协助他们申请创新基金 |
| 税收减免优惠 | 发布相关税收减免政策以及推出针对小企业创新的相关贷款政策,鼓励中小企业自主研发新产品 |

资料来源:作者根据相关资料整理。

(二)全球科技创新中心功能定位的主要启示

全球科技创新中心的本质是指全球科技创新资源密集、科技创新活动集中、科技创新实力雄厚、科技成果辐射范围广大，从而在全球价值网格中发挥显著增值功能并占据领导和支配地位的城市或地区。

1. 功能定位合理，发挥区域创新引领与辐射作用

全球科技创新中心的主要功能应至少涵盖四大方面：科学研究、技术创新、产业驱动和文化引领。全球科技创新中心科研实力强大，拥有先进的科研基础设施、研究平台以及持续稳定的基础性投入，拥有一批划时代意义的科学成果，研究领域往往处于世界相关学科和技术领域的最高端，代表着科学研究的国际前沿。拥有全球顶尖的科研领军人物和国际一流水平的科研团队，且其领先的研究水平还会吸引世界各地优秀人才的云集，并形成良性循环。

全球科技创新中心作为各种技术创新要素集聚的高地，成为全球新技术、新产品、新产业的创新增长极。其作为世界技术创新策源地，集聚了大量世界著名的科技企业和研发机构，新创企业和中小科技企业活跃。同时具有良好创新创业文化氛围，吸引了世界各地的多样化创新人才，包括创业人才、专业的技术人才、创新管理人才和风险投资者等。还拥有较大的创新投入规模，同时具有相应较高的创新产出（如专利总量、高新技术产业产值等）。

2. 优化发展环境，构建完善的科技创新网络

全球科创中心在发展过程中，大多会构建由主导产业发展的核心"引擎"企业、拥有细分领域核心技术的中小企业和具有互补功能的初创企业构成的创新网络；发挥高校院所、社会组织和政府的支撑作用，为企业科技创新提供足够的人才、知识、技术、政策环境、基础设施等创新资源要素；营造适宜的创新发展环境，包括专业机构提供的服务体系、行业组织提供的信息技术交流机会、宽容失败的创新文化、完善的科技基础设施和公共基础设施。三个层次相互促进，创新资源要素相互流动，形成完整的创新生态系统。

全球创新城市排行榜中，无论是伦敦、纽约，还是新加坡、多伦多，都是全球著名的金融中心，硅谷更是风险投资的集中地。金融机

构的支持加快了技术进入市场的速度，成熟的金融体系是科技创新中心城市建设的资金保障。这也提醒我们在注重科技创新发展的同时，还应加强金融市场的完善。

3. 培育本土创新企业，引领科技产业发展

硅谷聚集了英特尔、思科、苹果、谷歌等众多全球顶级高科技企业，纽约聚集了微软、亚马逊、Twitter、Facebook 等著名企业，2012年全球 2000 强企业总部数量，东京拥有 171 家企业总部，分列 2~5 位的城市分别是纽约、伦敦、巴黎和首尔。企业与银行、风险投资、科技交易服务机构等中介组织进行有利合作，使得科技创新活动可以有高额的资金投入，促使企业加快创新进程，提高创新成果转化率。❶所以在构建科技创新中心城市的过程中，应当以市场为导向，突出企业的主体作用，实现创新链、产业链、价值链三链融合，突出市场在创新资源配置中的决定性作用，推动人财物各种创新要素向企业集聚，使创新成果更快转化为现实生产力。

创新龙头企业是城市科技创新中心形成的发动机，能带动相关行业产业链上下游企业以及相关配套产业的发展，对整个城市科技创新活动具有带动和组织作用。但龙头企业的形成也是以大量中小企业的存在为前提的，因此，打造培育本土创新龙头企业的同时，也要给小微企业足够的生长空间，重视中小企业的创新发展和经营管理。中小企业在区域企业集群中占有很大比例，善于利用发展中小企业对地区经济发展至关重要。

---

❶ 马池顺. 创新资源视角下的创新型城市成长研究 [D]. 武汉：武汉理工大学，2013.

# 第三章　科技创新与供给侧结构性改革

## 第一节　科技创新与供给侧结构性改革的内在联系

科技是第一生产力，是创新发展的第一动力。推进科技创新是推进供给侧结构性改革的核心引领和重要内容，并且在一定程度上决定着供给侧结构性改革的成败。

### 一、供给侧结构性改革的大背景

#### （一）供给侧结构性改革的主要内容

国际金融危机爆发后，我国经济发展进入"三期叠加"时期，许多深层次矛盾和问题凸显，经济发展进入新常态，突出表现为速度变化、结构优化、动力转换。我国经济发展长期向好的基本面没有变，经济韧性好、潜力足、回旋余地大的基本特征没有变，经济持续增长的良好支撑基础和条件没有变，经济结构调整优化的前进态势没有变❶。但必须破除长期积累的一些结构性、体制性、素质性突出矛盾和问题。这些突出矛盾和问题主要表现为"四降一升"，即经济增速

---

❶　2015年11月习近平主席出席亚太经合组织工商领导人峰会时，发表题为《发挥亚太引领作用，应对世界经济挑战》主旨演讲中的内容。

下降、工业品价格下降、实体企业盈利下降、财政收入增幅下降、经济风险发生概率上升。我国经济运行面临的突出矛盾和问题，虽然有周期性、总量性因素，但根源是重大结构性失衡，导致经济循环不畅，必须从供给侧、结构性改革上想办法，努力实现供求关系新的动态均衡。供给侧结构性改革，最终目的是满足需求，主攻方向是提高供给质量，根本途径是深化改革。最终目的是满足需求，就是要深入研究市场变化，理解现实需求和潜在需求，在解放和发展社会生产力中更好地满足人民日益增长的物质文化需要。主攻方向是提高供给质量，就是要减少无效供给、扩大有效供给，着力提升整个供给体系质量，提高供给结构对需求结构的适应性。根本途径是深化改革，就是要完善市场在资源配置中起决定性作用的体制机制，深化行政管理体制改革，打破垄断，健全要素市场，使价格机制真正引导资源配置。要加强激励、鼓励创新，增强微观主体内生动力，提高盈利能力，提高劳动生产率，提高全要素生产率，提高潜在增长率❶。

(二) 供给侧结构性改革是重大理论创新

供给侧结构性改革是解放和发展社会生产力思想的重大深化，是中国特色社会主义政治经济学的重要内容，在历史背景、理论基础、主要目的、政策措施等方面都同西方供给学派有根本不同。

第一，历史背景不同。供给学派形成于 20 世纪 70 年代，主要用来解决当时西方出现的"滞胀"问题。20 世纪 30 年代，西方经济危机打破了"供给能够自动创造需求"的神话，凯恩斯主义应运而生，并逐渐主导西方经济政策的制定。凯恩斯主义认为，只有通过国家干预，实行需求管理，才能走出经济危机。在凯恩斯主义影响下，西方各国采取扩张性财政和货币政策，促进了经济稳定复苏。但进入 20 世纪 60 年代以后，西方经济出现"滞胀"局面。1973 年爆发第四次中

---

❶ 2016 年 12 月中央经济工作会议习近平主席发表重要讲话。

东战争，导致石油危机、油价狂升，引发成本推进型通胀，凯恩斯需求刺激政策完全失效，主张从供给侧管理经济的供给学派得到重视。

供给侧结构性改革是在我国经济发展进入新常态的背景下提出的，主要用来解决经济发展中遇到的突出矛盾和问题。新常态下，虽然我国经济发展长期向好的基本面没有变，但也面临一些结构性和体制性问题。这些问题主要集中在供给侧，突出表现为有效供给总量、供给结构不能适应需求总量、需求结构的变化。如一些行业产能严重过剩，但一些消费需求在国内得不到有效供给。我国经济发展中呈现出的"四降一升"的原因主要也不是周期性的，而是结构性的。实践已经证明，对经济周期性问题可以采用需求侧刺激办法应对，但对经济结构性问题要从供给侧着手。所以，推进供给侧结构性改革既是解决目前经济运行中诸多问题的主要举措，也是解决中长期经济问题的根本之道。

第二，理论基础不同。供给学派的理论基础是古典经济学。在西方经济思想史上，古典经济学第一次把研究对象从流通领域转移到生产领域，对资本主义生产方式进行了初步分析。威廉·配第就认识到商品的价值由劳动创造，货币的价值也由劳动决定，得出"劳动是财富之父、土地是财富之母"的结论。亚当·斯密从分析分工为逻辑起点，从供给侧研究经济增长的源泉。萨伊把供给理论推到顶峰，提出"萨伊定律"，认为供给决定、创造需求，供给是第一位、需求是第二位的；市场机制是灵敏有效的，能够自动实现总需求同总供给的平衡。20世纪70年代中后期，以减税为核心思想的"拉弗曲线"影响较大，并成为供给学派的理论支撑和政策指导。总体看，古典经济学把经济学研究向前推进了一大步，但其把财富而不是生产关系作为研究对象，把资本主义看作是最合理的、永恒的制度，反映了其理论的局限性。

供给侧结构性改革的理论基础是马克思主义政治经济学。马克思主义政治经济学认为，社会经济发展过程是生产、流通、分配、消费四大环节同时存在并相互转化的过程。生产始终起着支配作用，必须始终重视生产在社会经济发展过程中的决定性地位，同时又必须高度重视流通、分配、消费对于生产的巨大反作用。在社会生产中，始终存在着生产力和生产关系两个方面及其对立统一关系，市场供求失衡不仅意味着需求不足或供给过剩，而且表明生产、流通、分配、消费四大环节都出现了问题。供给侧结构性改革就是运用马克思主义政治经济学，从供给、结构、改革三方面入手，全面分析供需两大关系和生产、流通、分配、消费四大环节，在此基础上提出解决问题的对策建议。

第三，主要目的不同。供给学派的主要目的是熨平资本主义再生产的周期性和波动性，缓解社会化生产和私有制这一资本主义社会的基本矛盾，维护和巩固资本主义制度。

供给侧结构性改革的主要目的是解放和发展社会生产力，重点是用改革的办法推进结构调整，减少无效和低端供给，扩大有效和中高端供给，提高供给体系的质量和效率，保障基本需求、满足升级需求、挖掘潜在需求、创造全新需求，促成社会总供给和总需求相匹配，实现由低水平供求平衡向高水平供求平衡的跃升，使我国供给能力更好地满足广大人民日益增长、不断升级和个性化的物质文化和生态环境需要，增进人民福祉、促进人的全面发展。

第四，措施建议不同。供给学派强调供给第一，以减税为主要手段推动经济发展。生产增长取决于劳动力和资本等生产要素的供给和有效利用，在生产要素中，资本积累决定着生产增长速度，应当鼓励储蓄和投资。而要增加生产和供给，首先必须减税，以提高人们储蓄和投资的能力和积极性。此外，还需要有两个条件加以配合：一是削减政府开支，消灭赤字，平衡预算，并缓减排挤效应；二是限制货币发行量，稳定物价，保证人们储蓄和投资收益。政府除了为增加供给提供良好的环境和必要条件之外，不应对经济多加干预，而由市场机制对经济进行自动调节。由此可见，供给学派在批判凯恩斯主义需求刺激的基础上，走向了只注重供给而忽视需求、只重视市场功能而忽视政府作用的另外一个极端。

供给侧结构性改革主要从供给、结构、改革三方面入手，实施五大政策支柱和五项重点工作。供给侧既包括传统生产要素投入，如劳动投入、资本投入、土地等资源投入、企业家才能投入，又包括带动全要素生产率提高的供给要素，如制度变革、结构优化、创新驱动。结构包括产业结构、区域结构、要素投入结构、增长动力结构、收入分配结构等。从供给侧入手、针对结构性问题而推进的改革包括所有重要的经济体制改革，如行政体制改革、产权制度改革、土地制度改革、国有企业改革、财税金融体制改革、价格体制改革等。当前，推进供给侧结构性改革，要按照创新、协调、绿色、开放、共享的发展理念要求，适应经济发展新常态，实行宏观政策要稳、产业政策要准、微观政策要活、改革政策要实、社会政策要托底的五大政策，重点完成去产能、去库存、去杠杆、降成本、补短板五大任务。

总之，供给侧结构性改革既强调供给又关注需求，既突出发展生产力又注重完善生产关系，既发挥市场决定性作用又更好发挥政府作用，既着眼当前又立足长远，本质上是进一步解放和发展社会生产力，是中国特色社会主义政治经济学的重要内容，是马克思主义政治经济学的重大发展。推进供给侧结构性改革，是综合研判世界经济形势和我国经济发展新常态做出的重大决策。

## 二、科技创新与供给侧结构性改革的关系

### （一）科技创新是供给侧结构性改革的核心引领

供给侧结构性改革当前的重点任务是去产能、去库存、去杠杆、降成本、补短板，长期来看是要重塑中长期增长动力。供给侧结构性改革不仅要做好"减法"，还要做好"加法""乘法"和"除法"。做加法，就是要促进产业转型升级，培育新一代信息技术、新能源、生

第三章 科技创新与供给侧结构性改革

63

物医药、高端装备、智能制造和机器人等新兴产业，使新增长点汇聚成强大的增长动力。做乘法，就是要转向创新驱动，加大研发投入力度，加强知识产权保护，完善科技成果转化的激励机制，提高技术进步对经济增长的贡献率。做除法，就是要提高单位要素投入的产出率，通过加大人力资本投资、加强职业技术教育，提高劳动者技能和在劳动力市场的竞争能力，提高劳动生产率。这其中科技创新是整个供给侧结构性改革的核心引领和战略支撑。只有形成以科技创新为主要引领和支撑的经济格局，切实解决好经济发展动力的切换问题，才能有效推动供给侧结构性改革，实现新常态下的新发展。

（二）科技领域同样面临供给侧结构性改革的重任

党的十八大提出了创新驱动发展战略，创新成为引领我国经济发展的首要驱动力，科技创新在全面创新中发挥着引领作用。自 2006 年以来，我国科技创新进入快速发展的新阶段，科技创新能力大幅提升，目前我国 R&D 投入金额总量已占全球的20%，居世界第二位；科技创新为产业结构优化升级发挥了重要作用，我国的高铁路基路轨设施、机车车辆、通信信号管理、控制调度系统均达到世界一流水平，腾讯、华为、中兴等一大批科技创新主体已成长为具有全球竞争力的行业领军企业；科技体制改革逐步深化，科技创新的生态环境与服务体系不断改善。但同时，我国仍处于由科技大国向科技强国转变的关键阶段，科技创新能力、自主研发水平与企业竞争力与当今世界科技强国比较仍有一定差距。

第一，企业与个人科技创新主体的地位尚未牢固树立。虽然近年来我国企业在技术创新中的作用逐步提升，但具有国际竞争力的创新型企业仍为数不多，万众创新刚处于起步阶段。据麦肯锡全球研究院的报告指出，我国生物技术、半导体设计、专用化学品企业的营业收入占全球行业收入的比例仅为3%左右，品牌药企业收入占全球行业收入的比例不足1%。企业的研发投入虽然逐年增长，但与发达国家相比，我国企业研发费用占销售额的比例仍然偏低。我国规模以上工业企业研发投入占销售收入的比例不足1%，而国外企业一般是2%~3%。即使是我国行业领先企业，与国外同行相比也有差距。例如，2015年华为研发投入占销售收入的比例为8.9%，而美国思科公司研发投入占销售收入的比例为14%，微软的这一比例为14.6%；东风汽车研发投入占销售收入的比例为2.1%，而日本丰田这一比例为3.6%，德国大众为5.2%。我国大量企业依靠过度消耗能源资源、低性能成本竞争的状况还未根本改变，市场在资源配置中发挥决定性作用的机制尚在逐步形成中。《中国制造2025》规划指出，我国规模以上工业企业研发投入占销售收入之比到2020年将达到1.26%，2025年将达到1.68%，方能逐渐接近国际水平。

第二，关键核心技术的研发能力仍然较弱。我国在原创性重大关键技术领域的研发能力与发达国家相比仍有很大差距，支撑产业升级、引领未来发展的革命性技术储备严重不足。以新一代信息技术为例，虽然我国已是智能手机、笔记本电脑的世界第一生产大国，但集成电路、基础软件严重依赖进口。2015年，我国进口单一最大金额商品集成电路的进口额达2300亿美元，比上年增长8%，占全部进口额比例达13.7%。电子计算机核心中央处理器（CPU）芯片、4G智能手机高端芯片的90%以上均被国外跨国公司控制。笔记本电脑的系统操作软件基本使用美国微软公司的Windows系统；智能手机操作系统基本依赖美国谷歌公司的安卓系统、苹果公司的IOS系统；数据库软件则主要使用美国甲骨文公司产品。高档数控机床、大型民用客机也同样主要依靠进口，航空发动机、现代生物技术等重要科技的储备严重不足。

第三，科技创新体制机制不健全，激励创新的环境仍需大力完善。我国知识产权保护的执法力度、惩处力度仍有不足，使得侵犯知识产权的行为大量发生，而被查处的侵权行为却不到1/10，且处罚力度不强。我国在创新药物、医疗器械等领域的新产品、新设备等市场准入方面，仍存在过于复杂烦琐的多环节、长周期审批核准问题。新能源汽车存在制约创新的市场分割和一定程度的地方保护主义。对某些垄断性行业、领域，特别是自然垄断性行业，进入门槛过高，束缚了中小企业的创新发展。对不断涌现的新商业模式，一些管理部门仍存在过度管制、限制发展的取向。

第四，科技创新管理与服务体系总体效能不高。虽然近几年我国科技成果转化率有所提高，但仍有不少科技成果停留于科技论文或实验室阶段。研究报告反映，我国科技成果转化为产业应用技术的比例仅约 15%，远低于先进国家的约 30%；我国职务发明专利的转化率约为 10%，远低于发达国家近 50% 的水平。2015 年，全国技术市场成交额达到 9835 亿元，但从结构上看，80% 左右是企业进行的转让和吸纳，科研院所、高校在成果转化方面还存在一些障碍。创新体系水平不高既体现在科研规划、经费管理和使用，以及考核评分体系存在管理部门多头、管理流程不完善、监管考核机制的创新发展导向不明确等方面，也体现在大批科研基础设施、科技装置等因单位所有制等的制约而开放共享与利用水平低等方面。据科技部不完全统计，我国大型科研装置的年利用小时仅约 1300 小时，而先进国家已达到 3000 小时以上。对大批中小型创新企业而言，融资难、融资贵的问题仍是束缚其发展的重要因素。一些中小企业的综合融资成本接近 20%，发债、上市两种直接融资渠道对大多数中小微企业而言可望而不可即。工业和信息化部中小企业发展促进中心 2016 年年初发布的《2015 年企业负担调查报告》显示两个 "66%"，即中小企业认为融资难和融资成本高的比例都高达 66%。而面向广大中小微企业的创新服务体系总体能力仍然不强。

第五，科技创新人才的培养与使用机制不完善。我国科技队伍的数量已居世界之首，但同样存在 "大而不强"。从教育培训方面看，高等院校的灌输式、应试式教育模式，不利于培养具有较强创造性思维的创新人才。适应市场需求及科技创新的培训机构、专业设置、培训方式等，与德国等先进国家相比有较大差距。从科研机构、高等院校到企业，以创新实际效益为重点的激励与约束机制仍在探索发展之中。从使用和吸引人才方面看，鼓励创新、宽容失败的创新文化氛围尚未形成，高等院校和科研院所与企业的科研人才联合培养、合作育人、双向流动机制存在一定障碍。按照科技研发活动中有关职务发明、知识产权归属、利益分享机制等方面的现行制度，科技人员在创新活动中的收益比例偏低。科技成果评价、科技研发经费的管理制度也存在不少制约因素。

## 第二节　科技创新推动供给侧结构性改革的机理与路径

新形势下发挥科技创新在供给侧结构性改革中的引领作用，要立足我国的国情和需求，针对目前科技领域存在的问题和短板，建立市场需求—技术研发—成果转化的良性互动机制，以创新推动体制机制改革，以创新驱动现代化经济体系建设。

### 一、科技创新推动供给侧结构性改革的作用机理

科技创新推动供给侧结构性改革的机理，可以概括为五个"创新"：突破创新技术、培育创新产业、建立创新模式、形成创新制度、营造创新环境。

#### （一）突破创新技术

新技术具有"双高"特点，一方面是难度高，一项技术从研发到完全市场化通常要五年时间甚至更久，初期还需要大量资金投入等配套资源，但另一方面，价值也高，新技术是新产业形成和发展的重要

基础，是提升国际竞争力的核心战略资源，任何一项新技术的产生和扩散都会创造大量新就业岗位，带动经济增长。长期以来，我国对基础研究的长期稳定支持力度不够，导致基础研究领域尚未形成重大原始创新的集群式突破，科技经费大量投入到一般技术研发领域，新兴尖端技术和关键核心技术自给率比较低。我国基础研究投入占全社会总研发投入的比例目前只有 5% 左右，而大部分科技发达国家的平均水平为 20% 左右。我国正在大力推动宇宙大尺度物理学、核心数学、新物质创造与转化等科学前沿领域，蛋白质研究、量子调控研究、纳米研究、发育与生殖研究等重大战略领域的研究工作，争取在基因操作技术、干细胞技术、高性能计算、智能感知技术、先进结构材料、先进功能材料、网络协同制造、下一代机器人、氢能及燃料电池技术、先进核能技术等领域形成一批具有前瞻性、先导性的核心技术成果，使我国在生物技术、信息技术、新材料、先进制造和先进能源等重大前沿领域达到世界先进水平，为供给侧结构性改革注入活力源泉。

### （二）培育创新产业

能否顺利完成科技成果的转化，实现从科技到经济的跨越，在很大程度上决定着科技创新活动的成败。目前，我国科技研发投入总量已经达到世界第二位，专利申报数量列世界第一位，但是技术供给与产业需求的匹配性不高，科研成果转化率偏低，科技经济"两张皮"的现象比较严重。只有快速建立政产学研金介用多方协作、紧密联系的长效机制和产业联盟，加大高校、科研院所等科技供给端与企业等科技需求端的有效对接，将目前 10% 左右的科技成果转化率提升到发达国家接近 40% 的水平，才能充分发挥科技研发对新兴产业发展的支撑作用。一方面，要通过源头性技术突破，重点围绕下一代信息技术、生物医药、新材料与新能源、高端制造等战略性新兴产业培育和衍生产业链；另一方面，要积极推动物联网、大数据、云计算等新一代信息通信技术与传统农业、工业、服务业深度融合，推动"中国制造"

向"中国智造"转变，支撑传统产业转型升级，构建起高端引领、创新驱动、绿色低碳的高精尖产业结构。

## （三）建立创新模式

以新业态、新模式为突出代表的新经济是最具成长力、最具价值增长力的经济，以新经济引领新常态，是在经济新常态下实现新发展的关键所在。随着新一代信息通信技术与传统产业的相互渗透、交叉融合，新的商业主体、商业模式、商业规则不断涌现。例如，阿里巴巴以淘宝为交易平台，聚合了众多买方、卖方以及其他电子商务服务商，对原有的线下商业生态圈造成巨大冲击。滴滴快车拼车系统在数秒钟内就能精准匹配"路径重合度"最高的乘客，可帮助司机平均提升 24% 的车辆利用率。89 位众筹投资人投入 780 万元拍摄了国产 3D 动画电影《西游记之大圣归来》，短短几个月后，平均每人获益 25 万元。荣昌 e 袋洗推行众包服务，招募社区有闲暇时间的居民作为物流取送人员，优化了消费体验……只有把握住新科技革命和新工业革命方兴未艾的历史性机遇，适应开放、透明、分享、责任的新商业文明规则，使平台经济、共享经济、众包、众筹等新的产业组织形态和商业模式落地生根，才能不断孕育新的生产方式、消费方式、服务方式，促进智能化、个性化和社会化特质从生产体系、生产组织方式和需求模式等方面摆脱旧式工业特点的经济范式，最大限度地满足人们多元化、个性化与精细化的消费需求。

## （四）形成创新制度

体制改革和机制创新是供给侧结构性改革的重要内容之一，建立有助于推动科技创新的体制机制对于引导技术更新和技术进步、解放和发展生产力具有重要的保障和助推作用。目前，影响我国科技创新活动高效发展的制度桎梏仍然存在，突出反映在政府部门各自为政、多头管理，导致创新资源极大浪费，创新政策过于保守，不适应新形势下科技创新活动发展需要等。要以宽厚、宽容、宽松的理念，以促进"大众创业，万众创新"为目标，谋划新思路，构建新机制，出台新政策，释放新活力。要能够有效整合政府资源，统筹科研管理职能，聚焦科技企业混合所有制改革、股权激励改革、科研经费改革等科技创新重点改革领域，建立符合新经济特点的科技创新管理制度、科研机构组织制度、科技人才引进制度以及科技创新动力机制、科技创新协同机制、科技投融资机制，加快科技创新人才集聚和为我所用，强化金融机构和资本市场对科技创新的支撑，打破一切束缚市场功能发挥或导致结构扭曲的体制机制，使创新要素活力竞相迸发，创造财富源泉充分涌流。

（五）营造创新环境

创新文化是创新精神的孵化器，是创新环境的重要组成部分，它可以从价值观念和行为规范等方面激发创新主体的创新行为，对科技创新起到潜移默化的催化作用。目前，我国科技创新氛围还不是特别浓厚，作为最主要的创新主体，我国企业的创新愿望不强，创新动力不足，80%的企业没有自主知识产权新产品，75%的企业缺少创新团队。要主动创造、扩大及优化有利于各种创新要素的聚合与聚变的创新创业人文环境，通过积极开展创新创业文化宣传活动、支持高校院所开设创新创业课程、建立鼓励企业科技创新的中长期激励机制等，在全社会形成勇于创新、敢于创新的勇气，善于创新、巧于创新的锐气，急于创新、快于创新的朝气，将崇尚创新、宽容失败、支持冒险、鼓励拔尖的创新文化理念渗入血液、融入灵魂，使创新成为一种本能、一种行动自觉、一种生存方式，打造出创新的高度、力度、热度和气度。

## 二、科技创新推动供给侧结构性改革的主要路径：案例研究

供给侧结构性改革是应对新常态的重要举措，必须深入实施创新

驱动发展战略，使科技创新在推进供给侧结构性改革中发挥核心引领作用。供给侧结构性问题主要是有效供给不足、供给质量不高的问题，而根子还是在于科技创新能力不强，缺乏有效技术供给。科技创新推进供给侧结构性改革的路径，既包括科技对传统产业的改造提升，又包括突破产业转型升级和新兴产业培育的关键核心技术，还包括通过优化业务流程和运营环境，加速科技成果的转化应用与产业化，使之变为现实生产力。

## （一）科技创新改造提升传统产业

只有落后的技术，没有落后的产业。当前许多传统行业的企业利用新一代信息通信技术，探索新的商业模式，通过高技术新模式的注入，使传统产业的活力得到增强，成长性和竞争力不断提升。

**【案例】红领把握发展新趋势，率先开启个性化定制模式**

青岛红领集团历经 11 年，累计投入 2.6 亿元，创造了全球唯一的全信息化服装个性化定制平台——酷特模式，实现了服装从传统的大规模订单式生产到个性化、数字化定制，从小众定制迈入大众定制。红领公司通过研发攻关，以人体 19 个部位为坐标点，实现标准化量体，完成了智能化生产的第一个起飞动作。目前，该平台已积累 200 万名客户制衣版型和超过 100 万亿种以上款式组合，海量的数据库最终为数字化智能制版提供了高度缜密而细致的演算依据，并强力支撑了红领个性化、定制式、工业化的生产模式。

## （二）技术突破助力新兴产业发展

除了传统产业的改造提升，还有不少企业聚焦新一代信息通信、新材料、新能源、生物技术、智能制造等领域，通过持续的科研投入突破重大核心技术的突破，抢占了新兴产业发展的制高点。

**【案例】从0到1，以技术突破创造新产业**

华大基因成立于1999年，是全球最大的基因组学研发机构，在基因测序这一各国竞相发展的未来产业领域，成功展示了我国科研实力。华大基因利用基因测序方法去发现导致人类患病的基因缺陷，进而与医药机构合作研发新型基因靶向药物，实现了从科学到技术再到创新的过程。该公司每年产出大量SCI论文，被《自然》学术期刊评为"世界领先的遗传学研究中心"和"基因组学、蛋白质组学和生物信息分析领域的领头羊"。数据显示，截至2015年2月22日，华大基因共检测926131例，准确率高达99.9%。其中，无创产前基因检测已经覆盖全球62个国家的2000多家医疗机构，其中国内1300多家。

**【案例】从1到N，以技术迭代创造新服务**

海康威视是中国领先的监控产品供应商，致力于提升视频处理技术和视频分析技术，面向全球提供领先的监控产品、技术解决方案与专业优质服务，为客户持续创造最大价值。海康威视以每年复合增长率53%的惊人速度，正在成为全球科技界瞩目的新星。根据IHS公司2015年视频监控数据报告，海康威视再一次在业内取得领先的成绩，公司连续4年在全球CCTV以及视频监控设备市场取得第一的市场占有率。同时海康威视在英国品牌评估机构Brand Finance最新发布的"2016科技品牌百强榜"上排名64，排在施耐德电气和诺基亚之前。

**（三）科技创新优化业务流程和运营环境**

除了产品方面的创新，有不少企业利用新科技大力发展电子商务、物联网和诚信系统建设，优化企业运营和发展环境，大大减少了产业发展过程中面临的市场信息不对称问题。

**【案例】智慧物流降低流通成本**

京东物流已经实现从传统物流向智能物流服务的升级。京东根据用户的大数据分析，能够预测核心城市各片区的主流单品的销售需求，提前在各个地区物流分站预先发货，客户下单后会在 2 个小时左右的时间享受到高效的物流服务。同时，京东智慧物流通过全智能化、机械化操作的智能分拣平台，使整个分拣流程更为简洁顺畅，分拣效率得到大幅度提升，其完善的远程实时监控体系有效地实现了整个业务操作流程的可视化。

### （四）构建良好的创新创业生态

科技创新助力大众创业、万众创新，大批企业、高校、院所的众创、自创、内创活动，孵化、分蘖、衍生、裂变出一批专业化的小公司，成为技术转移和知识转化的主要途径和经济发展的新动力，在我国建设创新型国家的征途中必将发挥极其重要的作用。随着众创、众包、众扶、众筹的兴起，企业边界日益模糊，大企业通过众包、产学研合作等方式，建立开放创新平台，充分借助外部力量进行开放式创新创业，凝聚大众智慧，使创新资源配置更灵活、更精准，形成内脑与外脑结合、企业与个人协同开放创新的新格局。

### 【案例】大企业建立开放式创新平台

2014 年，海尔提出企业平台化的发展战略，员工以项目团队的形式开发新颖的智能化产品。项目团队不仅可以独立运营，而且掌握产品的决策权、用人权和分配权。这种发展战略的提出，意味着将打破原有的科层制体系，改变上级管理下级的模式，将组织转变成"为员工提供创业服务"的孵化器。通过将企业打造成创业平台，原有的企业管理者变身平台运营者，为创业者提供服务、资金和支持，企业发展也更具活力和创新性。

### 【案例】科技型小微企业以创业带动就业

柔宇科技，2012 年 5 月由斯坦福大学博士刘自鸿率领海归团队在深圳创立。其主营业务为下一代新型信息显示技术。2014 年 8 月，柔宇科技发布了一款可直接用于智能手机领域的全球最薄彩色柔性显示屏，厚度仅为 0.01 毫米，卷曲半径可达 1 毫米。柔性显示屏将被用于电子产品的各方面，手机形态将彻底改变，不仅可以缠在手腕上，还可以弯曲折叠；电脑和电视也会变得轻薄柔软，可随身携带，甚至可以像画一样卷起来；同时，可应用于汽车、家居，甚至改善衣服的包装和艺术设计。2015 年 8 月，柔宇科技完成第四轮风险投资，企业估值超过 10 亿美金，跻升全球"独角兽"企业俱乐部。

## 第三节　供给侧结构性改革背景下科技创新的思路与举措

科技创新作为新时期供给侧结构性改革的重要内容，承担着结构优化、制度变革、创新驱动的重任，科技领域也应从供给、结构、改革三方面入手，优化科技供给要素投入，推动科技主体与载体结构升级，实施科技体制机制改革，完善科技服务环境与制度创新，简言之，就是要实现"五个更"，即创新主体更活跃、创新载体更广阔、创新服务更优质、创新政策更精准、创新制度更完善，以科技创新为核心引领和战略支撑，推动整个供给侧结构性改革向前推进。

### 一、创新主体更活跃

科技创新引领和支撑供给侧结构性改革，要进一步激发各类创新主体活力，明确各类创新主体的功能定位，突出创业个体人才的创新驱动作用，增强科技领军企业的研发主导作用，激发中小科技企业的市场参与主体作用，发挥高校科研院所的原始创新策源作用，促进各类创新主体协同互动、创新要素顺畅流动高效配置。

1. 突出创业个体人才的创新驱动作用

人力资本是科技创新的核心与关键要素之一，个人创业者在创新活动中承担着引领驱动作用。当前全球乃至我国正迎来新一轮创业浪潮，这一轮创业浪潮不仅包括一般的商业性创业，更需要颠覆性的商业模式创业和高质量的技术创业，因而更加倚重人才要素的投入。全面创新引领的新一轮创业浪潮不仅正在拓展广泛的就业空间，而且通过持续创造新供给、刺激新需求，促进经济结构转型升级，为当下推进供给侧结构性改革积蓄强大能量。更为重要的是，日益活跃的创新创业活动正在不断激发和释放全社会特别是青年一代的创造活力、进取精神。因此，科技领域推动供给侧改革的重要内容之一，就是要优化科技供给人才要素投入，发挥个人在创新创业中的动能，营造"人人皆想创业、人人皆能创业、人人皆易创业"的社会氛围，推动大众创业、万众创新，激发全社会特别是青年人的创新积极性，提升创新创业的层次与质量。

2. 发挥高校科研院所的原始创新策源作用

高校科研院所是科技原始创新的策源地，科技创新的核心在于强化原始创新能力，增强科技源头供给。因此要围绕增加创新的源头供给，鼓励高校科研院所开展基础研究、前沿技术研究和引领产业变革的颠覆性技术研究。以提升原始创新能力和支撑重大科技突破为目标，依托高等学校、科研院所布局建设一批重大科技基础设施，支持依托重大科技基础设施开展科学前沿问题研究。鼓励高校科研院所瞄准科学前沿和重点行业领域发展方向，在孕育原始创新、推动学科发展和前沿技术研发方面发挥重要作用，在若干学科领域实现并跑和领跑，产出国际一流成果。

3. 增强科技领军企业的研发主导作用

科技领军型企业研发实力雄厚，在参与全球市场竞争的过程中，可以根据市场需求积极调整科技研发投入的方向与领域。因此，要发挥科技创新在供给侧结构性改革中的引领作用，就必须要增强科技领军企业的研发主导作用，引导各类创新要素向创新型领军企业集聚，不断增强领军企业的创新动力、创新活力与创新实力。要强化大企业在创新活动中的引领带动作用，追踪全球市场需求，提升科技供给的质量与水平。要鼓励领军企业增加科技产品与服务的有效供给，推动设备更新和新技术广泛应用。

4. 激发中小科技企业的市场参与主体作用

中小科技企业是市场参与的主体，也是最活跃的技术创新群体。技术创新是科技型中小企业的本质特征，而技术创新常常被视为科技型中小企业获取战略优势的关键所在。科技型中小企业凭借自己独特的技术优势、灵活的运行机制、敏锐的市场把握能力，在激烈的市场竞争中获取竞争优势。要鼓励中小企业加大对技术创新的投入，从不断变化的市场需求出发，进行不断的技术创新，改进生产工艺，降低产品成本，不断提高产品的技术含量和附加值，向消费者提供全新的产品和服务，提高市场竞争力和市场占有率。

## 二、创新载体更广阔

供给侧结构性改革主要解决的是有效供给不足的问题，而科技创新能力不强是造成有效技术供给不足的最重要原因，具体而言就是关键核心技术成果供给不足。当前我国对科技研究投入经费已居世界第二，科技人员数量居世界第一，但关键性核心技术供给并没有进入世界前列。提高关键性核心技术的供给，就要进一步推动创新载体在广度、深度与维度上的延展与壮大，引导高端创新要素向以国家实验室为引领的技术研发载体、以产业孵化器为引领的成果转化载体和以国家自主创新示范区为引领的区域创新载体加速流动和聚集。

1. 建设以国家实验室为引领的技术研发载体

增强原始创新能力，要大力培育技术研发载体，使其成为重要的原始创新力量。当前应着力完善以国家实验室为引领的创新基地建设，按功能定位分类推进科研基地的优化整合，按照战略综合类、技术创新类、科学研究类、基础支撑类进一步明确科研基地的功能定位和目标任务。战略综合类主要是国家实验室，要布局建设一批突破型、引领型、平台型一体的国家实验室。技术创新类包括国家技术创新中心、国家临床医学研究中心，以及对现有国家工程技术研究中心、国家工程研究中心、国家工程实验室、企业国家重点实验室等优化整合后形成的科研基地。科学研究类主要是国家重点实验室。基础支撑类包括国家野外科学观测研究站，科技资源服务平台等基础性、公益性基地和平台。通过对技术研发载体的培育，实现由模仿技术、应用技术、改造技术到原创技术的飞跃，从而提升有效技术的供给。

2. 建设以产业孵化器为引领的成果转化载体

提高科技成果转化能力，要加强科技企业孵化器、产业孵化加速器、众创空间以及其他新型产业孵化机构与创新创业综合载体建设，支持众创、众包、众扶、众筹，引导企业、社会资本参与投资建设科技成果转化载体建设。促进天使投资与创业孵化紧密结合，构建区域间孵化网络，促进孵化器跨区域协同发展。推进众创空间向专业化、细分化方向发展，围绕重点产业领域发展细分领域众创空间，促进成熟产业链与创新创业的结合，解决产业需求和行业共性技术难题，增加源头有效技术供给。

3. 完善以国家自主创新示范区为引领的区域创新载体

遵循创新区域高度聚集规律，结合区域创新发展需求，以国家自主创新示范区和高新区为基础，双创示范基地、区域创新中心和跨区域创新平台为龙头，推动优势区域与创新型城市打造具有重大引领作用和全球影响力的创新高地。大力提升国家自主创新示范区创新能力，整合国内外创新资源，深化企业主导的产学研合作，着力提升战略性新兴产业竞争力，发挥其在创新发展中的引领示范和辐射带动作用。支持国家自主创新示范区先行先试，全面深化科技体制改革和政策创新，结合功能提升和改革示范的需求建设创新特区。支持北京、上海建设具有全球影响力的科技创新中心，打造形成若干具有强大带动力的创新型省市和区域创新中心，辐射带动周边区域创新发展。完善跨区域协同创新机制，加快建设京津冀协同创新共同体。打造"一带一路"协同创新共同体，提高全球配置创新资源的能力，深度参与全球创新治理，促进创新资源双向开放和流动。

## 三、创新服务更优质

新型工业化和发展新经济需要基础设施和软件支撑服务，其中科技创新服务体系建设尤为重要。科技创新服务体系的载体是科技服务业，具体是由科技服务机构通过统筹知识、技术、信息、资金、人才等科技资源，向社会提供研究开发、技术转移、检验检测认证、创业孵化、知识产权、科技咨询、科技金融、科学技术普及等专业科技服务和综合科技服务，是实现创新驱动、引导经济发展方式转变和产业结构优化升级的关键产业。当前应当由点、线、面到重点产业纵向深度拓展，形成覆盖科技创新全链条的科技服务体系，推动创新服务向专业化、精准化、高端化、市场化方向发展。

1. 打造创新创业孵化服务链条

构建创新创业孵化生态系统，推广"孵化+创投"、创业导师等孵化模式，探索基于互联网的新型孵化方式。支持建立"创业苗圃+孵化器+加速器"的创业孵化服务链条，鼓励开源社区、开发者社群等各类互助平台发展，为培育新兴产业提供源头支撑。

2. 打造技术转移服务链条

建立科技成果与市场对接转化渠道，推动科技成果与产业、企业技术创新需求有效对接。支持企业与高等学校、科研院所联合设立研发机构或技术转移机构，共同开展研究开发、成果应用与推广、标准研究与制定等。建立和完善国家科技计划形成科技成果的转化机制，发布转化一批符合产业转型升级方向、投资规模与产业带动作用显著的科技成果包，增强产业创新发展的技术源头供给。培育一批运营机制灵活、服务能力突出、具有国际影响力的专业化技术转移机构。以"互联网+"科技成果转移转化为核心，打造线上与线下相结合的国家技术交易网络平台，提供信息发布、融资并购、公开挂牌、竞价拍卖、咨询辅导等专业化服务。完善技术转移区域中心、国际技术转移中心布局与功能。

### 3. 打造科技金融服务链条

深化促进科技和金融结合试点，建立从实验研究、中试到生产的全过程、多元化和差异性的科技创新融资模式，鼓励和引导金融机构参与产学研合作创新。发展天使投资、创业投资、产业投资，壮大创业投资和政府创业投资引导基金规模，强化对种子期、初创期创业企业的直接融资支持。全面实施国家科技成果转化引导基金，吸引优秀创业投资管理团队联合设立一批创业投资子基金。充分发挥国家新兴产业创业投资引导基金和国家中小企业发展基金的作用，带动社会资本支持高新技术产业发展。引导保险资金投资创业投资基金，加大对外资创业投资企业的支持力度，引导境外资本投向创新领域。在依法合规、风险可控的前提下，支持符合创新特点的结构性、复合性金融产品开发，加大对企业创新活动的金融支持力度。

### 4. 打造科技人才服务链条

健全科技人才分类评价激励机制，改进科技人才评价考核方式，突出品德、能力和业绩评价，为各类人才创造规则公平和机会公平的发展空间。完善科技人才流动和服务保障机制，鼓励科技人才按照市场规律自由流动，实现人尽其才、才尽其用、用有所成。实施更加开放的创新型科技人才政策，探索柔性引智机制，推进和保障创新型科技人才的国际流动。拓展科技人才服务新模式。积极培育专业化科技人才服务机构，发展内外融通的专业性、行业性科技创新人才市场，完善对科技人才公共服务的监督管理。搭建创新型科技人才服务区域和行业发展的平台，探索人才和智力流动长效服务机制。

## 四、创新政策更精准

在国家大力推进供给侧结构性改革的大背景下，科技创新政策的指向应该是提升原始创新能力，加强集成创新，在进行引进、吸收、消化和再创新的同时，面向市场需求创造中高端有效科技供给，创新政策应由面到点、由趋同到差异、由数量到质量、由"端菜"到"点菜"发展，力争做到"少、好、精、准、快"。

### 1. 创新科技投入新模式

相关发达国家的实践经验表明，在规则透明基础上创建政企互动的科技创新合作新模式，既可以缓解财政科技支出压力，还能显著提升政府治理能力和管理水平，激励全社会提高科技创新投入，提升公共科技创新资源与全社会科技创新资源的配置效率（见表3-1）。如欧盟的第七科技框架计划、科技创新公私伙伴关系计划和地平线2020、美国制造业创新网络、英国技术与创新中心网络等。政企互动的公私创新合作新方式既可以激励企业、风险资本、银行资本、社会基金提高科技创新投入，更好地发挥公共投资的引导、放大效应，还能通过引入"社会资本"的专业化运作和精细化管理提升政府的精细化治理能力，显著提升科技创新资源的配置效率，加速新技术的研发、服务推广及产业化。

### 2. 加强财税金融政策的协调配合

加强财政资金和金融手段的协调配合，综合运用创业投资、风险补偿、贷款贴息等多种方式，充分发挥财政资金的杠杆作用，引导金融资金和民间资本进入创新领域，完善多元化、多渠道、多层次的科技投入体系。发挥市场竞争激励创新的根本性作用，营造公平、开放、透明的市场环境，强化产业政策对创新的引导，促进优胜劣汰，增强市场主体创新动力。坚持结构性减税方向，逐步将国家对企业技术创新的投入方式转变为以普惠性财税政策为主。

表 3-1  纽约政府在推动创新创业方面的举措

| 创新主体 | 举例 | 创新主体的作用 |
| --- | --- | --- |
| 研究机构群 | 18 个国家级研究所、65 个州立研究中心、300 所大学 | 知识扩散和一般研究的执行者，不仅产出最主要的基础知识，而且还是新方法、仪器和有价值的技能的源泉 |
| 企业 | 大企业都设有独立的研发机构 | 新产品开发、新技术开发运用的创新主体，也是最具创新活力的群体，由于处于市场的中心地位，因此对技术创新能做出最敏锐、最快速的反应，并且比科研机构和政府具有更大的韧性和灵活性 |
| 孵化器与科技园区 | 52 个孵化器、22 个科技园区 | 为纽约的技术创新、新产业培育、经济增长以及创造新的就业和福利机会起到了重要的加速器的作用。由纽约当地的孵化器培育的新企业数量占全美企业的 9%~10% |
| 中介机构 | 资本、信息服务、法律援助、成果转化等 | 获得风险资本以确保好的创新点子成功进入市场 |
| 公共服务部门 | 纽约州科技与学术研究办公室等各类政府机构 | 主要功能有：对基础研究和应用研究中的共性技术予以投入，为体系提供良好的机制保障和全面的支持措施，包括立法 |
| 金融机构 | 美国和其他主要国家的 380 家银行，美国 10 大银行中的 4 大银行总部，美国 10 大金融服务公司中的 3 家，纽约证券交易所和美国证券交易所，发达的风险投资市场 | 金融体制、金融服务和金融政策 |

资料来源：赵清（2010）❶。

---

❶ 赵清. 创新型城市的理论与实践分析［J］. 首都经济贸易大学学报，2010（2）：103-108.

## 五、创新制度更完善

供给侧结构性改革的龙头是制度供给，着力点是体制机制创新，科技体制机制创新作为一种制度创新，涉及科技创新法治制度、知识产权制度、研发机构组织制度、科技创新规划管理制度等全方位的制度创新。深化科技体制机制创新，需要突破制度安排和政策体系的"桎梏"，充分发挥市场配置资源的作用，政府要做到"放胆、放权、放手、放心"，谋划新思路，构建新机制，实现"由管理到治理、由防范到鼓励、由围堵到引导"的转变。

1. 强化创新法治保障

健全保护创新的法治环境，加快薄弱环节和领域的立法进程，修改不符合创新导向的法规文件，废除制约创新的制度规定，构建综合配套法治保障体系。推动科技资源共享立法，研究起草科学数据保护与共享等法规，强化财政资助形成的科技资源开放共享义务。研究制定规范和管理科研活动、个人创业、企业创新的法规制度。

2. 健全科技创新治理机制

推动政府管理创新，形成多元参与、协同高效的创新治理格局。转变政府职能，合理定位政府和市场功能，推动简政放权、放管结合、优化服务改革，强化政府战略规划、政策制定、环境营造、公共服务、监督评估和重大任务实施等职能，重点支持市场不能有效配置资源的基础前沿、社会公益、重大共性关键技术研究等公共科技活动，积极营造有利于创新创业的市场和社会环境。顺应创新主体多元、活动多样、路径多变的新趋势，将竞争性的新技术、新产品、新业态开发交由市场和企业来决定。

3. 强化知识产权保护

加快建设知识产权强国，加强知识产权创造、运用、管理、保护和服务。加大对知识产权侵权行为的惩处力度，提高侵权损害赔偿标准，探索实施惩罚性赔偿制度，降低维权成本。加强知识产权综合行政执法，将侵权行为信息纳入社会信用记录。引导支持市场主体创造和运用知识产权，以知识产权利益分享机制为纽带，促进创新成果的知识产权化。

# 第四章　技术贸易与开放条件下的科技创新

## 第一节　开放条件下科技创新
## 对我国经济结构调整的实证研究

本节探讨近十年来，进出口贸易、外商直接投资额、研发资本投入、研发人员投入等因素导致的技术进步对于我国产业结构调整的影响。

### 一、模型设立

基于索洛经济增长模型和柯布—道格拉斯函数，在开放经济条件下，假定技术进步不仅受进出口贸易和外商直接投资开放因素的影响，而且受国内科技研发投入的影响。所以，本节构建如下生产函数形式：

$$Y = A(EX, IM, FDI, RDK, RDL)f(K, L)\varepsilon \qquad (4\text{-}1)$$

其中，$Y$ 表示 GDP；$EX$ 表示出口贸易总额；$IM$ 表示进口贸易总额；$FDI$ 表示外商直接投资；$RDK$ 表示研发资本投入；$RDL$ 表示研发人员投入。假定生产函数为希克斯中性，技术进步能够提高资本和技术产出率。借鉴贾明琪等人（2016）[1] 的研究方法，设定 $A$ 为如下一个多元组合：

$$A(EX,IM,FDI,RDK,RDL) = A_{it}EX_{it}^{\beta_1}IM_{it}^{\beta_2}FDI_{it}^{\beta_3}RDK_{it}^{\beta_4}RDL_{it}^{\beta_5} \quad (4-2)$$

将式（4-2）代入式（4-1），得到：

$$Y = A_{it}EX_{it}^{\beta_1}IM_{it}^{\beta_2}FDI_{it}^{\beta_3}RDK_{it}^{\beta_4}RDL_{it}^{\beta_5}f(K,L)\varepsilon \quad (4-3)$$

其中，$i$ 和 $t$ 分别表示地区和年份；$\beta_1$，$\beta_2$，$\beta_3$，$\beta_4$，$\beta_5$ 分别表示出口贸易、进口贸易、外商直接投资、研发资本投入和研发人员投入对技术进步的影响。对方程（4-3）两边同时除以 $f(K, L)$，得到：

$$INO = Y/f(K,L) = A_{it}EX_{it}^{\beta_1}IM_{it}^{\beta_2}FDI_{it}^{\beta_3}RDK_{it}^{\beta_4}RDL_{it}^{\beta_5}\varepsilon \quad (4-4)$$

对式（4-4）取对数，同时加入其他控制变量，如金融发展水平（$FIN$）和政府财政支出（$GOV$），从而得到：

$$\begin{aligned} \ln INO = &\beta_1\ln EX_{it} + \beta_2\ln IM_{it} + \beta_3\ln FDI_{it} + \beta_4\ln RDK_{it} + \\ &\beta_5\ln RDL_{it} + \beta_6\ln FIN_{it} + \beta_7\ln GOV_{it} + \varepsilon_{it} \end{aligned} \quad (4-5)$$

为进一步测度通过进、出口贸易和国内研发资本投入以及研发人员投入产生的技术进步对产业结构的影响，我们将衡量技术创新水平的专利申请数（$PAT$）纳入模型（4-5），并分别与 $EX$，$IM$，$RDK$，$RDL$ 相乘得到交互项，从而得到最终计量模型，见式（4-6）~式（4-9）。

$$\begin{aligned} \ln INO = &\beta_1\ln EX_{it} + \beta_2\ln EX_{it} \cdot \ln PAT_{it} + \beta_3\ln IM_{it} + \beta_4\ln FDI_{it} + \\ &\beta_5\ln RDK_{it} + \beta_6\ln RDL_{it} + \beta_7\ln FIN_{it} + \beta_8\ln GOV_{it} + \varepsilon_{it} \end{aligned}$$
$$(4-6)$$

---

[1] 贾明琪，侯芬萍，贾文迈. 金融发展、技术进步与产业结构升级——基于西部 12 省面板数据的经验分析 [J]. 科学决策，2016（08）：37-51.

$$\ln INO = \beta_1 \ln EX_{it} + \beta_2 \ln IM_{it} + \beta_3 \ln IM_{it} \cdot \ln PAT_{it} + \beta_4 \ln FDI_{it} +$$

$$\beta_5 \ln RDK_{it} + \beta_6 \ln RDL_{it} + \beta_7 \ln FIN_{it} + \beta_8 \ln GOV_{it} + \varepsilon_{it}$$

$$(4-7)$$

$$\ln INO = \beta_1 \ln EX_{it} + \beta_2 \ln IM_{it} + \beta_3 \ln FDI_{it} + \beta_4 \ln RDK_{it} +$$

$$\beta_5 \ln RDK_{it} \cdot \ln PAT_{it} + \beta_6 \ln RDL_{it} + \beta_7 \ln FIN_{it} + \beta_8 \ln GOV_{it} + \varepsilon_{it}$$

$$(4-8)$$

$$\ln INO = \beta_1 \ln EX_{it} + \beta_2 \ln IM_{it} + \beta_3 \ln FDI_{it} + \beta_4 \ln RDK_{it} + \beta_5 \ln RDL_{it} +$$

$$\beta_6 \ln RDL_{it} \cdot \ln PAT_{it} + \beta_7 \ln FIN_{it} + \beta_8 \ln GOV_{it} + \varepsilon_{it}$$

$$(4-9)$$

## 二、变量选取

### (一) 产业结构

学术界关于产业结构的衡量指标主要有两种，一种是以第二产业和第三产业的增加值占国民生产总值的比例来衡量的，如李逢春（2012）[1] 的方法；另一种测度的方法是贾明琪等人（2016）和徐宏等人（2018）[2] 提出的产业结构用第三产业的增加值与第二产业的增加值之比来衡量。两种方法的侧重点不同，为了能够更好地衡量产业结构调整的情况，本节在测度时采用第三产业的增加值与第二产业的增加值之比 *ISU* 作为产业结构升级的指标。

---

[1] 李逢春. 对外直接投资的母国产业升级效应——来自中国省际面板的实证研究 [J]. 国际贸易问题，2012（06）：124-134.

[2] 徐宏，邵明新，孙雨洁. 区域金融发展、地方官员背景与产业结构调整——基于我国省际面板数据的实证研究 [J]. 经济与管理评论，2018，34（1）：150-160.

### （二）出口贸易

地区出口贸易额越大，表明该地区同国外经济联系越密切，开放水平越高，从而越利于了解国外技术发展水平，采购并承接国外技术转移。

### （三）进口贸易

地区进口贸易额越大，表明该地区同国外经济联系越密切，开放水平越高，从而越利于了解国外技术发展水平，采购并承接国外技术转移。

### （四）外商直接投资额（FDI）

外商直接投资不仅能够为地区产业发展提供资本支撑，而且外商直接投资往往伴随着跨国企业的技术外溢。

### （五）研发资本投入（RDK）

本节选择能够代表地区科技发展水平的科技研发支出占 GDP 比例作为研发资本投入。

### （六）研发人员投入（RDL）

研发人员全时年当量（人）年限能够从某种程度反映经济活动主体的素质和具备的知识技能。

### （七）金融发展水平（FIN）

由于当前我国是以银行业为主导的金融体系，资本市场的发展尚未成熟，同时考虑数据的可得性。因此，本节选择金融机构贷款额/GDP（FIN）作为金融发展指标来衡量金融发展水平。

### （八）政府财政支出（GOV）

政府适度的经济干预有利于弥补市场自发调节的缺陷，制定规范的市场法规，扶持新兴技术型产业发展。

## 三、数据来源

本部分基于我国 2005—2016 年 30 个省份❶的产业结构、进出口贸易、国内研发资本投入、研发人员投入和专利申请数据，对国际贸易以及国内研发投入通过影响技术创新能力进而优化我国产业结构进行了探讨。第二和第三产业产值数据、GDP、进出口贸易数据、外商直接投资数据、政府财政支出和专利申请数来自中经资讯网数据库，研发资本投入和研发人员投入数据取自《中国科技统计年鉴》，金融机构本外币贷款额来自中国经济与社会发展数据库以及各省统计年鉴。

## 四、回归结果及分析

### （一）变量描述性统计结果

表 4-1 为各变量的统计性结果。代表产业结构的 $ISU$ 变量的均值为 0.988，表明我国二、三产业在国民经济中的比例趋同，但标准差为 0.537 表示我国不同省份间发展有较大差异。以 2017 年 GDP 数据为例，第二产业和第三产业占 GDP 的比例分别为 40.5% 和 51.6%。此外，$ISU$ 最大值为 4.165，最小值为 0.5，同样表明我国经济发展在不同地区存在差异性。

表 4-1　变量描述性统计结果

| 变量名称 | 样本个数 | 均值 | 标准差 | 最小值 | 最大值 |
|---|---|---|---|---|---|
| $ISU$ | 360 | 0.988 | 0.537 | 0.500 | 4.165 |
| ln$ISU$ | 360 | −0.100 | 0.380 | −0.694 | 1.427 |

---

❶ 本部分采用的 30 个省（直辖市、自治区）分别为：北京、天津、河北、山西、内蒙古、辽宁、吉林、黑龙江、上海、江苏、浙江、安徽、福建、江西、山东、河南、湖北、湖南、广东、广西、海南、四川、西藏、贵州、云南、陕西、甘肃、青海、宁夏、新疆。

| 变量名称 | 样本个数 | 均值 | 标准差 | 最小值 | 最大值 |
|---|---|---|---|---|---|
| ln$EX$ | 360 | 14.16 | 1.740 | 9.713 | 17.98 |
| ln$IM$ | 360 | 13.87 | 1.937 | 7.887 | 17.63 |
| ln$FDI$ | 360 | 5.860 | 1.577 | 1.253 | 9.082 |
| ln$RDK$ | 360 | 0.0652 | 0.688 | −1.860 | 1.765 |
| ln$RDL$ | 360 | 10.71 | 1.388 | 6.395 | 13.18 |
| ln$FG$ | 360 | 0.0532 | 0.340 | −0.629 | 0.973 |
| ln$GOV$ | 360 | 7.624 | 0.871 | 5.019 | 9.506 |
| ln$PAT$ | 360 | 9.583 | 1.769 | 4.489 | 13.15 |
| ln$EX$ln$PAT$ | 360 | 138.5 | 40.21 | 44.92 | 235.2 |
| ln$IM$ln$PAT$ | 360 | 135.9 | 40.60 | 38.37 | 228.4 |
| ln$RDK$ln$PAT$ | 360 | 1.609 | 6.529 | −11.55 | 21.32 |
| ln$RDL$ln$PAT$ | 360 | 104.9 | 30.54 | 29.58 | 173.3 |

（二）静态面板模型估计结果及分析

本部分使用静态面板回归分析，来分析国际贸易和国内研发投入对产业结构的影响。作为对照，我们首先对数据进行混合 OLS 回归，该回归适用于截面既没有个体效应影响也没有结构变化的情形，由此得到回归结果（1）。固定效应和随机效应适用于变系数模型，经常使用协方差分析检验，通过 F 值来判断 OLS 回归和固定面板效应的选择，回归结果（2）和（3）分别为固定效应和随机效应下的结果。通过对比回归结果（1）和回归结果（2）的 F 统计量，我们发现应选取面板回归方法而非混合 OLS 回归。其次，在应用 Hausman 检验固定效应和随机效应中，我们发现应当拒绝随机面板效应，而选择固定面板效应。

在确定使用固定效应的情况下，为分析通过国际贸易渠道和国内研发投入产生的技术创新对我国产业结构的影响，我们分别将出口与专利申请数的交互项、进口与专利申请数的交互项、研发资本投入与专利申请数的交互项和研发人员投入与专利申请数的交互项纳入回归模型，得到回归结果（4）～（7）（见表4-2）。

表4-2 混合OLS模型、固定面板效应和随机面板效应选择

| 变量名称 \ 结果 | (1) OLS | (2) RE | (3) FE | (4) FE | (5) FE | (6) FE | (7) FE |
|---|---|---|---|---|---|---|---|
| $\ln EX$ | -0.0584** (0.0241) | -0.135*** (0.0271) | -0.105*** (0.0255) | -0.230*** (0.0306) | -0.152*** (0.0255) | -0.122*** (0.0259) | -0.149*** (0.0259) |
| $\ln IM$ | 0.147*** (0.0273) | -0.0982*** (0.0270) | -0.0521* (0.0244) | -0.104*** (0.0257) | -0.195*** (0.0292) | -0.0913*** (0.0257) | -0.0973*** (0.0257) |
| $\ln FDI$ | -0.00762 (0.0289) | 0.0559* (0.0339) | 0.0860*** (0.0283) | 0.0132 (0.0331) | 0.0140 (0.0324) | 0.0243 (0.0327) | 0.0107 (0.0331) |
| $\ln RDK$ | 0.186*** (0.0544) | -0.0924 (0.0790) | 0.0295 (0.0691) | -0.0945 (0.0754) | -0.0794 (0.0742) | -0.570*** (0.111) | -0.0718 (0.0753) |
| $\ln RDL$ | -0.253*** (0.0405) | 0.0968** (0.0461) | 0.0472 (0.0418) | 0.0447 (0.0449) | 0.0376 (0.0442) | 0.0485 (0.0447) | -0.0741 (0.0527) |
| $\ln FIN$ | 0.435*** (0.0613) | 0.310*** (0.0631) | 0.400*** (0.0601) | 0.284*** (0.0604) | 0.296*** (0.0593) | 0.373*** (0.0611) | 0.293*** (0.0601) |
| $\ln GOV$ | 0.0640** (0.0306) | 0.137*** (0.0477) | 0.0408 (0.0294) | 0.0515 (0.0478) | 0.0258 (0.0478) | 0.127*** (0.0454) | 0.0448 (0.0480) |

| 变量名称 \ 结果 | (1) OLS | (2) RE | (3) FE | (4) FE | (5) FE | (6) FE | (7) FE |
|---|---|---|---|---|---|---|---|
| ln*EX*ln*PAT* | | | | 0.00963*** (0.00167) | | | |
| ln*IM*ln*PAT* | | | | | 0.0113*** (0.00170) | | |
| ln*RDK*ln*PAT* | | | | | | 0.0619*** (0.0106) | |
| ln*RDL*ln*PAT* | | | | | | | 0.0127*** (0.00216) |
| 常数项 | 0.920*** (0.302) | 0.755 (0.492) | 0.759* (0.399) | 2.298*** (0.540) | 2.538*** (0.534) | 1.186** (0.474) | 2.402*** (0.545) |
| 样本数 | 360 | 360 | 360 | 360 | 360 | 360 | 360 |
| $R^2$ | 0.437 | 0.342 | | 0.403 | 0.421 | 0.405 | 0.405 |
| $F$ | 36.11 | 38.99 | | 40.04 | 39.43 | 27.3 | 38.03 |
| Hausman Test | Chi2(7)=25.69 | Prob>Chi2=0.0006 | | | | | |

注：1. 1%、5%、10%显著水平分别用***、**、*表示。

2. 变量系数括号中为 $t$ 值。

结合第二栏、第四栏、第五栏、第六栏和第七栏的回归结果，我国出口贸易对产业结构产生了负的影响，但出口贸易与技术创新的交互项的回归结果为正，并通过了1%的显著性水平。这表明，我国出口贸易的持续增长，能够通过技术溢出效应以及"干中学"效应，促进我国学习并吸收外国先进技术，进而提高我国技术创新水平，最终促进了我国产业结构的完善。

与出口贸易相似，我国进口贸易对产业结构的调整和完善有着负向影响，但进口贸易与技术创新的交互项结果为正，并通过了1%的显著性水平检验。进口贸易主要通过两种渠道对我国技术创新水平产生影响，一是直接进口国外高技术水平产品模仿创新，二是通过吸收附加于进口产品的高技术，从而最终实现再创新，两种渠道均进一步对产业结构的完善形成了推动作用。

研发资本投入与研发人力投入对产业结构的影响多数为负或不显著，但两者与技术创新的两个交互项对产业结构均有着正向影响，并且通过了1%的显著性检验。一国的研发投资越多，技术的潜在能力便越大，也就会产生更多的创新。研发投入对技术创新的影响主要体现为研发投入对技术创新的种子效应、生产效应、引致效应和自我增强效应（鲁志国，2005），这些效应的存在，通过技术创新的传导效应，拉动了与之配套的产业结构的升级。

对于其他变量，如金融发展水平以及政府财政支出均对产业结构升级产生了正向影响。金融发展能够提高资本边际生产率进而促进经济增长（Pagano，1993），此外，金融通过将资本配置给高效率且创新能力强的企业，可以提高资本配置效率从而促进技术进步（Levine，2004），进而引发产业结构的优化调整。

### （三）四大经济区域面板模型估计结果及分析

考虑到地理位置对国际贸易和研发投入的潜在影响，我们在模型6~9［见式（4-6）~式（4-9）］的基础上，引入进口、出口、研发资本投入和研发人员投入项与地区虚拟变量的交互项对上述问题进行了详细的分析。在地区方面，我们根据中国国家统计局划分标准，将中国划分为四大经济区域：东部地区（r1），包括北京、天津、河北、上海、江苏、浙江、福建、山东、广东和海南；中部地区（r2），包括山西、安徽、江西、河南、湖北、湖南；西部地区（r3），包括内蒙古、广西、重庆、四川、贵州、云南、西藏、陕西、甘肃、青海、宁夏和新疆；东北地区（r4），包括辽宁、吉林和黑龙江（陈婷和向训勇，2015）。❶

从表4-3的回归结果可以看出，在出口贸易、进口贸易、研发资本投入以及研发人员投入对产业结构的促进方面，东部地区的回归结果均为正，并且均通过了1%的显著性水平。这表明东部地区在地理位置上的优势使得更多的资源向该地区集聚，对外开放程度相对中部、西部和东北地区高，国际经贸合作规模大质量高、研发资本投入占GDP比例高，高水平人力资本也较多地向该地区流动，最终通过提高技术创新水平推动了产业结构优化升级。此外，四种渠道对产业结构升级的影响上，中部地区要优于西部地区。本部分还发现，四种渠道在东北地区的表现要显著好于中部和西部地区，均显著高于对中部和西部地区产业结构的影响。

表4-3 四大经济区域固定面板效应回归结果

| 结果<br>变量名称 | (1) | (2) | (3) | (4) |
| --- | --- | --- | --- | --- |
| expat_ r1 | 0.00567***<br>(0.00127) | | | |
| expat_ r2 | 0.00240<br>(0.00152) | | | |

---

❶ 陈婷，向训勇. 人民币汇率与中国出口的二元边际：基于多产品企业的研究视角 [J]. 国际贸易问题，2015（8）：168-176.

| 变量名称＼结果 | （1） | （2） | （3） | （4） |
|---|---|---|---|---|
| expat_ r3 | −9.46e−05<br>(0.00150) | | | |
| expat_ r4 | 0.00967***<br>(0.00312) | | | |
| impat_ r1 | | 0.00630***<br>(0.00125) | | |
| impat_ r2 | | 0.00276*<br>(0.00156) | | |
| impat_ r3 | | −0.000213<br>(0.00149) | | |
| impat_ r4 | | 0.00974***<br>(0.00247) | | |
| rdkpat_ r1 | | | 0.0470***<br>(0.0103) | |
| rdkpat_ r2 | | | 0.0219*<br>(0.0132) | |
| rdkpat_ r3 | | | 0.0163<br>(0.0160) | |
| rdkpat_ r4 | | | −0.0323<br>(0.0292) | |
| rdlpat_ r1 | | | | 0.00841***<br>(0.00171) |
| rdlpat_ r2 | | | | 0.00301<br>(0.00200) |

| 变量名称 \ 结果 | (1) | (2) | (3) | (4) |
|---|---|---|---|---|
| rdlpat_ r3 | | | | 0.00110<br>(0.00199) |
| rdlpat_ r4 | | | | 0.0177***<br>(0.00403) |
| $\ln EX$ | -0.117***<br>(0.0326) | -0.0938***<br>(0.0285) | -0.122***<br>(0.0264) | -0.0828***<br>(0.0286) |
| $\ln IM$ | -0.125***<br>(0.0268) | -0.142***<br>(0.0291) | -0.0926***<br>(0.0259) | -0.123***<br>(0.0261) |
| $\ln FDI$ | 0.0660**<br>(0.0334) | 0.0727**<br>(0.0330) | 0.0335<br>(0.0333) | 0.0734**<br>(0.0331) |
| $\ln RDK$ | -0.0816<br>(0.0800) | -0.0554<br>(0.0795) | -0.298**<br>(0.124) | -0.0338<br>(0.0799) |
| $\ln RDL$ | 0.0469<br>(0.0460) | 0.0393<br>(0.0453) | 0.0141<br>(0.0470) | 0.0117<br>(0.0480) |
| $\ln FIN$ | 0.325***<br>(0.0613) | 0.330***<br>(0.0601) | 0.319***<br>(0.0616) | 0.318***<br>(0.0599) |
| $\ln GOV$ | 0.0881*<br>(0.0496) | 0.0648<br>(0.0494) | 0.151***<br>(0.0471) | 0.0420<br>(0.0498) |
| 常数项 | 1.179**<br>(0.522) | 1.265**<br>(0.513) | 1.329***<br>(0.490) | 1.221**<br>(0.518) |
| Observations | 360 | 360 | 360 | 360 |
| $R^2$ | 0.401 | 0.420 | 0.407 | 0.423 |
| $F$ | 36.38 | 36.77 | 31.99 | 37.63 |

注：1. 1%、5%、10%显著水平分别用***、**、*表示。

2. 变量系数括号中为 $t$ 值。

# 第二节　我国技术贸易发展的现状与问题

技术贸易是国际贸易的重要组成部分，研究表明，伴随着技术在国家间的转移、扩散与外溢，会带来科技创新资源的优化配置，有效改善一国技术创新的外部条件，也能直接或间接刺激贸易双方技术创新的内在动力与外在压力，进而带动贸易方式、科技水平与产业结构向更高级别演进。

## 一、全球技术贸易发展的最新趋势与特征

随着科技进步与各国经济交往的加深，国际技术贸易已不仅局限于传统的专利、商标、专有技术、特许经营权等标的物的有偿转让许可以及技术咨询、技术服务等形式，还扩展到合作研发与生产、技术并购、国际 BOT、工程承包等多个领域。全球技术贸易在蓬勃发展的同时，呈现出新的发展态势和特征，主要表现为国家间科技竞争日益激烈，技术贸易结构不断升级，贸易方式趋向数字化与信息化，与之相关的国际贸易规则也变得越来越复杂。

### （一）创新竞争激烈化

创新水平高低是决定一国技术贸易竞争力的关键因素，创新不仅包括科技创新，还包括制度创新、管理创新、组织创新和商业模式创新等。根据世界知识产权组织（WIPO）等机构最新公布的《2017 全球创新指数报告》，发达经济体和发展中经济体之间的创新能力差距依旧显著，排名前 10 位的经济体多数仍为发达国家，其中欧洲经济体在全球创新指数的近半数指标方面都位列第一，包括知识密集型就

业、高校和产业研究协作、专利申请量、科技文章以及科学出版物的质量等方面表现优异，美国在金融市场成熟度和风险资本活动密集度方面表现突出，其他优势还包括从事全球研发的高品质大学和公司、科学出版物的质量、软件产出和创新集群的状态等。韩国、以色列、中国等发展中经济体进步明显，其中中国名列创新排行榜第 22 位，比 2016 年上升 3 个名次，成为中等收入经济体的领头羊。其他发展中经济体，包括印度、马来西亚、泰国、菲律宾、越南等，也正在积极改善其自身创新生态系统，在教育、研发、生产率增长、高科技出口等一系列指标方面表现良好。

## （二）贸易方式数字化

互联网、大数据与云计算等现代技术手段给传统的国际贸易，特别是技术贸易带来了深刻变革，全球正迎来"贸易的数字革命"。据测算，从 2005 年到 2014 年，通过互联网传输的全球数据流量增长了 45 倍，远远超过传统的国际商品贸易或金融资本流动的增长速度。随着新一代信息通信技术与互联网技术创新步伐的不断加快，数字技术革命催生的新业态、新模式成为加速全球技术贸易持续增长的新动力。以数字化形式交付的技术内容日益丰富，如软件服务、在云端交付的数据服务、计算平台服务以及通过互联网实现的通信服务等（见表 4-4）。移动互联、物联网、人工智能、区块链等技术的快速研发与应用，基于云端的技术服务模式被广泛认可，一种完全创新的技术提供方式已开始兴起。云端交付被技术供需方大量采用，SaaS（软件即服务）和 On-demand Payment（按需付费）有望成为主流的技术交付与定价模式。

贸易方式的数字化与交付方式的云端化也带来了一系列挑战，数字形态的技术产品和服务在生产、交付、存储、使用、定价、交易合同签订等环节均与传统的贸易方式不同，在税收征收、商业秘密与个人隐私权保护、版权保护、打击有关犯罪、审查监管与争端解决等领域有待确立新的规则。国家间的技术壁垒也日益隐蔽化，与传统的关税、许可证与配额等贸易限制措施不同，数字化技术面临的贸易壁垒更趋隐蔽与复杂，如本地化要求、跨境数据流量限制、知识产权（IPR）侵权、国际合规性评估、规避技术保护措施（TPM）、独特的标准和繁重的测试、网络安全风险等。

表4-4　全球新兴技术数字化趋势

| 分类 | 代表性技术 | 实际应用 |
| --- | --- | --- |
| 物联网 | 微电子机械系统（MEMS）<br>无线通信<br>电源管理技术 | 海量数据分析<br>亚洲物联网联盟<br>医疗实时监测 |
| 机器人与自动化系统 | 机器学习<br>传感器与控制系统<br>人机交互 | AlphaGo<br>机器人神经系统<br>微软聊天机器人 Tay |
| 智能手机与云端计算 | 高效无线网络<br>近场通信与低能耗网络<br>电池优化 | 数据流动性<br>移动端恶意软件<br>云端移动处理器 |
| 量子计算 | 量子纠错<br>量子编程<br>后量子密码学 | MIT 量子叠加研究<br>IBM 云端量子计算服务<br>量子通信卫星 |
| 混合现实 | 消费级硬件<br>沉浸式体验<br>交互技术 | 谷歌 Cardboard<br>混合现实软硬件市场规模预测<br>手术现场流媒体直播 |
| 数据分析 | 可视化<br>自动化<br>自然语言处理 | 深度学习超级计算机<br>犯罪预测<br>深度学习超级计算机 |
| 深度学习超级计算机 | 可穿戴计算设备<br>外骨骼与假肢<br>药物增强 | 机械外骨骼<br>生化手指<br>自我量化 |

| 分类 | 代表性技术 | 实际应用 |
|------|-----------|---------|
| 网络安全 | 用户身份鉴定技术<br>自我进化型网络<br>下一代解密技术 | 美国网络司令部<br>Oceans 00001011<br>网络隐私与安全 |
| 社交网络 | 区块链技术<br>应用社会科学<br>网络身份与名誉管理 | 区块链技术的商业应用<br>社交媒体与心理健康 |
| 先进数码设备 | 软件定义一切<br>自然用户界面<br>脑机接口 | 聊天机器人<br>Neuroverse 脑波监测<br>软件定义网络 |

资料来源：美国国防部《2016—2045 年新兴科技趋势报告》。

### (三) 贸易规则复杂化

"技术鸿沟"的存在使得技术的拥有者与受让方处于不平等的地位，因此技术贸易中有关限制性商业条款、技术垄断以及技术转让的限制一直受到关注。如何维护公平透明的国际技术贸易秩序，建立平衡各方权益的技术贸易规则是技术贸易领域内的难点与焦点。由于发达国家与发展中国家的分歧，《国际技术转让行动守则》一直没有正式获得通过，《控制限制性商业惯例的公平原则和规则》尽管已经作为联合国的正式决议公布，但并不具有法律约束力。《TRIPS 协议》赋予了各成员方采取立法和措施的权利保护自身利益，因此技术贸易越来越受到各国国内法规的制约与掣肘。

作为国际技术贸易的主导者，发达国家开始推行更为严苛的知识产权保护规则。国际知识产权规则正在向 TRIPS-plus 方向演变，与已有的规则相比，新一轮国际知识产权规则变革进程加快，保护范围有所扩大、期限更长，对于侵权处罚也更为严格。以美国对外签署的区域贸易协定关于知识产权保护的条款为例，主要的 TRIPS-plus 条款包括：要求批准或者加入一系列知识产权保护条约或协定，对专利、版权和邻接权、商标、地理标识、域名、卫星节目信号、药品的测试数据等规定高水平的实体保护规则，强化知识产权执法措施等，一旦这些规则适用到多边层面，将对国际技术贸易产生深远影响。

## 二、我国技术贸易发展的现状与特点

根据《中华人民共和国技术进出口管理条例》和《技术进出口合同登记管理办法》，技术贸易是指通过贸易、投资或者经济技术合作的方式，在境内与境外之间转移技术的行为，包括专利权及专利申请权转让、专利实施许可、技术秘密转让、技术服务和其他方式的技术转移。自加入世界贸易组织以来，我国技术贸易经历了十余年的高速增长，近年来出现回落。根据商务部的统计，我国技术贸易进出口（合同金额）由 2006 年的 225.8 亿美元上升至 2013 年的 931.15 亿美元，年增长率高达 22.4%，随后 3 年我国技术贸易进、出口连续呈双下降趋势。2016 年我国技术贸易进出口（合同金额）为 542.2 亿美元，比上一年下降了 0.55%，其中技术出口合同金额 234.87 亿美元，同比下降 11.02%，技术引进合同金额 307.30 亿美元，同比增长 9.28%。

### （一）技术进出口总体规模较小

我国是全球货物贸易与服务贸易大国，但距离技术贸易大国还存在一定差距。2016 年我国技术贸易合同金额仅为货物贸易总额的 1.5%、服务贸易总额的 8.3%。以技术密集程度最高的电信、计算机和信息业为例，2016 年美国、德国和印度电信、计算机和信息服务进出口总额分别为 747.9 亿美元、620.4 亿美元和 600.9 亿美元，而我国仅为 381.9 亿美元，仅为美国的 51%。我国电信、计算机和信息服务进出口额占服务贸易总额的 5.8%，低于印度（20.4%）、德国

（10.7%）、俄罗斯（7.6%）和美国（6.2%），见表4-5。

表4-5　2016年各国电信、计算机和信息服务进出口情况

（单位：亿美元）

| 国家 | 出口额 | 进口额 | 总额 | 差额 | 服务贸易总额 | 占服务贸易比例 |
|------|--------|--------|--------|--------|--------------|----------------|
| 美国 | 372.6 | 375.3 | 747.9 | -2.6 | 12145.1 | 6.2 |
| 德国 | 327.2 | 293.2 | 620.4 | 34.0 | 5784.3 | 10.7 |
| 印度 | 553.2 | 47.7 | 600.9 | 505.5 | 2942.8 | 20.4 |
| 中国 | 254.2 | 127.7 | 381.9 | 126.6 | 6571.1 | 5.8 |
| 日本 | 37.9 | 140.7 | 178.6 | -102.8 | 3514.3 | 5.1 |
| 韩国 | 35.7 | 27.3 | 63.0 | 8.4 | 2008.5 | 3.1 |
| 俄罗斯 | 39.4 | 53.9 | 93.3 | -14.6 | 1225.5 | 7.6 |

资料来源：WTO数据库。

### （二）技术进口方式以专有技术许可和转让为主

我国技术引进方式已从初期的成套设备、关键设备和生产线引进为主，转变为以专有技术许可、核心关键技术咨询、技术服务为主的方式。2011年以来，我国专有技术进口合同金额增加显著，技术咨询、技术服务进口合同金额呈下降趋势，专利技术和计算机软件进口合同金额均有小幅提升。2016年专有技术许可或转让、技术咨询与技术服务、专利技术的许可或转让分别位居我国技术引进方式前三位，合计超过我国技术引进总额的90%。其中，以专有技术许可或转让方式实现的技术引进合同金额占我国技术引进总额的比例由2011年的37.1%上升到53.7%（见图4-1和图4-2），是我国技术引进的最主要方式。

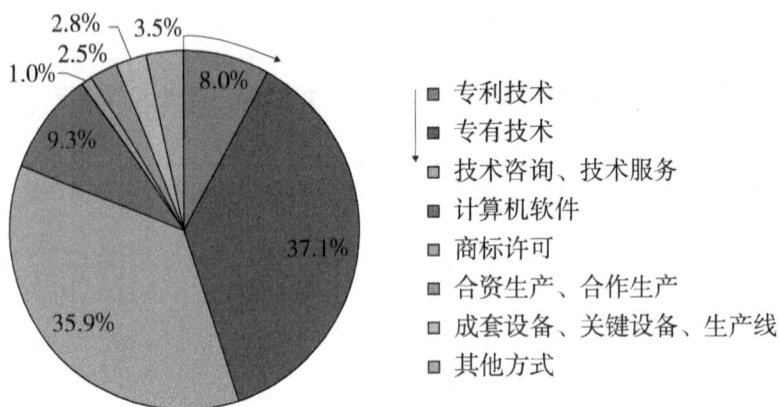

2.8%　3.5%
2.5%
1.0%
8.0%
9.3%
37.1%
35.9%

- 专利技术
- 专有技术
- 技术咨询、技术服务
- 计算机软件
- 商标许可
- 合资生产、合作生产
- 成套设备、关键设备、生产线
- 其他方式

图4-1　2011年我国技术进口按进口方式分类情况（合同金额占比）

注：饼状图按箭头所示沿顺时针方向与图例按箭头所示自上至下的数据一一对应。

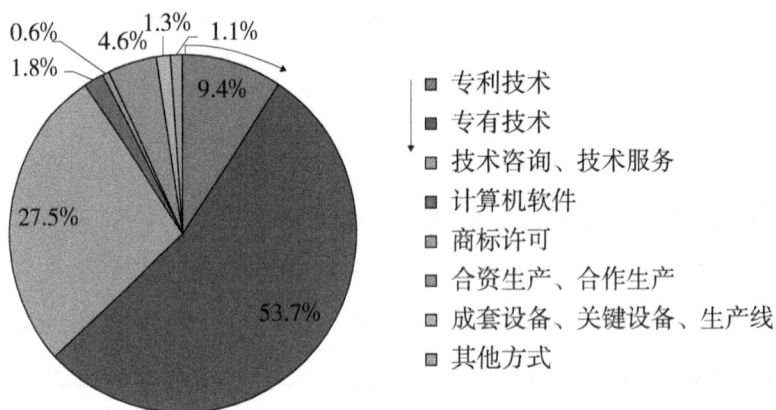

0.6%　4.6%　1.3%　1.1%
1.8%
9.4%
27.5%
53.7%

- 专利技术
- 专有技术
- 技术咨询、技术服务
- 计算机软件
- 商标许可
- 合资生产、合作生产
- 成套设备、关键设备、生产线
- 其他方式

资料来源：商务部。

图4-2　2016年我国技术进口按进口方式分类情况（合同金额占比）

注：饼状图按箭头所示沿顺时针方向与图例按箭头所示自上至下的数据一一对应。

（三）技术出口方式以技术咨询与技术服务为主

2011年以来，我国技术出口结构发生了重大变化，计算机软件技术出口占比大幅下降，而技术咨询与技术服务出口占比快速上升。2016年技术咨询与技术服务、计算机软件、专有技术许可或转让分别位居我国技术出口方式前三位，合计超过我国技术出口总额的90%。

其中技术咨询与技术服务出口合同金额 171.06 亿美元，同比增长 16.3 倍，占我国技术出口总额的比例由 2011 年的 4.6% 上升为 72.8%，成为我国技术出口的绝对主力。计算机软件技术出口占比则由 2011 年的 89.2% 大幅下降到 2016 年的 13.9%（见图 4-3 和图 4-4），表明我国技术服务"软实力"正在不断增强。

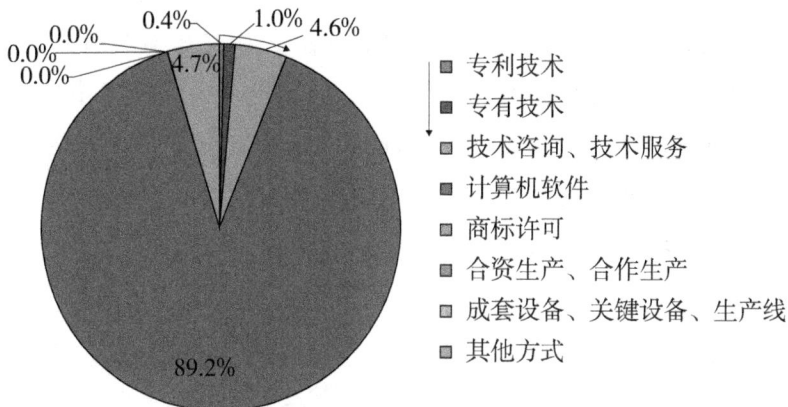

**图 4-3　2011 年我国技术出口按出口方式分类情况（合同金额占比）**

注：饼状图按箭头所示沿顺时针方向与图例按箭头所示自上至下的数据一一对应。

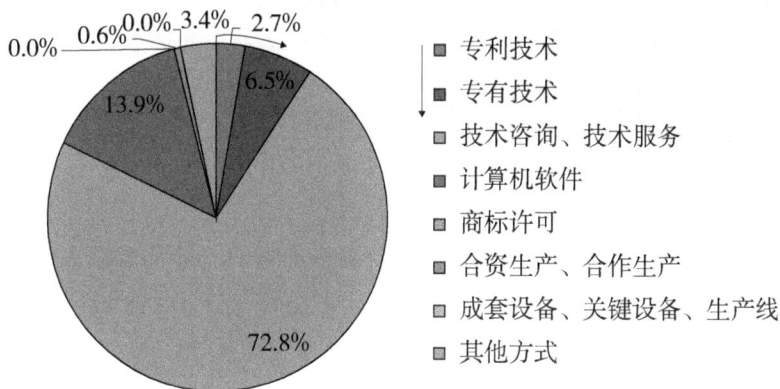

资料来源：商务部。

**图 4-4　2016 年我国技术出口按出口方式分类情况（合同金额占比）**

注：饼状图按箭头所示沿顺时针方向与图例按箭头所示自上至下的数据一一对应。

（四）制造业仍依赖技术引进，服务业技术出口能力不断增强

我国是全球制造业大国，但支撑制造业的核心关键技术仍严重依赖进口。2016 年我国技术进口前十大行业中，八个行业属于制造业，包括通信设备、计算机及其他电子设备制造业、交通运输设备制造业、化学原料及化学制品制造业、通用设备制造业、专业设备制造业、电气机械及器材制造业、仪器仪表及文化、办公用品机械制造业在内的制造业技术进口占比合计达到 76.3%（见图 4-5）。技术出口方面，我国制造业技术出口仅占 27.4%，而包括计算机服务业、研究与试验发展、软件业、专业技术服务业、建筑安装业在内的服务业技术出口占比达到 54.7%（见图 4-6）。

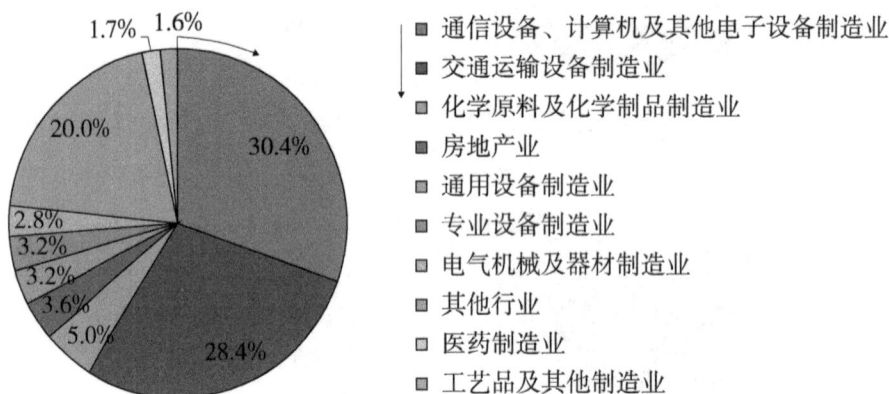

- 通信设备、计算机及其他电子设备制造业
- 交通运输设备制造业
- 化学原料及化学制品制造业
- 房地产业
- 通用设备制造业
- 专业设备制造业
- 电气机械及器材制造业
- 其他行业
- 医药制造业
- 工艺品及其他制造业

资料来源：商务部。

**图 4-5　2016 年我国技术进口的行业分布情况（合同金额占比）**

注：饼状图按箭头所示沿顺时针方向与图例按箭头所示自上至下的数据一一对应。

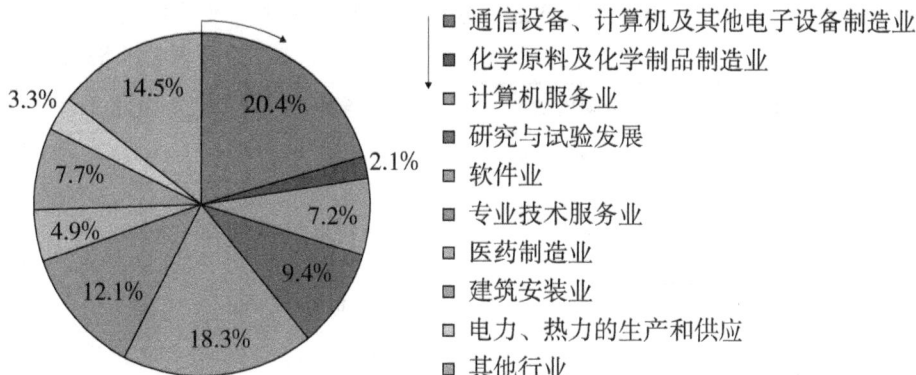

资料来源：商务部。

**图 4-6　2016 年我国技术出口的行业分布情况（合同金额占比）**

注：饼状图按箭头所示沿顺时针方向与图例按箭头所示自上至下的数据一一对应。

### （五）贸易对象以发达国家和地区为主

近年来，我国技术引进来源地更加趋向于多元化，但发达国家（地区）仍是主要来源地。我国技术进口的主要来源地是美国、日本、德国（见表 4-6）。2016 年，我国从美国技术进口合同金额占比为 31.4%，从日本技术进口合同金额占比为 21.3%，从德国技术进口合同金额占比为 10.2%。2017 年上半年，我国从美国技术进口合同金额占比增加至 35.7%，同比增长 14%，从德国技术进口合同金额占比增加至 12.2%，同比增长 20%。

我国技术出口的最主要目的地为美国、中国香港和日本（见表 4-7）。2016 年，我国出口中国香港合同金额占比为 16.1%，出口美国合同金额占比为 16.0%，出口日本合同金额占比为 9.0%。随着技术创新能力的提升，我国对伊朗、美国、新加坡、瑞典、芬兰等国家的技术出口发展最为迅速，2017 年上半年，我国对美国的技术出口合同金额占比达到 23.3%，同比增长 45.6%，对新加坡的技术出口合同金额占比达到 7.4%，同比增长 68.2%。

表4-6  2016 年我国技术进口来源地前十位国家（地区）情况

（单位：亿美元，占比:%）

| 国别（地区） | 合同份数 | 合同金额 | 合同金额占比 |
|---|---|---|---|
| 总计 | 6807 | 307.3 | 100 |
| 美国 | 1189 | 96.38 | 31.4 |
| 日本 | 1754 | 65.34 | 21.3 |
| 德国 | 878 | 31.36 | 10.2 |
| 瑞典 | 77 | 19.26 | 6.3 |
| 韩国 | 452 | 17.5 | 5.7 |
| 中国台湾 | 309 | 12.36 | 4 |
| 中国香港 | 371 | 8.79 | 2.9 |
| 瑞士 | 107 | 8.04 | 2.6 |
| 英国 | 215 | 6.76 | 2.2 |
| 法国 | 171 | 6.14 | 2 |

数据来源：商务部。

表4-7  2016 年我国技术出口目的地前十位国家（地区）情况

（单位：亿美元，占比:%）

| 国别（地区） | 合同份数 | 合同金额 | 合同金额占比 |
|---|---|---|---|
| 总计 | 8654 | 234.87 | 100 |
| 中国香港 | 872 | 37.73 | 16.1 |
| 美国 | 1337 | 37.49 | 16 |
| 日本 | 3521 | 21.04 | 9 |
| 沙特阿拉伯 | 22 | 19.39 | 8.3 |
| 越南 | 31 | 10.73 | 4.6 |
| 新加坡 | 276 | 10.37 | 4.4 |
| 德国 | 260 | 7.67 | 3.3 |
| 韩国 | 186 | 6.61 | 2.8 |

| 国别（地区） | 合同份数 | 合同金额 | 合同金额占比 |
|---|---|---|---|
| 芬兰 | 10 | 6.08 | 2.6 |
| 印度 | 138 | 5.93 | 2.5 |

数据来源：商务部。

### （六）技术贸易主体以外商投资企业为主

外商投资企业为我国第一大技术进出口企业类型。2015 年外商投资企业技术出口、进口合同金额占全国的比例分别为 70.7% 和 65.3%；民营企业技术出口、进口合同额占全国的比例分别为 12.7% 和 21.3%，位居第二；国有企业技术出口、进口总额双双下降，占全国的比例分别为 11.2% 和 7%。

2016 年，我国技术出口按企业性质分类仍然主要是外商投资企业，其合同金额占比为 63.7%，其次是国有企业，其合同金额占比为 21.4%，民营企业合同金额占比仅为 11.6%（见表 4-8）。2016 年，我国技术进口按企业性质分类依然是外商投资企业占据最主要份额，其合同金额占比为 61.52%，民营企业和国有企业次之，合同金额占比分别为 22.04% 和 8.21%（见表 4-9）。目前，外商投资企业仍然是我国第一大技术出口企业的类型，我国技术贸易企业以外商投资企业为主。

表 4-8　2016 年中国技术出口按企业性质分类情况表

| 企业性质 | 合同数/份 | 合同金额/亿美元 | 合同金额占比（%） |
|---|---|---|---|
| 总计 | 8654 | 234.87 | 100 |
| 国有企业 | 237 | 50.2 | 21.374 |
| 集体企业 | 3 | 0.01 | 0.004 |
| 外商投资企业 | 5528 | 149.52 | 63.661 |
| 民营企业 | 2419 | 27.26 | 11.606 |

续表

| 企业性质 | 合同数/份 | 合同金额/亿美元 | 合同金额占比（%） |
|---|---|---|---|
| 其他 | 467 | 7.88 | 3.355 |

资料来源：商务部。

表4-9　2016年中国技术进口按企业性质分类情况表

| 企业性质 | 合同数/份 | 合同金额/亿美元 | 合同金额占比（%） |
|---|---|---|---|
| 总计 | 6807 | 307.3 | 100 |
| 国有企业 | 968 | 25.24 | 8.21 |
| 集体企业 | 55 | 0.34 | 0.11 |
| 外商投资企业 | 3713 | 189.05 | 61.52 |
| 民营企业 | 1186 | 67.73 | 22.04 |
| 其他 | 885 | 24.95 | 8.12 |

数据来源：商务部。

## 三、我国发展技术贸易面临的主要问题与挑战

### （一）自主研发创新能力与产业化能力还有待提高

我国的自主研发水平、科技创新能力与企业竞争力与当今世界科技强国相比仍有一定差距。当前我国对科技研发投入经费已居世界第二，科技人员数量居世界第一，但多数关键性核心技术并没有进入世界前列。虽然近年来企业在技术创新中的作用逐步提升，但具有国际竞争力的创新型企业仍为数不多，万众创新刚处于起步阶段。以新一代信息技术为例，2016年我国信息产业有17家上市公司进入全球上市公司2000强，实现4317亿美元的销售额和506亿美元的利润，而美国有74家公司进入全球2000强，实现15821亿美元的销售额和2113亿美元的利润，我国企业产生的利润只有美国公司的24%，远小于中美GDP之比（61%）。我国规模以上工业企业R&D经费仅占主营

收入额的 0.92%，仅为发达国家平均水平的 1/2；大批中小企业的创新以一般性产品创新为主，处于产业链的中低端。我国大量的科技成果停留于科技论文或实验室阶段，成果转化率有待提高。研究报告反映，我国科技成果转化为产业应用技术的比例仅约为 15%，远低于先进国家的约 30%；我国职务发明专利的转化率约为 10%，远低于发达国家近 50% 的水平。全球专利交易市场的前 15 位买家与卖家，均为美欧日韩等科技强国的企业。

### （二）与技术相关的贸易竞争力仍然较弱

与货物贸易顺差不同，我国技术贸易长期处于逆差状态。根据商务部的统计，2016 年我国技术贸易逆差为 72.4 亿美元，比上一年增长 2.2 倍，2017 年上半年更进一步扩大至 90.7 亿美元。尽管服务业技术出口能力有所增强，但技术出口"软实力"尤其是知识产权输出能力仍然很弱。根据 WTO 的统计，2016 年我国电信、计算机和信息服务的出口额仅为印度的 46%，我国知识产权使用费出口额仅为 11.7 亿美元，远远低于美国（1222.3 亿美元）、日本（390.1 亿美元）以及德国（168.6 亿美元）。我国知识产权使用费逆差高达 228.1 亿美元，成为全球知识产权使用费逆差最大的国家。我国知识产权使用费占服务贸易的比例仅为 3.8%，远低于日本（16.7%）和美国（13.6%），也低于韩国（7.9%）、俄罗斯（4.5%）以及德国（4.6%），见表 4-10。

表 4-10　2016 年各国知识产权使用费服务进出口情况

（单位：亿美元）

| 国家 | 出口额 | 进口额 | 总额 | 差额 | 服务贸易总额 | 占服务贸易比例（%） |
|------|--------|--------|------|------|--------------|---------------------|
| 中国 | 11.7 | 239.8 | 251.5 | -228.1 | 6571.1 | 3.8 |
| 德国 | 168.6 | 95.9 | 264.5 | 72.7 | 5784.3 | 4.6 |
| 印度 | 5.3 | 54.7 | 60.0 | -49.4 | 2942.8 | 2.0 |

| 国家 | 出口额 | 进口额 | 总额 | 差额 | 服务贸易总额 | 占服务贸易比例（%） |
|------|--------|--------|------|------|--------------|---------------------|
| 日本 | 390.1 | 196.7 | 586.9 | 193.4 | 3514.3 | 16.7 |
| 韩国 | 66.2 | 92.9 | 159.1 | -26.7 | 2008.5 | 7.9 |
| 俄罗斯 | 5.5 | 50.0 | 55.5 | -44.5 | 1225.5 | 4.5 |
| 美国 | 1222.3 | 427.4 | 1649.7 | 794.8 | 12145.1 | 13.6 |

资料来源：WTO 数据库。

### （三）跨国公司成为我国技术贸易的主导者

我国技术贸易前十大贸易伙伴均为发达国家或地区，技术贸易主体以外资企业为主，外资企业占技术出口与技术进口的比例分别达到63.7%和61.5%，跨国公司成为我国技术贸易的主导者。相当比例的技术转移与技术扩散是在跨国公司的母公司与子公司之间进行的，对我国自主创新能力的溢出效应有限。在我国，发达国家的跨国公司通过技术垄断获取高额利润的现象没有得到根本改观，2015年美国移动芯片巨头高通公司由于技术垄断被我国政府处以9.75亿美元罚款，这仅是在华跨国公司技术垄断现象的冰山一角。

### （四）先进技术引进遭遇发达国家更为严苛的出口管制

长期以来，我国在技术引进方面一直遭到美欧日等发达国家严苛的出口管制（见表4-11）。根据美国《出口管理法》，美国出口管制制度具有一定的域外管辖效力，违反美国出口管制法规的外国企业，可能被美国政府列入"实体清单"（Entity List），即被视为参与违背美国国家安全或外交政策利益活动的企业或机构。在2017年中兴公司涉美出口管制案中，美国商务部以中兴公司违反美国出口管制法规为由，将其列入"实体清单"，并对其采取了限制出口措施，禁止美国国内元器件供应商向中兴公司出口元器件、软件、设备等技术产品。中兴公司作为世界第四大通信设备制造商，虽然为美国提供了十多万个就业岗位，与诸多美国供应商形成了广泛的利益链条，但由于核心的芯片技术仍掌握在美国供应商手中，最终不得不缴纳 8.9 亿美元的高额罚款与美国政府达成和解。

表 4-11　中国在高技术领域遭遇出口管制的状况

| 管制级别 | 领　　域 | 管制措施 |
|---|---|---|
| 一级 | 核武器、化学武器等军用物品及技术 | 禁止 |
| 二级 | 电子领域（如集成电路、半导体）、航空航天领域（如通信卫星）、高性能计算机等领域 | 严格管制，出口许可证难以签发 |
| 三级 | 通信技术领域（如信息安全、空间技术）、先进制造与自动化技术、新材料技术、发动机技术、生物技术等领域 | 较为严格的控制，出口许可证难以签发或签发时间较长 |
| 四级 | 其他军民两用高技术领域 | 相应的管制措施 |

资料来源：陆娇，等. 发达国家技术出口管制政策对中国的影响与启示［J］. 科学，2015，67（6）：41.

（五）技术贸易领域知识产权摩擦频发

技术贸易由于涉及专利、专有技术、商标许可等知识产权密集型产品与服务，因此成为知识产权摩擦的多发领域。自美国总统特朗普执政以来，知识产权成为其实现美国经贸利益的政策工具。美国频繁动用"337 条款"与"301 条款"，对华发起知识产权诉讼调查数量更多、涉案金额更大，其中专利密集型的高技术领域所受影响最大。2017 年 1—6 月，美国共启动 337 调查 29 起，比上年同期略降 3.3%，但其中涉华案件高达 13 起，占比 44.8%，比上年同期增长 18.2%，且中方全部因专利侵权而被诉，涉及产品及技术包括图形处理器、DDR 内存控制器、双向无线电设备、系统及相关软件、扫地机器人、数码相机软件等。同期，美国 ITC 发布终裁公告终止调查的 337 调查案件共计 22 起，其中涉华案件 10 起，占比 45.5%，中企胜诉率仅为 21.7%。

# 第三节　我国发展技术贸易的思考与建议

我国已进入经济转向高质量发展和构建全面开放新格局的新阶段，大力发展技术贸易，不仅可以优化我国贸易结构，促进对外贸易提质增效，还可以在弥补我国科技"短板"的同时，带动国内企业自主创新，进而推动供给侧结构性改革，实现产业结构调整与建立现代化经济体系的目标。

## 一、技术贸易推动科技创新

供给侧结构性改革是当前我国经济工作的主线，供给侧既包括传统生产要素投入，如劳动投入、资本投入、土地等资源投入、企业家才能投入等，又包括带动全要素生产率提高的供给要素，如科技创新、制度变革、结构优化等。其中科技创新是推进供给侧结构性改革的核心引领，并且在一定程度上决定着供给侧结构性改革的成败。技术贸易一方面可获取我国构建现代化经济体系所急需的先进技术与知识，弥补我国科技创新领域的不足，另一方面通过技术引进—模仿—再创新，带动本土企业"干中学"（Learning by doing），增强我国自主创新能力，提升科技创新国际竞争力，为供给侧结构性改革注入活力。

（一）技术贸易有效弥补我国科技创新不足

国际经验表明，技术贸易通过技术研究的专业化分工，可实现全球科技资源的优化配置，发展中国家通过进口本国所需的先进技术，可降低自身研究开发成本并显著提高国内劳动生产率。目前我国已成为 GDP、货物贸易与服务贸易全球第二大经济体，但在科技创新领域与发达国家还存在一定差距，尤其是关键核心技术的研发能力仍然较弱，关键核心技术的对外依存度高达50%，高端产品开发70%依靠技术引进。我国在电子计算机核心中央处理器（CPU）芯片、4G智能手机高端芯片、笔记本电脑系统操作软件、数据库软件等核心技术方面仍然依赖进口；在集成电路、基础软件、高档数控机床、现代生物技术、航空发动机等重要领域的技术储备严重不足。根据商务部的统计，2016年我国进口单一最大金额商品为集成电路，占全部货物进口额的比例高达14.3%，2016年我国技术进口合同金额为307.3亿美元，比"十二五"末期的2010年（256.4亿美元）增长了19.9%。先进技术的进口仍是弥补我国科技创新"短板"、建设现代化经济体系不可或缺的资源要素（见表4-12）。

表4-12　我国鼓励进口的先进技术

| 序号 | 技术类别 | 技术名称 |
|---|---|---|
| A1～A5 | 采掘采矿技术 | 采掘装备自动化与工况检测系统技术等 |
| A6～A15 | 能源领域技术 | 可再生能源、氢能等新能源领域关键设备的设计制造技术等 |
| A16～A22 | 计算机及通信技术 | 万万亿次高性能计算机的设计制造技术、高性能处理器、集成电路设计技术等 |
| A23～A73 | 精密机械、电子器件相关技术 | 高速、精密大型数控车床及车削中心设计制造技术、工业机器人关键零部件设计制造技术等 |
| A74～A114 | 汽车、铁路、船舶、飞机制造相关技术 | 汽车电子控制系统设计制造技术、绿色环保与节能型船舶设计技术、民用飞机试飞技术等 |
| A115～A162 | 新材料制造相关技术 | 石墨烯制备及应用技术等 |
| A163～A202 | 环保技术 | 电子废弃物干式分离回收技术等 |
| A203～A208 | 航天技术 | 空间及卫星应用技术、运载火箭设计制造技术等 |

续表

| 序号 | 技术类别 | 技术名称 |
|---|---|---|
| A209～A212 | 医药领域技术 | 医学诊断治疗设备研发技术、疫苗用新型佐剂技术等 |

资料来源：根据《鼓励进口技术和产品目录（2017 年版）》（征求意见稿）整理归纳。

### （二）技术贸易推动自主创新与"反向"创新

技术贸易对于技术引进方来说具有明显的外溢效应，包括技术的传播效应、技术的演示和培训效应、技术的模仿与再创新效应（"干中学"效应）以及竞争效应，技术落后国家通过初始的技术引进，了解和熟悉先进国家的新技术与新产品，进行学习、模仿乃至创新，从而培育本国自主创新能力，实现技术改超的"后发优势"。当前，我国推进供给侧结构性改革，核心要义就是要转向创新驱动的经济发展方式，通过加大研发投入力度，加强知识产权保护，完善科技成果转化的激励机制，提高技术进步对经济增长的贡献率。

在全球化背景下，开放式国家创新体系的建设离不开技术贸易。技术贸易促进我国企业加快技术引进—模仿—再创新的进程，通过"倒逼机制"提升我国科技自主创新能力，为产业结构优化升级发挥重要作用。实证研究表明，直接进口国外高技术进行模仿创新，或是通过吸收附加于进口产品的高技术，从而最终实现再创新，两种渠道均可对我国产业结构的完善形成推动作用。技术贸易在推动我国本土企业水平创新与垂直创新的同时，也推动了跨国公司在华"反向创新"活动。以全球领先的汽车电子零部件及系统技术供应商德尔福为例，其在上海自由贸易试验区内的中国科技研发中心已成为亚太区市场研发的"神经中枢"，拥有 700 多名工程师的中国研发团队已研发出多项世界领先的专利技术，被广泛应用到全球市场，包括美、日等发达国家。

## 二、新形势下我国发展技术贸易的思考与建议

### （一）增强自主创新能力，夯实技术贸易产业基础

自主创新是提升技术贸易国际竞争力的源泉，也是供给侧结构性改革的首要任务。增强自主创新能力也应从供给、结构、改革三方面入手，优化科技供给要素投入，实施科技体制机制改革，推动科技主体与载体结构升级。

首先要建立更完善的创新制度。科技体制机制创新涉及科技创新法治制度、知识产权制度、研发机构组织制度、科技创新规划管理制度等全方位的制度创新。要进一步深化科技体制机制改革与创新，充分发挥市场配置资源的作用，实现政府"由管理到治理、由防范到鼓励、由围堵到引导"的转变。

其次要培育更活跃的创新主体。要进一步激发各类创新主体活力，发挥高校科研院所的原始创新策源作用，增强科技领军企业的研发主导作用，激发中小科技企业的市场参与主体作用，突出创业个体人才的创新驱动作用，促进各类创新主体协同互动、创新要素顺畅流动高效配置。

第三要搭建更丰富的创新载体。要进一步推动创新载体沿展与壮大，引导高端创新要素向以国家实验室为引领的技术研发载体、以产业孵化器为引领的成果转化载体和以国家自主创新示范区为引领的区域创新载体加速流动和聚集。

第四要建立更灵活的创新资源投入模式。构建政企互动的创新合作新方式，激励科技企业、风险资本、银行资本、社会基金提高科技创新投入，更好地发挥公共投资的引导、放大效应，完善多元化、多渠道、多层次的科技投入体系，通过社会资本的专业化运作和精细化管理提升科技创新资源的配置效率，加速新技术研发、服务推广及产业化进程。

## （二）完善技术贸易促进政策与服务体系

国际经验表明，技术贸易的发展离不开政府的扶持与鼓励。我国应借鉴发达国家经验，建立并完善技术贸易领域促进政策与服务体系，实现贸易政策、科技政策与产业政策的协同。

首先要完善技术贸易进出口政策。研究完善《对外贸易法》《反垄断法》《反不正当竞争法》中与技术进出口相关的管理条例，及时修订补充《技术进出口管理条例》《中国禁止进口限制进口技术目录》《中国禁止出口限制出口技术目录》等技术贸易管理规章制度，完善自由进出口技术合同的登记程序，建立合理有序的技术进口审查、许可与监管制度，以及技术出口管制与许可制度，为技术贸易的管理创造良好的法制环境。

其次要加强金融财税政策的鼓励与引导作用。探索促进技术贸易发展的财政、税收、金融、外汇、海关等支持政策。完善企业研发费用计核方法，调整目录管理方式，扩大研发费用加计扣除优惠政策适用范围。放宽对外资创业投资基金的投资限制，支持创业投资机构加大对境外高端研发项目的投资。改善技术贸易中小企业融资条件，鼓励金融机构推进知识产权质押贷款、科技保险、科技资产证券化等科技金融产品创新。

第三要构建完善的技术贸易服务体系。重点发展研究开发、技术转移、检验检测认证、创业孵化、知识产权、科技咨询、科技金融、贸易融资、人才服务等业态，形成覆盖科技创新全链条的技术贸易服务体系。构建技术贸易统计监测体系，加强技术进出口合同登记管理，建立和完善技术贸易企业和项目数据库，强化贸易、科技、海关、外汇等部门间的信息共享，提高监测预警和监管能力。

## （三）提升知识产权规则意识，应对技术贸易壁垒与贸易摩擦

技术的突飞猛进正带来贸易规则的深刻变化，知识产权成为技术

贸易领域的核心议题。在我国建设贸易强国与科技强国的进程中，会遭遇越来越多的技术贸易领域内的贸易壁垒与摩擦。

首先要加强对技术贸易新型国际规则的跟踪研究。跟踪全球技术贸易、知识产权、数字贸易等新兴领域国际规则的最新发展趋势，开展关于限制性商业条款、专利与专有技术保护、数字化技术产品与服务等领域的国际规则条款研究，积极参与知识产权国际规则的制定。

其次是积极应对发达国家对华技术出口管制。跟踪发达国家出口管制政策的变化，以准确评估对我国高技术领域进口的影响，对企业开展与出口管制相关的法律法规及政策的培训，引导我国企业建立完善的出口合规体系。同时，完善我国自身的出口管制制度及出口许可制度，适时出台《出口管制法》，制定合理的《出口管制产品清单》，并加强事中事后监管。

最后是提升与知识产权有关的贸易摩擦应对能力。充分发挥知识产权与贸易部门联席会议机制的作用，在此基础上，建立更高级别的知识产权谈判协调机制，制定与知识产权相关的多双边贸易协定与投资协定的谈判预案，争取最大限度地维护自身利益。完善知识产权保护制度，加强知识产权保护执法，培育良好的信用环境和市场秩序。强化企业知识产权保护意识，鼓励企业主动进行知识产权海外布局，维护海外知识产权权益。

（四）拓展与"一带一路"沿线国家发展技术贸易的广度与深度

"一带一路"沿线多为新兴经济体和发展中国家，都面临着经济转型的需求和任务，目前我国与"一带一路"沿线国家的技术贸易额不足我国技术贸易总额的 10%，开展科技合作与技术贸易的前景十分广阔。

首先要加强技术贸易重点领域的合作，与沿线国家相比，我国科技创新资源丰富，在农业科技、装备制造、高速铁路、电信与计算机信息技术、空间科学、生命科学与健康、能源环境等领域具有技术优势，我国积累的大量先进适用技术和科技人才，能够为沿线国家提供更丰富的技术产品与服务。

其次要搭建"一带一路"更广阔的科技合作平台，与沿线国家共建科研合作、技术转移与资源共享平台，合作建设一批联合实验室（联合研究中心）、技术转移中心、技术示范推广基地和科技园区，加强双方技术标准的对接，鼓励我国有实力的企业在沿线国家建设研发中心，带动中国技术与中国服务走出去。

最后是开展跨国并购、工程承包等多种形式的技术贸易。目前"一带一路"沿线占我国对外承包工程市场的半壁江山，应以此为契机，通过股权并购、技术参股、战略联盟等方式，实现工程咨询、评估、规划、勘探、设计、施工各环节的参与，采用 BOT（建设—经营—转让）、PPP（公私合作模式）等承包方式，带动我国交通、电力、建筑等相关基础设施领域先进技术的出口。鼓励国内企业开展对"一带一路"沿线国家的对外直接投资、跨国并购、技术转让与许可，实施外向型技术转移。

# 第五章 知识产权服务贸易

## 第一节 知识产权服务贸易的概述

服务全球化成为新一轮国际专业化分工的主要特征，抓住机遇，大力推动服务贸易，是我国对外经济发展方式转变的重要内容。当前，服务业已经成为我国外商投资的主要领域，服务贸易增长明显快于货物贸易，成为转变我国外贸发展方式的重要途径。知识产权服务贸易是构成服务贸易的重要内容和形式。发展服务贸易，关键在于提高服务贸易中知识产权的含量和质量，这也是将我国由服务贸易大国建设成服务贸易强国的必由之路。

### 一、知识产权密集型服务贸易基本概念

根据服务中知识的表现形态，与知识产权有关的服务可划分为专业技术密集型、专利密集型、著作权密集型、商标密集型、信息密集型等。借鉴美国统计局和商标局、中国国家知识产权局的研究，从知识产权角度来看，专利密集型、著作权密集型、商标密集型等服务均

可视为知识产权密集型服务。因此，本章论述的知识产权密集型服务贸易❶是指知识产权密集型服务的进出口。

## 二、知识产权密集型服务贸易类别

2016年国家知识产权局发布试行的《专利密集型产业目录》，包括信息基础产业、软件和信息技术服务业、现代交通装备产业、智能制造装备产业、生物医药产业等八大产业（见表5-1）。其中，信息基础产业包含5个中类行业，软件和信息技术服务业包含6个中类行业，现代交通装备产业包含4个中类行业，智能制造装备产业包含7个中类行业，生物医药产业包含7个中类行业，新型功能材料产业包含6个中类行业，高效节能环保产业包含10个中类行业，资源循环利用产业包含3个中类行业。

表5-1　专利密集型产业

| 序　号 | 产业名称 |
| --- | --- |
| 1 | 信息基础产业 |
| 2 | 软件和信息技术服务业 |
| 3 | 现代交通装备产业 |
| 4 | 智能制造装备产业 |
| 5 | 生物医药产业 |
| 6 | 新型功能材料产业 |

❶ 按照2010版《扩大的国际收支服务分类》定义，服务贸易分为12大类，即制造服务，保养和维修服务，运输服务，旅行，建筑服务，保险和养老服务，金融服务，知识产权使用费，通信、计算机和信息服务，其他商业服务，个人、文化和娱乐服务，别处未包括的政府服务。按照要素密集度标准划分，其中的保险和养老服务，金融服务，知识产权使用费，通信、计算机和信息服务，个人、文化和娱乐服务等属于知识密集型服务；旅游和建筑等服务属于劳动密集型服务。

| 序　号 | 产业名称 |
|:---:|:---:|
| 7 | 高效节能环保产业 |
| 8 | 资源循环利用产业 |

资料来源：《专利密集型产业目录（2016）》（试行），国家知识产权局。

除专利密集型产业中的软件和信息技术服务业外，服务业中的知识产权更大程度上体现为著作权、专有技术等方面，因此，本章将服务贸易 12 种类别中的通信、计算机和信息服务，知识产权使用费，个人、文化和娱乐服务归属于知识产权密集型服务。其中，知识产权使用费包括特许和商标使用费、研发成果使用费、复制或分销计算机软件许可费、复制或分销视听及相关产品许可费和其他知识产权使用费。通信、计算机和信息服务，个人、文化和娱乐服务涉及较多的是著作权、商标权等，也涉及专利权等其他知识产权。同时，通信、计算机和信息服务也是网络密集型与信息密集型服务，其商业秘密的保护也尤为重要。

# 第二节　我国知识产权服务贸易的发展

"十二五"期间，我国服务贸易年均增长超过 13.6%，服务进出口全球排名不断提升。2015 年我国服务出口与进口增长速度均大幅高于全球水平，服务出口额与进口额的全球占比分别达到 4.9% 和 9.6%，服务贸易总额位居全球第二位，其中服务进口额与排名第一位的美国差距大幅缩小至 320 亿美元❶。但由于我国仍处于工业化几近完成，经济结构向服务经济转变的阶段，服务贸易中的知识含量与质

---

❶ 数据来源：世贸组织。

量不高, 国际竞争力仍然较弱, 服务进口增长快于出口, 贸易逆差继续扩大。尽管近年来我国在通信、计算机和信息服务、保险和养老服务、金融服务等高附加值服务贸易出口方面的出口增长较快, 但占服务进出口总额中的比例仍然偏低。

## 一、全球及我国知识产权服务贸易现状与特点

### (一) 全球知识产权密集型服务贸易占比不断提高

根据 WTO 统计, 21 世纪以来至国际金融危机发生前, 全球服务贸易出口增长较快, 增长速度保持在两位数以上。其中, 知识密集型❶和知识产权密集型服务❷出口快于全球服务总出口。在国际金融危机发生前的几年, 由于金融和保险等服务在全球快速扩张, 知识密集型服务出口增长一度超过了知识产权密集型服务贸易的发展。

受国际金融危机的影响, 全球服务贸易遭受严重冲击。2009 年世界服务出口大幅下降 10.82%, 但知识产权密集型服务出口降幅仅为 3.95%。2010 年, 全球服务贸易呈现出恢复性增长特征, 2011 年服务出口实现 10% 以上的较快增长, 知识产权密集型服务出口增幅更达到 15.5%。受世界经济复苏艰难的影响, 2012 年后全球服务出口重又陷入低速增长阶段。2015 年更由于全球有效需求不足、经济增长速度缓慢、大宗商品价格下跌等原因, 全球贸易总额大幅减少 12.7%, 服务贸易减少 5.68%, 而知识产权密集型服务出口仅缩水了 3.49%。总体而言, 自金融危机以来, 全球服务贸易一直处于震荡之中, 而知识产权密集型服务出口表现都超过了服务出口整体表现 (见表 5-2)。其

---

❶ 知识密集型服务指保险和养老服务, 金融服务, 知识产权使用费, 通信、计算机和信息服务, 个人、文化和娱乐服务、其他商务服务业等服务贸易。

❷ 知识产权密集型服务指知识产权使用费, 通信、计算机和信息服务, 个人、文化和娱乐服务等服务贸易。本研究中采用这一界定范围进行分析, 而不采用包含其他商业服务的知识产权密集型服务。

中，通信、计算机和信息服务出口表现最为明显，2011—2016 年的增速分别为 16%、6.37%、8.08%、11.88%、−4.38% 和 4.52%。

表 5-2　全球知识产权密集型服务出口增长情况　　　　（%）

| 项目 \ 年份 | 服务总出口 | 知识密集型 | 知识产权密集型 | 知识产权密集型（含其他商业服务） |
|---|---|---|---|---|
| 2006 | 12.87 | 16.17 | 12.73 | 14.09 |
| 2007 | 19.74 | 21.03 | 18.75 | 19.47 |
| 2008 | 12.47 | 10.51 | 13.47 | 12.86 |
| 2009 | −10.82 | −6.71 | −3.95 | −6.10 |
| 2010 | 9.26 | 6.72 | 5.52 | 7.14 |
| 2011 | 12.50 | 14.51 | 15.46 | 15.05 |
| 2012 | 2.85 | 3.19 | 4.48 | 3.97 |
| 2013 | 6.56 | 7.97 | 7.22 | 7.47 |
| 2014 | 7.06 | 9.30 | 9.30 | 9.56 |
| 2015 | −5.68 | −4.44 | −3.49 | −3.97 |
| 2016 | 0.38 | 1.62 | 3.16 | 2.87 |

数据来源：WTO 统计数据库。

全球服务贸易体现出越来越明显的知识经济特征（见表 5-3），2000 年知识密集型服务贸易占全球服务贸易的比例不足 40%，2014 年起这一比例开始超过 50%，2016 年知识密集型服务出口接近全球服务出口的 52%。

自 2000 年以来，知识产权密集型服务出口持续增长，知识产权密集型服务出口占比由 2000 年的 10% 增至 2016 年的 17.73%。尤其是国际金融危机发生后，知识产权密集型服务出口占比增长更为明显，2008—2016 年间，知识产权密集型服务出口占全球服务出口的比例增长了 2.59 个百分点。随着知识产权密集型服务贸易的增长，知识产权密集型服务出口占比将进一步提高。

表 5-3　全球服务贸易的知识经济特征　　　　（%）

| 年份 | 知识密集型服务出口占比 | 知识产权密集型服务出口占比 | 知识产权密集型（含其他商业服务）服务出口占比 |
|---|---|---|---|
| 2000 | 39.68 | 10.02 | 31.44 |
| 2005 | 45.73 | 15.15 | 34.79 |
| 2006 | 47.07 | 15.13 | 35.17 |
| 2007 | 47.57 | 15.00 | 35.09 |
| 2008 | 46.74 | 15.14 | 35.21 |
| 2009 | 48.90 | 16.30 | 37.07 |
| 2010 | 47.76 | 15.74 | 36.35 |
| 2011 | 48.61 | 16.16 | 37.17 |
| 2012 | 48.77 | 16.41 | 37.58 |
| 2013 | 49.42 | 16.52 | 37.90 |
| 2014 | 50.45 | 16.86 | 38.79 |
| 2015 | 51.11 | 17.25 | 39.49 |
| 2016 | 51.74 | 17.73 | 40.47 |

数据来源：WTO 统计数据库。

（二）我国知识产权密集型服务贸易发展较快，但占比较低

国际金融危机以来，尽管我国知识密集型服务贸易保持了 13%左右的年均增长，但和其他服务贸易相比，增长仍然较慢。知识密集型服务贸易占比由 2006 年的 31.4%下降到 2016 年的 28.9%，知识密集型服务贸易占我国服务贸易的比例整体呈下降趋势（见表 5-4）。

我国知识产权密集型服务贸易自 2000 年以来一直保持较快增长，在国际金融危机发生前，多数年份增长达 30%以上；国际金融危机发生后，除 2009 年微降 0.2%外，其他年份均保持了较快的增长，知识产权密集型服务贸易占我国服务贸易的比例不断提高，由 2006 年的 6.9%上升到 2016 年的 10.1%。

表 5-4　中国服务贸易中的知识经济特征

（单位：亿美元,%）

| 年份 | 知识密集型 | | | 知识产权密集型 | | | 知识产权密集型（含其他商业服务） | | |
|------|------|------|------|------|------|------|------|------|------|
| | 进出口占比 | 进出口增长 | 差额 | 进出口占比 | 进出口增长 | 差额 | 进出口占比 | 进出口增长 | 差额 |
| 2006 | 31.4 | 24.7 | -182.6 | 6.9 | 28.9 | -52.2 | 26.0 | 23.7 | -92.4 |
| 2007 | 32.9 | 36.8 | -212.5 | 7.0 | 34.0 | -54.6 | 28.0 | 40.5 | -111.7 |
| 2008 | 32.1 | 15.6 | -328.6 | 8.0 | 35.1 | -64.4 | 27.1 | 14.6 | -212.4 |
| 2009 | 28.6 | -20.8 | -215.9 | 9.0 | -0.2 | -75.5 | 23.4 | -23.3 | -116.0 |
| 2010 | 13.3 | -35.6 | -201.7 | 7.8 | 20.5 | -60.8 | 7.8 | -53.6 | -60.8 |
| 2011 | 36.9 | 235.4 | -148.2 | 7.8 | 20.6 | -53.7 | 31.4 | 385.4 | 17.9 |
| 2012 | 33.8 | -1.5 | -150.3 | 8.6 | 18.1 | -63.9 | 28.0 | -4.2 | 22.8 |
| 2013 | 34.6 | 14.0 | -200.0 | 8.9 | 15.4 | -113.1 | 28.4 | 13.0 | -14.0 |
| 2014 | 31.0 | 8.8 | -33.3 | 8.5 | 16.1 | -132.1 | 25.4 | 8.4 | 149.6 |
| 2015 | 27.5 | -11.3 | 57.7 | 9.5 | 11.8 | -89.5 | 24.6 | -3.1 | 99.0 |
| 2016 | 28.9 | 6.2 | -45.2 | 10.1 | 7.2 | -115.5 | 25.5 | 4.8 | 31.7 |

数据来源：WTO统计数据库（2010年其他商业服务的数据缺失）。

### （三）我国知识产权密集型服务贸易行业差别明显

我国知识产权密集型服务贸易在快速发展的同时，不同行业表现差别明显（见表5-5）。通信、计算机和信息服务一直保持较快发展，且基本处于顺差，占我国知识产权密集型服务贸易的比例呈现上升趋势。国际金融危机发生后，我国通信、计算机和信息服务逆势快速发展，顺差由2008年的30多亿美元扩大为2016年的120亿美元以上。

知识产权使用费则持续处于逆差状态，逆差规模不断扩大。与国际金融危机发生前相比，2016年知识产权使用费逆差规模已扩张了一倍多。与此同时，知识产权使用费占我国知识产权密集型服务的比例由 2005 年的 53.11% 不断下降，目前已降至 37.97% 以下。

个人、文化和娱乐服务贸易在国际金融危机发生前，发展较快，并实现 1 亿多美元的顺差。国际金融危机发生后，我国文化和娱乐等服务贸易一度陷入低速增长，占比下降至 2% 以下。党的十八大以来，我国大力实施文化"走出去"战略，带动个人、文化和娱乐服务贸易快速发展，虽然逆差规模有所扩大，但占比不断上升，到 2016 年已经达到了 4.36%。

表 5-5　中国知识产权密集型服务贸易发展情况

（单位：亿美元，%）

| 年份 | 通信、计算机和信息服务 | | 知识产权费 | | 个人、文化和娱乐 | |
| --- | --- | --- | --- | --- | --- | --- |
| | 占比 | 差额 | 占比 | 差额 | 占比 | 差额 |
| 2005 | 44.10 | 1.02 | 53.11 | −51.64 | 2.79 | −0.20 |
| 2006 | 46.62 | 11.93 | 51.43 | −64.30 | 1.95 | 0.16 |
| 2007 | 49.45 | 22.30 | 47.91 | −78.49 | 2.64 | 1.63 |
| 2008 | 51.94 | 31.47 | 45.26 | −97.49 | 2.80 | 1.63 |
| 2009 | 50.59 | 32.68 | 47.85 | −106.36 | 1.56 | −1.81 |
| 2010 | 50.37 | 63.74 | 47.92 | −122.09 | 1.71 | −2.48 |
| 2011 | 54.26 | 88.74 | 44.25 | −139.63 | 1.50 | −2.77 |
| 2012 | 52.73 | 107.57 | 45.59 | −167.05 | 1.67 | −4.39 |
| 2013 | 51.97 | 94.74 | 46.08 | −201.46 | 1.95 | −6.36 |
| 2014 | 55.96 | 94.23 | 42.15 | −219.34 | 1.90 | −6.98 |
| 2015 | 58.31 | 131.72 | 37.43 | −209.52 | 4.26 | −11.69 |
| 2016 | 57.67 | 126.56 | 37.97 | −228.05 | 4.36 | −13.99 |

数据来源：WTO 统计数据库。

## 二、我国知识产权贸易法规体系

### （一）积极加入知识产权相关的国际条约与公约

目前，我国已加入了主要的与知识产权相关的国际条约、公约与协议（见表5-6），包括《建立世界知识产权组织公约》《保护工业产权巴黎公约》《关于集成电路知识产权保护条约》《商标国际注册马德里协定》及其有关议定书和《与贸易有关的知识产权协议》《保护文学和艺术作品伯尔尼公约》《世界版权公约》《保护录音制品制作者防止未经许可复制其录音制品公约》《专利合作条约》《国际承认用于专利程序的微生物保存布达佩斯条约》《建立工业品外观设计国际分类洛迦诺协定》《国际专利分类斯特拉斯堡协定》《国际植物新品种保护公约》《世界知识产权组织版权条约》《世界知识产权组织表演和录音制品条约》。其中，《与贸易有关的知识产权保护协议》（TRIPS）每两年审议一次，是各国最为普遍遵循的国际知识产权规则，也是检验各国知识产权保护水平的权威评价。我国积极遵守知识产权保护国际规则，促进服务贸易领域自主知识产权的培育，为构建我国服务贸易的特色和优势奠定了基础。

表5-6　我国加入的知识产权相关的国际条约

| 序号 | 名　　称 | 加入时间 |
|------|----------|----------|
| 1 | 建立世界知识产权组织公约 | 1980 |
| 2 | 保护工业产权巴黎公约 | 1985 |
| 3 | 关于集成电路知识产权保护条约 | 1989 |
| 4 | 商标国际注册马德里协定 | 1989 |
| 5 | 关于商标国际注册马德里协定的议定书 | 1989 |
| 6 | 保护文学和艺术作品伯尔尼公约 | 1992 |
| 7 | 世界版权公约 | 1992 |

续表

| 序号 | 名　称 | 加入时间 |
|------|--------|----------|
| 8 | 保护录音制品制作者防止未经许可复制其录音制品公约 | 1993 |
| 9 | 专利合作条约 | 1993 |
| 10 | 国际承认用于专利程序的微生物保存布达佩斯条约 | 1995 |
| 11 | 建立工业品外观设计国际分类洛迦诺协定 | 1996 |
| 12 | 国际专利分类斯特拉斯堡协定 | 1997 |
| 13 | 国际植物新品种保护公约（1978 年文本） | 1999 |
| 14 | 与贸易有关的知识产权协议 | 2001 |
| 15 | 世界知识产权组织版权条约 | 2007 |
| 16 | 世界知识产权组织表演和录音制品条约 | 2007 |

### （二）建立健全知识产权法律法规体系

加入世界贸易组织（WTO）以来，为顺应 WTO 对知识产权保护的新规则，我国修订完善了有关知识产权保护的法律法规，已建立起比较健全的知识产权法律体系，知识产权保护水平不断提高。服务贸易所涉及的知识产权法律规则主要体现在著作权、商业秘密、专利权、商标权、知识产权的归属和知识产权的国民待遇等，在我国的《著作权法》《计算机软件保护条例》《集成电路布图设计保护条例》《合同法》《专利法》《商标法》等法律法规中都有相关条文，这些法律条文构成了我国服务贸易知识产权保护的国内法律基础（见表 5-7）。

表 5-7　我国与知识产权相关的法律法规

| 序号 | 法律法规 | 备　注 |
|------|----------|--------|
| 1 | 刑法 | 1979 年颁布，并多次修订。1997 年修订后，列有专章，对严重侵犯商标权、版权、商业秘密及假冒他人专利者进行刑事制裁 |

| 序号 | 法律法规 | 备　注 |
|---|---|---|
| 2 | 民法通则 | 1986 年颁布，明文规定对知识产权保护 |
| 3 | 著作权法 | 1990 年颁布，并经过两次修订 |
| 4 | 商标法 | 1992 年颁布，并多次修订 |
| 5 | 专利法 | 1992 年颁布，并多次修订 |
| 6 | 消费者权益保护法 | 1993 年颁布 |
| 7 | 反不正当竞争法 | 1993 年颁布，明文规定保护商业秘密 |
| 8 | 对外贸易法 | 1994 年颁布，并经过一次修订。2004 年修订后，列有与对外贸易有关的知识产权保护专章 |
| 9 | 植物新品种保护条例 | 1997 年颁布，并经过一次修订 |
| 10 | 计算机软件保护条例 | 2001 年颁布，并经过两次修改 |
| 11 | 集成电路布图设计保护条例 | 2001 年颁布 |
| 12 | 专利法实施细则 | 2001 年颁布，并经过两次修改 |
| 13 | 著作权法实施条例 | 2002 年颁布，并经过两次修改 |
| 14 | 知识产权海关保护条例 | 2003 年颁布 |
| 15 | 著作权集体管理条例 | 2004 年颁布 |
| 16 | 信息网络传播权保护条例 | 2006 年颁布，并经过一次修改 |

资料来源：作者根据相关文献整理。

## 三、我国知识产权服务贸易面临的主要问题

### （一）知识产权密集型服务贸易发展水平低

作为发展中国家，我国工业化几近完成，正在向服务经济转变。2016 年，我国服务业增加值相对上年增长 7.8%，服务业国内生产

总值占国民经济比例达到 51.6%，远超第二产业，但这和发达经济体服务业占比差距仍然较大，与全球服务业平均占比的差距也较为明显。我国服务业发展水平较低，客观上决定了我国服务贸易发展水平也较低。从总体上来看，我国服务贸易仍以传统的运输、旅游等为主，知识密集型和知识产权密集型服务贸易占比偏低，国际竞争力不强。

和全球相比，我国知识密集型服务贸易和知识产权密集型服务贸易占比均偏低，2016 年占比分别为 28.9% 和 10.1%，尚未达到 2000 年全球知识密集型和知识产权密集型服务贸易水平。从贸易平衡来看，我国知识密集型服务贸易仅 2015 年实现 57.7 亿美元顺差，我国知识产权密集型服务贸易则长期处于逆差状态，并且逆差规模不断提高，由 2006 年的 52.2 亿美元上升到 2016 年的 115.5 亿美元。

(二) 服务业领域知识产权保护力度有待加强

尽管我国已经建立了较为完备的知识产权保护法律体系，但这些法律法规中比较侧重于对商品的知识产权保护，对服务中所蕴含的知识产权保护力度有待加强。这一方面需加强服务业领域的立法工作，为规范服务业和服务贸易的发展提供法律基础；另一方面也需加强知识产权执法，维护服务业和服务贸易市场主体的利益。但从司法实践来看，由于服务领域知识产权的无形性、高附加值等特点，对其侵权认定和执行较为困难，受害企业维权成本过高。

(三) 与知识产权有关的服务贸易促进政策有待加强

我国知识密集型和知识产权密集型服务贸易发展水平和全球相比差距明显，从根本上讲，这是由我国经济发展阶段和水平决定的。同时，长期以来，我国较为重视货物贸易发展，对服务贸易的认知不足和促进政策的欠缺也制约了服务贸易的发展。

我国现行的服务贸易促进政策多是因应具体业务发展需要，由个别部门或相关部门联合制定出台的，难以形成规范、系统、协调、可操作性强的政策体系。总体来看，我国在软件和信息技术服务、服务外包等服务贸易领域制定了比较系统的知识产权保护与促进政策，推动这些领域服务贸易快速发展（见表5-8）。但从服务贸易整体发展来看，与知识产权有关的服务贸易促进政策体系还未建立起来，成为制约我国服务贸易发展的重要因素。

表5-8　我国与知识产权相关的服务贸易政策

| 序号 | 政　策 | 颁布时间 | 备　注 |
|---|---|---|---|
| 1 | 鼓励软件产业和集成电路产业发展的若干政策 | 2000年 | 第十章：知识产权保护 |
| 2 | 商务部关于实施服务外包"千百十工程"的通知 | 2006年 | 第七条：完善服务外包知识产权保护体系 |
| 3 | 国务院办公厅关于促进服务外包产业发展问题的复函 | 2009年 | 中央财政对服务外包示范城市知识产权保护等给予必要的资金支持 |
| 4 | 商务部关于做好2009年服务贸易工作的指导意见 | 2009年 | 第十条：积极承接国际服务外包。商务部组织各地落实国务院办公厅关于促进服务外包产业发展的鼓励政策，落实财政、金融、人才培训、企业获取国际资质认证、国际市场开拓、公共信息技术服务平台建设、知识产权保护等方面的扶持措施。各地要支持服务外包示范城市发展，加速培育服务外包企业 |

| 序号 | 政　策 | 颁布时间 | 备　注 |
|---|---|---|---|
| 5 | 商务部等十部门关于进一步推进国家文化出口重点企业和项目目录相关工作的指导意见 | 2010 年 | 鼓励文化企业开发具有自主知识产权的原创性产品；加大对与文化出口相关的共性技术研发的扶持，积极开发拥有自主知识产权的关键技术和核心技术，加强对国外先进技术的引进、消化、吸收和再创；积极探索知识产权等无形资产质押担保方式，增强文化企业的融资能力；鼓励企业增加研发投入，积极开发具有自主知识产权的关键技术和核心技术 |
| 6 | 进一步鼓励软件产业和集成电路产业发展的若干政策 | 2011 年 | 第六部分：知识产权政策 |
| 7 | 服务贸易发展"十二五"规划纲要 | 2012 年 | 提出培育一批拥有自主知识产权和知名品牌的重点企业，打造"中国服务"。第二十一条：加强知识产权能力建设 |
| 8 | 关于进一步促进服务外包产业发展的复函 | 2013 年 | 支持示范城市建立服务外包信息安全及知识产权保护体系 |
| 9 | 《国务院关于加快发展服务贸易的若干意见》（国发〔2015〕8 号） | 2015 年 | 支持知识产权境外登记注册，加强知识产权海外布局，加大海外维权力度，维护企业权益 |
| 10 | 服务贸易发展"十三五"规划纲要 | 2017 年 | 积极支持和引导各方科技力量通过引进技术、创新促进实现国际竞争力提升，重点扶持专利和专有技术对外许可、技术资讯和服务，推动有条件的企业走出去，把先进和成熟的实用技术推向国际市场 |

资料来源：作者根据相关文献整理。

## 四、软件和信息技术领域的知识产权问题

软件业是典型的知识产权密集型产业。软件出口，尤其是软件产品出口，具有知识产权含量高和附加值高的重要特征。大力促进软件出口发展，有利于推动知识产权强国战略目标的实现。当前，通信、计算机和信息服务是我国服务贸易中较具优势的领域，而软件业是信息产业的核心和灵魂。重点研究软件贸易领域的知识产权问题，对深入剖析我国知识产权服务贸易发展的基本特征具有重要意义。

### （一）软件出口中的知识产权

根据商务部软件出口统计口径，软件出口由软件产品出口和信息技术外包（ITO）两类构成❶。其中，软件产品包括系统软件、支撑软件和应用软件；信息技术外包包括软件研发及开发服务、软件技术服务、集成电路设计、提供电子商务平台、测试平台、信息系统运营和维护服务、基础信息技术服务等。因此，软件出口中涉及的知识产权类别也有所区别。

（1）著作权。《计算机软件保护条例》第五条规定，计算机软件，也即软件出口中的软件产品，其知识产权归属于著作权。

信息技术外包中，软件研发及开发服务、软件技术服务、提供电子商务平台、提供测试平台、信息系统运营和维护服务、基础信息技术服务中以软件研发及服务为基础所涉及的知识产权也归属于著作权。

（2）集成电路布图设计权。根据我国《集成电路布图设计保护条例》，集成电路布图设计权是一项独立的知识产权，是权利持有人对

---

❶ 根据《软件出口管理和统计办法》（外经贸技发〔2001〕604号）和《关于发展软件及相关信息服务出口的指导意见》（商服贸发〔2006〕520号）文件，商务部负责我国软件出口贸易的统计，制定软件出口的统计指标体系、统计方法等。软件贸易统计口径不含嵌入式系统软件。

其布图设计进行复制和商业利用的专有权利。

（3）专利权及其他。在软件业及信息技术外包中，也会形成一定数量的专利、商标等其他知识产权，并以此为基础开展贸易。

### （二）我国核心知识产权软件出口能力有待培育

在软件和信息技术服务业领域，2000年以来，我国陆续出台了一系列促进产业和软件贸易发展的政策举措，我国软件和信息技术服务业持续快速发展，已经成为位居全球第二的软件和信息技术服务业国家。软件和信息技术服务贸易也成为我国服务贸易发展中的亮点，不仅发展速度快，顺差规模也不断扩大。在服务外包领域，自2006年商务部"千百十工程"实施以来，我国服务外包产业迅速发展壮大，已经成为位居全球第二的服务外包承接国。尽管如此，我国在这些领域还仍然处在规模扩张阶段，在全球产业链中仍处在中低端业务领域，发展的质量和国际竞争力仍有很大的提升空间。

据商务部统计，2016年我国软件出口执行金额为342.3亿美元，同比增长2.51%。2016年软件研发外包、信息技术服务外包、运营和维护三项出口执行金额分别为228亿美元、59亿美元和42.5亿美元，占信息技术外包总额的比例分别为69.01%、17.87%和12.85%，逐步呈现出以软件外包为主，集成电路、电子商务平台等多元化出口方式的特点。

从软件出口的业务结构来看，信息技术外包占据主体地位。而信息技术外包当前还主要是国际发包机构将其非核心业务剥离出来，向外部发包，属于应用性的信息技术服务。从我国软件产品出口结构来看，仍以应用软件为主。而标志一国软件产业发展水平的系统软件和支撑软件占比较低，也反映了我国核心知识产权软件出口能力有待提高。

根据我国服务外包产业发展现阶段特征，信息技术外包业务中产生的知识产权往往由国际发包机构拥有所有权，而我国软件产品出口占比较低，因此我国自有知识产权软件出口占比偏低。据统计，2012年我国自有知识产权软件出口占比仅约为24%，其中，自有知识产权软件产品出口占比仅约为2.8%。而自有知识产权软件产品出口往往标志着一国或地区软件产业国际竞争力的高低。

## 第三节　完善与知识产权有关的服务贸易政策

改革开放以来，我国紧紧抓住经济全球化机遇，充分发挥比较优势，积极发展加工制造业，并形成了以加工贸易为核心的贸易促进政策体系，带动了我国制造业和货物贸易的持续快速发展，使我国发展成为全球经济贸易大国。然而，随着信息技术等新科技革命的迅猛发展，服务全球化成为经济全球化的新特征、新趋势。特别是国际金融危机发生后，我国以加工制造为基础的对外贸易促进政策体系亟待改进，在适应服务贸易快速发展的同时，应着力提升我国在服务全球化过程中的竞争地位。

### 一、加强服务贸易领域知识产权规章制度建设

加快研究出台《服务贸易促进条例》，为服务贸易的管理和促进工作提供法制保障（见表5-9）。在《服务贸易促进条例》的基础上，制定并完善与知识产权有关的服务贸易发展的财税、金融扶持政策，积极研究制定服务业及服务贸易领域相关的行业标准和技术标准，加强服务贸易专项发展基金对知识产权能力建设的引导带动效应，构建和提升服务贸易的核心竞争力，为服务贸易的可持续发展奠定必要的法律法规和国际竞争基础。

表 5-9　我国"十三五"知识产权保护和运用主要指标

| 指　　标 | 2015 年 | 2020 年 | 属性 |
|---|---|---|---|
| 每万人口发明专利拥有量/件 | 6.3 | 12 | 预期性 |
| PCT 专利申请量/万件 | 3 | 6 | 预期性 |
| 植物新品种申请总量/万件 | 1.7 | 2.5 | 预期性 |
| 全国作品登记数量/万件 | 135 | 220 | 预期性 |
| 年度知识产权质押融资金额/亿元 | 750 | 1800 | 预期性 |
| 计算机软件著作权登记数量/万件 | 29 | 44 | 预期性 |
| 规模以上制造业每亿元主营业务收入有效发明专利数/件 | 0.56 | 0.7 | 预期性 |
| 知识产权使用费出口额/亿美元 | 44.4 | 100 | 预期性 |
| 知识产权服务业营业收入年均增长（%） | 20 | 20 | 预期性 |

资料来源：《"十三五"国家知识产权保护和运用规划》。

## 二、加强服务贸易企业知识产权能力建设

不断完善服务贸易企业知识产权管理制度，加强服务贸易政策、服务产业政策与知识产权政策的衔接，强化知识产权在服务贸易发展中的导向作用，引导服务贸易出口企业提升知识产权创造、运用、保护和管理能力。鼓励企业有效运用知识产权，加强与欧美等发达国家的企业合作，积极参与国际技术标准研究与制定。加强知识产权管理与执法，防止知识产权滥用。加强宣传教育，形成重视知识产权保护的文化氛围。当前，在部分服务外包示范城市已经形成了知识产权保护和信息安全的法规及管理体系，在不少服务外包企业形成了符合国际规范的知识产权和信息安全机制，在此基础上可加强经验总结及研究，制定服务外包知识产权保护和信息安全法规体系，并出台相关实施细则。在示范城市试行实践的基础上，研究制定服务贸易知识产权保护及信息安全法规体系及实施细则，实质性提高服务贸易领域知识

产权保护、创造、运用和管理。

✍ 专栏

　　天津南开创元在国际化战略发展中，不断积累专业技术能力和提升流程管理水平，积极谋划研发具有自主知识产权的国产数据库产品，取得重要进展。深圳万兴致力于为全球用户提供桌面应用软件、移动应用软件、智能客厅终端及家庭云端服务等产品及服务，先后在杭州、东京设立产品与研发中心，在北京、旧金山设立品牌与市场营运中心，已研发生产了170多款支持多种语言的消费类软件产品，拥有来自全球160多个国家和地区数以百万计的付费用户，近年来年均业务增长率超过50%。

## 三、尽快建立健全知识产权密集型服务贸易统计制度

　　针对服务行业知识经济的特点，借鉴欧美等发达国家对知识产权密集型服务业、服务贸易分类标准及方法，尽快建立健全服务贸易，特别是知识产权密集型服务贸易统计指标体系，建立科学、统一、全面、协调的统计调查制度和信息管理制度，不断提高服务贸易统计数据的科学性和准确性。完善知识产权密集型等服务贸易统计数据库，建设公共信息服务平台。当前，针对部分有一定基础的知识产权密集型服务贸易行业或领域（如软件及信息技术服务外包），尽快建立统一、系统的统计指标体系、统计办法和定期发布制度，为行业研究、政府决策等提供基础数据支撑。

## 四、加强知识产权密集型服务贸易载体建设

　　在现有知识产权示范城市、软件出口（创新）基地、服务外包示范园区、文化产业出口基地、金融综合改革试验区、知识产权交易平台等促进现代高端服务业发展载体建设的基础上，积极探索创

新现代高端服务业知识产权能力建设的体制机制，发挥各类载体的引领带动作用。加强现代高端服务业知识产权，特别是核心知识产权能力建设，形成以核心知识产权创造、以现代高端服务业载体为基础的服务业知识产权高地，辐射带动周边地区相关产业转型升级和可持续发展，进而构建知识密集型和知识产权密集型服务业集聚发展区，提高服务贸易综合竞争力。依托知识产权密集型服务贸易载体，积极实施"走出去"战略，针对欧美等发达国家及新兴经济体，分别制定服务业走出去的重点领域及阶段性行动计划，构建多元化、特色化的"中国服务"。

### 五、完善知识产权密集型服务业投融资环境

落实国家鼓励软件和信息技术服务等知识产权密集型产业发展的投融资政策，推动各类产业投资机构和担保机构加大对企业的支持力度，通过出口补助、贷款贴息等方式支持知识产权密集型服务出口和境外并购。鼓励地方设立支持知识产权密集型服务企业发展的风险投资基金和股权投资基金，建立投资风险补偿机制，引导社会资金、特别是国内风险投资基金投资知识产权密集型服务企业。积极支持知识产权密集型服务企业进入境内外资本市场融资，努力为企业境内外重组并购创造更加宽松的金融、外汇政策环境。鼓励金融创新，探索开展知识产权密集型服务企业知识产权质押等试点，提高金融机构对知识产权密集型服务企业的服务能力和水平。

### 六、发挥政府采购的示范带动作用

在全球经济和社会信息化深入发展的背景下，我国软件和信息技术服务业等知识产权密集型服务业在国际竞争中仍处于相对劣势；从发展阶段来看，正处在规模扩张阶段，大而不强成为产业发展的基本

特征。政府采购可成为我国软件和信息技术服务业等现代高端服务业打破外国垄断的重要途径。

根据《中华人民共和国政府采购法》相关条款，政府采购应当采购本国货物、工程和服务。积极制定具体的、有可操作性的政府采购专业服务的相关实施办法及细则，如制定《政府采购专业服务供应商推荐目录》，充分发挥政府采购的示范带动作用。鼓励政府部门通过购买服务的方式将电子政务建设和数据处理工作中的一般性业务发包给专业服务企业，积极引导运输、旅游等传统服务贸易企业将信息技术研发应用业务等外包给专业服务供应商，加强知识产权密集型服务贸易企业和传统服务贸易企业的协作，实现互补共赢发展。

## 七、加快高层次人才引进和培养

强化财税、金融、科研、创业、管理和公共服务等综合支持手段，建立和完善期权、股权、技术入股、业绩等分配制度和激励机制，建立高层次人才的创业与创新支持体系、人才评价体系、管理与服务保障体系，不断提升服务贸易领域知识产权创造能力。加快软件和信息技术服务业、文化产业等知识密集型，特别是知识产权密集型产业海外高层次人才的引进，鼓励海外留学人员特别是海外高端人才回国就业、创业。制订领军人才梯队培养计划，开展领军人才滚动培养。

## 八、加强知识产权保护和信息安全

知识产权保护和信息安全对知识密集型，特别是知识产权密集型产业的发展至关重要。例如在软件和服务外包领域，由于欧美等主要发包商对我国知识产权保护和信息安全保障存在质疑，严重影响了我国企业承接国际服务外包业务的质量。同时，知识产权保护和信息安全建设的滞后，也影响了我国在岸专业服务市场潜力的释放，严重阻碍了我国专业化服务市场的拓展，也制约了我国服务经济的发展速度。加强知识产权保护和信息安全，要按照行业标准和要求，建立并不断完善相关设施条件，在知识产权保护和信息安全方面加大法律法规体系建设，并加强执法，培育良好的信用环境和市场秩序。此外，还应加强宣传力度，形成重视知识产权保护和信息安全的社会氛围，及时展示我国在知识产权保护和信息安全方面取得的重要进展，树立知识产权保护和信息安全的良好形象。

# 第六章　知识产权国际规则与政策

## 第一节　国际知识产权规则发展新趋势与新特点

知识产权制度是西方工业文明和市场经济的产物，自 1883 年《巴黎公约》签署以来，国际知识产权规则和格局处在不断演进与变化中。

### 一、知识产权国际规则构建进入 TRIPS-plus 时代

在西方知识产权制度发展的过程中，1970 年世界知识产权组织（WIPO）的成立，和 1994 年《与贸易有关的知识产权协定》（TRIPS）的签署都具有里程碑意义。其中 TRIPS 成为国际知识产权制度 111 年来的一次重大升级，TRIPS 建立了知识产权与国际贸易融为一体的新机制，将知识产权保护与贸易挂钩，设定了成员国必须接受的知识产权保护最低标准，并以 WTO 争端解决机制（DBS）作为后盾确保施行。通过这种方式，改变了以往知识产权国际条约缺乏执行机制的局面。TRIPS 与 WIPO 管理的国际条约一起，构成了现行国际知识产权格局的基本框架。

TRIPS 自谈判之日起，一直贯穿着发达国家和发展中国家两大阵营的利益纷争，协议的最终签署也是基于双方用知识产权保护交换农业和纺织品市场达成的妥协。近年来，TRIPS 的实施逐步陷入困境。

一方面，随着中国、印度、巴西等新兴市场国家的崛起，国际经济和贸易格局发生了深刻变化。发展中国家对实施 TRIPS 开始进行反思，要求改变国际知识产权格局利益不均衡的呼声日益高涨。另一方面，发达国家感到 TRIPS 对新技术发展的关注不够，同时对 TRIPS 执行机制不力感到失望，认为 TRIPS 在执行方面缺乏实效性。在此背景下，美国等知识产权强国开始发起新一轮双边、多边和区域协议谈判的高潮，推动国际知识产权规则向 TRIPS-plus 方向演变。

与已有的国际知识产权规则相比，新一轮的国际知识产权规则变革进程加快，保护范围有所扩大，保护期限更长，对于侵权处罚也更为严格。其中，影响较大的是 2008 年启动的《反假冒贸易协定》（ACTA）。ACTA 总共经历了 11 轮谈判，于 2010 年 10 月在日本东京结束，并于 2011 年 5 月 1 日起开放签署。ACTA 具有以下主要特点：发达国家的主导性、协定属性的诸边性（Plurilateral）、执法体系的强化性等。ACTA 弱化了现有的知识产权多边保护体系，把关注重点从实体权利完全转移到执法实践，呈现出诸多 TRIPS-plus 的特点。

在区域协定方面，美国等发达国家对外签署的自由贸易协定（FTA）也逐渐增加了若干 TRIPS-plus 条款，如缔约方放弃 TRIPS 中的灵活性规定，禁止使用强制许可，禁止平行进口等条款。同时，无论是美国前期主导并推动的"跨太平洋伙伴关系协定"（TPP）和美欧"跨大西洋贸易与投资伙伴关系协定"（TTIP），还是日本—欧盟"经济伙伴关系协定"（EPA），也均将知识产权议题列为重要内容，并制定了诸多超越 TRIPS 标准的知识产权国际规则。

发展中国家一直以来都认为 TRIPS 对其利益关注不够，随着发展中国家知识产权意识的觉醒，对 TRIPS 的争论开始从贸易转向范围更为广泛的公共健康、农业、公平、可持续发展和人权等议题。2004年，在巴西、印度、阿根廷等国的提议下，世界知识产权组织启动了"发展议程"。巴西、印度、南非、马来西亚等国签发了强制许可令，许可生产抗艾滋病专利药品。

## 二、国际知识产权规则的相关利益方关系更为复杂

发达国家/地区、新兴经济体、跨国公司、非政府组织等是知识产权规则与格局变动的主要推动者。目前发达国家仍然是推动国际知识产权规则变革的主导者，并通过政治、经济与外交手段不断强化其主导权。发达国家在处理对外知识产权事务时，更多地将知识产权外交与政治、经济外交相结合，采取经济利益的交换和政治上的施压等方式，推动国际知识产权规则朝着有利自身利益的方向发展。一方面，发达国家利用其在知识产权领域掌握的明显优势和垄断地位，通过实施更为严格的知识产权保护制度，执行有利于他们的技术标准，阻挠先进技术的扩散，并且对高新科技产品采取高昂的价格，实行国际的不平等交换，从发展中国家掠夺更多的财富，扩大发展中国家与其的经济差距。另一方面，发达国家通过相互妥协、摒弃分歧等政治外交手段，形成"强强联合"的优势；通过双边、多边谈判等方式实现其单边主义，在知识产权问题上威胁、制裁部分发展中国家；通过分化发展中国家间的利益关系，阻止发展中国家形成利益集团。

随着全球化进程的深入发展，包括新兴经济体在内的发展中国家开始在世界经济中扮演越来越重要的角色，在国际机构中的投票权和话语权也不断增强。近年来，发展中国家在传统知识与遗传资源保护、公共健康问题、知识产权保护与人权冲突等方面已取得了一定的进展，特别是《生物多样性公约》与《保护和促进文化表现形式多样性公约》的缔结，更被认为是发展中国家参与国际知识产权保护标准制定的重要成果。发展中国家通过推动知识产权国际保护与保护生物多样性、植物基因资源、公共健康和人权等议题相平衡，从而促进了知识产权国际规则向更为均衡的后 TRIPS 时代发展。

科学技术与经济全球化的迅速发展，使得跨国公司越来越成为国际知识产权规则变革的重要推动者。跨国公司借助政治或经济手段，

通过制度化的渠道，向本国的立法和行政主管部门表述在知识产权方面的诉求，推动自己的利益诉求上升为国家行为，从而影响国际知识产权制度的发展。跨国公司还通过与国外同行建立跨国联盟，影响知识产权多边规则的制定，使知识产权制度全球化发展符合自身利益。例如，跨国公司会敦促母国政府向东道国政府施压，要求接受并执行更严格的知识产权保护，推动母国政府出台海外知识产权保护政策等。

与此同时，非政府组织也在国际知识产权规则变革中发挥着越来越不可忽视的作用。在各国政府做出发展决策、签署与实施国际条约的过程中，非政府组织或多或少都以不同方式施加影响，如通过游说等方式表达利益诉求，或充当政府智囊团，为政府制定知识产权策略提供决策参考。

### 三、国际知识产权保护的客体更趋泛化，保护力度有所强化

在国际知识产权规则变革进程加快的同时，也呈现出知识产权保护范围扩大、保护期限延长的趋势。如专利保护的范围迅速扩大，软件、遗传基因、商业方法等先后被纳入一些发达国家知识产权保护范围。一些新兴领域，如网络域名、作品形象、数据库、汇编作品、实验数据、卫星广播、网络传输、技术措施等，也纷纷对知识产权保护提出需求。发展中国家对自己拥有的优势资源，如民间文艺、传统知识、遗传资源等开始提出知识产权保护的诉求。在这种背景下，更多由智慧创造的无形物的财产性利益，都被纳入到了知识产权保护的客体范围内。

在发达国家的推动下，全球知识产权保护力度也趋于强化，最突出的表现就是司法和行政执法保护的方式越来越多。《反假冒贸易协定》、"跨太平洋伙伴关系协定"（TPP）以及各国签署的FTA中包含了不少进一步强化知识产权保护的条款，美国、欧盟、日本等发达国家或地区纷纷加大了知识产权执法力度。国际刑警组织、海关组织等国际组织也纷纷强化了知识产权执法的内容。同时，国际知识产权体

系一体化进程有加速的迹象，专利审查国际合作日益密切，"专利审查高速公路"（PPH）计划推进顺利。随着 IP5（五大专利局）、TM5（五大商标局）、PCT（专利合作协定）、PPH（专利审查高速公路）等合作项目的发展，几个主要的知识产权审查机构在业务规则、审查标准、检索工具等方面都出现趋同化。

## 第二节　与知识产权相关的多边、 双边或区域协定条款

### 一、《反假冒贸易协定》关于知识产权的规则

《反假冒贸易协定》（ACTA）是由美国、日本和欧盟主导订立的一项新的知识产权国际保护协定，保护水平较之现行的 TRIPS 有明显提升，其目标在于进一步强化知识产权执法，构建后 TRIPS 时期知识产权国际保护新秩序。

ACTA 具有以下主要特点：发达国家的主导性、协定属性的诸边性、执法体系的强化性等。ACTA 弱化了现有的知识产权多边保护体系，把关注重点从实体权利完全转移到执法实践。自 2008 年 1 月起，ACTA 总共经历了 11 轮谈判，于 2010 年 10 月在日本东京结束，并于 2011 年 5 月 1 日起开放签署。但自此之后，原本进展神速的 ACTA 开始遇到挑战，其不仅受到发展中国家的质疑，更在发达国家内部尤其是欧盟遭遇强烈反对，一股近年来在发达国家内部兴起的质疑知识产权强保护的新生力量掀起了一场反对 ACTA 的社会运动。受其影响，欧洲议会于 2012 年 7 月否决了 ACTA。2012 年 12 月，原本一直力挺 ACTA 的欧盟委员会也撤回了提交到欧洲法院的 ACTA 合法性审查申请，使该协定在欧盟获得批准的希望变得渺茫。在已签署协定的缔约

国中，目前仅有日本完成了国内批准程序，而 ACTA 按其约定至少需要得到 6 个缔约国的批准才能生效。ACTA 在欧洲的受挫给 ACTA 的前途蒙上了阴影，但就此宣告 ACTA 已走向末路为时尚早。

ACTA 的未来走向，不仅取决于发达国家内部不同利益集团之间的较量和力量消长，同时也取决于发达国家与发展中国家之间的博弈。对于 ACTA 的未来走向，存在以下三种可能：一是因欧盟退出，ACTA 被迫搁置，名存实亡；二是在缺少欧盟参与的情况下，美日等国仍然继续推动 ACTA 并使之生效；三是 ACTA 在欧盟获得重新通过，缔约各方按既定目标继续推进。但无论其最终生效与否，ACTA 反映了发达国家近年来不断强化知识产权国际保护的努力方向，都将对后TRIPS 时期知识产权保护国际新秩序的发展产生影响。

ACTA 与 TRIPS 的比较见表 6-1。

**表 6-1　ACTA 与 TRIPS 的比较研究**

| 目标 | ACTA 将规制重点放在知识产权执法领域，试图在 TRIPS 保护标准的基础上建立一个全面的、更高标准的国际知识产权保护与执法的法律框架，并且不受 WTO 与 WIPO 框架的约束 |
| --- | --- |
| 知识产权执法的法律框架 | ACTA 基于 TRIPS 所划定的具体领域，分别在民事执法（包含临时措施）、边境措施、刑事执法等方面做出了超越 TRIPS 的具体规定：<br><br>1) 在知识产权民事司法程序方面，ACTA 将民事禁令和临时措施的适用范围扩展到"司法管辖权范围内的第三方"，明确了损害赔偿数额的计算范围和依据<br><br>2) 在知识产权边境措施的设置方面，ACTA 提高了边境措施的执行条件，增加了政府的信息披露义务<br><br>3) 在知识产权刑事执法程序方面，ACTA 通过对"商业规模"明确界定，变相提高了知识产权刑事执法的起刑点，明确将"帮助侵权"界定为协助与教唆犯罪的行为<br><br>4) ACTA 在 TRIPS 原有的领域外增加了数字环境下知识产权执法议题，设置了网络服务提供商的责任，并对技术措施等问题进行了规定 |

| | |
|---|---|
| 适用范围 | ACTA 民事禁令和临时措施的适用范围都由 TRIPS 规定的"侵权方"扩大到了"适当情况下的司法管辖权范围内的第三方";刑事责任的适用范围则由"有意以商业规模假冒商标或版权盗版（的行为人）"扩大到了实施"协助与教唆"的行为主体 |
| 保护措施和例外条款 | ACTA 取消了民事临时措施中听取被告陈述的程序性规定，同时也取消了对临时措施的持续时间等 TRIPS 规定的限制权利人的条款，并且这一做法也延伸到了 ACTA 对边境措施中临时措施的规定 |

资料来源：《反假冒贸易协定》草案。

## 二、"跨太平洋伙伴关系协定"中与知识产权相关的规则

在特朗普政府执政之前，美国一直在主导并积极推动"跨太平洋伙伴关系协定"（Trans-Pacific Partnership Agreement，TPP）的谈判。TPP 对于知识产权问题给予了高度重视，美国在谈判过程中单方面拟订的知识产权草案的内容长达 38 页，涉及专利、商标、互联网域名、地理标志、版权及邻接权、加密卫星和电缆信号节目、农业化学品、药品数据、商业秘密等知识产权客体（见表 6-2）。TPP 详细规定了各种知识产权保护客体的管理和执法措施，被誉为是当今国际知识产权保护的最高标准。虽然美国新任总统特朗普执政后，宣布退出了 TPP 谈判，但美方在之前谈判过程中所确定的知识产权保护标准，将预示着未来知识产权国际规则的走向，也会对其他自由贸易协定中知识产权保护制度产生示范效应。

表 6-2　TPP 知识产权规则中的 TRIPS-plus 条款

| 标　题 | 主要内容 |
|---|---|
| 商标和地理标志 | 扩大了可注册为商标的客体，即声音和气味等都可以申请注册为商标，此外证明标志和地理标志亦可申请注册为商标 |

| 标　题 | 主要内容 |
|---|---|
| 版权及相关权利 | 要求 TPP 缔约方应在 TPP 中规定对临时副本提供保护；要求 TPP 谈判国阻止规避数字封锁；敦促 TPP 规定更长的版权期限，TRIPS 作为大多数国家坚持的知识产权保护的最低门槛，规定期限为作者有生之年加 50 年，而 TPP 草案的建议是所有 TPP 缔约国将版权保护期限延长为作者有生之年加死后 70 年（个人），或 95~120 年（公司）；草案敦促 TPP 文本包含法定损害赔偿条款，具体规定基本上类似于美国国内严格的损害赔偿体系 |
| 专利 | TPP 拓宽了授予专利的范围，降低授予传统药品新形式之专利的难度，TRIPS 授予成员方政府必要的灵活性以决定哪些类型的"创新"可受专利法保护；限制专利授予前的异议程序，加大挑战不当专利的难度；对未披露数据给予特殊保护，受保护的未披露数据不再仅限于"经相当大的努力"才获得的数据，而是扩大到了任何与药品的安全和效力相关的信息。而且，草案规定将给予未披露数据若干年独占的专有权利。要求延长专利保护期，TPP 草案建议如果一国药品管理机关在审查注册申请时，或者专利局在评估是否授予专利时有"不合理"的延误，则政府要延长专利期限对医药公司进行补偿。将药品市场准入与其专利地位相联系；对平行进口的限制，这种严格的规定使得发展中国家很难以公共健康为由来支持平行进口 |
| 知识产权执法措施 | 增加新的知识产权执法措施，允许海关官员基于知识产权侵权怀疑而扣押在运药品，并试图提高知识产权侵权的损害赔偿额；互联网服务提供商的责任，TPP 第 16 条规定"有关数字环境下执行的特别措施"；增加现有责任追究条款的力度，在民事司法中，对民事赔偿的判决应考虑被侵权产品的进出口，给予权利人选择"先行赔付"的权利等 |

资料来源：TPP 草案。

### 三、区域自由贸易协定中与知识产权相关的规则

发达国家对外缔结的诸多区域自由贸易协定（FTA）都规定了超出 TRIPS 的附加义务，即所谓的 TRIPS-plus 条款。通常这些 TRIPS-plus 条款可大致分为三类：一是规定超出 TRIPS 保护范围的义务，引入新的知识产权保护内容；二是要求超出 TRIPS 的保护水平；三是限制或取消 TRIPS 所允许的灵活性和例外措施。现有自贸协定中的 TRIPS-plus 条款主要集中在专利、版权、地理标志及知识产权实施领域。

#### （一）美国区域自由贸易协定中的 TRIPS-plus 条款

美国区域自由贸易协定的显著特征是存在广泛的、以美国国内法律为基准的 TRIPS-plus 条款。在美国长达 20 余年的区域贸易协定谈判实践中，对知识产权的保护水平日益提高。其主要的 TRIPS-plus 条款包括：①要求批准或者加入一系列知识产权保护条约或协定；②对专利、版权和邻接权、商标、地理标识、域名、卫星节目信号、药品的测试数据等规定高水平的实体保护规则；③强化知识产权执法措施等。以国内立法为基准的 TRIPS-plus 条款是美国立法授权的明确要求。2002 年《两党贸易促进法案》规定，美国进行贸易谈判的目标之一，是保证美国加入的任何多边或双边贸易协定中的知识产权条款体现与美国法律相似的知识产权保护水平。由于诸多区域贸易协定条款是以美国国内法为模板的，因此虽然名为对等要求，但实际上美国不需要采取更多措施（如修改本国知识产权法）即可履行区域贸易协定中的知识产权义务（见表6-3）。

表 6-3　美国对外签署的 FTA 中关于知识产权的条款内容

| 标　题 | 内　容 |
|---|---|
| 序言和总则 | 涉及知识产权保护义务的性质和范围、批准或加入相关国际协定的要求、国民待遇、追溯力、透明度，有些 FTA 中还涉及防止权利滥用和加强贸易能力建设及知识产权宣传教育 |
| 具体的知识产权保护标准 | 包括商标、地理标志、因特网域名、版权及相关权、加密节目、卫星传送信号的保护、专利、关于某些管制产品的措施等 |
| 知识产权执法 | 包括一般义务、民事和行政程序及救济、临时措施、关于边境措施的特殊要求、刑事程序及救济、服务提供商责任限制 |
| 过渡期安排及其他 | 附有关于某些公共健康问题的谅解 |

资料来源：作者根据相关文献整理。

（二）欧盟区域贸易协定关于知识产权相关规则

欧盟区域贸易协定不以内部立法为明确标准，主要是要求加入一些知识产权公约。总体而言，欧式区域贸易协定对知识产权保护的规定比较原则和抽象，如要求对知识产权提供"最高国际标准"的保护，或"适当和有效的"保护等。这在一定程度上源于欧盟对外缔结条约的能力有限。

（三）亚洲国家签署的区域贸易协定中有关知识产权相关规则

2002 年以来，区域贸易协定谈判已被中日韩提到了战略高度。在知识产权问题上，除韩美自由贸易协定全面反映了美国区域贸易协定的特点外，三国签署的其他区域贸易协定在模式上均属于遵从现有多边义务的软性协调机制。日本和韩国各自缔结的区域贸易协定数量不多，有关知识产权的内容也相对有限，主要是重申遵守 TRIPS 义务、加强双边知识产权合作等"软性"安排，多数情形下未创设新的国际义务。部分条款中虽然包含了知识产权实体规定，但只针对缔约方关注的某一特定事项，如《日本与新加坡新时代经济伙伴协定》提及

"便利"知识产权数据库使用和专利申请；《日本与墨西哥经济伙伴协定》和《韩国与智利自由贸易协定》提及地理标志的保护。值得注意的是，作为美、欧、日、加"四边集团"的成员国之一，日本过去在乌拉圭回合谈判中，曾力主将知识产权纳入世界贸易体系，与欧美立场较为一致。日本未来区域贸易协定谈判实践会否转向美欧模式，还有待研究。

## 四、双边投资协定中与知识产权相关的规则

当前双边投资协定（BIT）谈判一般仅在定义条款中明确提及知识产权，规定在哪些情况下投资者以知识产权形式投入的资本属于其所调整的"投资"，此类协定的其余部分通常仅泛泛规定投资保护问题，不特别提及知识产权保护。由于知识产权的无形性、地域性、保护机制的特殊性，也由于长期以来各国在分别规范投资法律关系和知识产权法律关系之时，从未就其中的交叉内容进行非常有意识的协调，双边投资协定框架下的知识产权条款所涉问题极为复杂。BIT通过界定"投资"概念的方式，将特定范围的知识产权保护事宜纳入投资保护框架，而其公平和公正待遇、征收与补偿等条款已使东道国承担了超出 TRIPS 最低标准的知识产权保护义务。同时，与 TRIPS 不同，许多 BIT 都为作为投资者的知识产权人创设了国际层面的出诉权，对东道国有关知识产权的立法、政策、措施不满的知识产权人，有机会以投资者的身份直接到投资仲裁庭，要求东道国赔偿自己的损失。因此，受保护的知识产权权利人通过投资仲裁来影响东道国国内立法、行政、司法的可能性将非常大。

# 第三节　提升我国参与国际
# 知识产权规则制定的能力

国家政府在知识产权国际规则谈判制定中的话语权和主导权，是构成知识产权国际影响力的决定性因素，是知识产权软实力的主要来源。其具体构成又包括以下几个方面：一国参与当前国际主流知识产权规则谈判的程度；在各类知识产权多边框架协定或议题谈判中的话语权和主导权；在与贸易有关的知识产权多边谈判中的话语权和主导权；在区域贸易协定谈判中有关知识产权条款的议价能力；在双边投资协定中的知识产权条款的议价能力等。知识产权国际规则谈判能力的界定，通常以是否谈判发起方、能否主导谈判进程、议题设置能力、议价能力、谈判的推动能力等来衡量。

## 一、我国参与国际知识产权规则制定的状况：机遇与挑战并存

### （一）现状与问题

在 ACTA 缔约过程中，虽然也有两个发展中国家（墨西哥和摩洛哥），为了维系它们与美国、欧盟业已建立的特殊经贸关系而参与其中，但是大多数发展中国家，尤其是中国、印度、巴西等发展中大国均对 ACTA 持反对态度。在 2010 年 6 月举行的 TRIPS 理事会会议上，中国向与会代表散发了一份提议，认为 ACTA 所代表的超 TRIPS 保护标准的立法趋势可能导致以下问题：一是潜在的法律冲突和不可预测性；二是对合法贸易的扭曲；三是 TRIPS 所建立的利益平衡将被打破；四是公共资源分配不公。2012 年 6 月，中国和印度在 TRIPS 理事会例会上再次表达了对 ACTA 的担忧，得到了 153 个 WTO 成员中大多

数成员的支持（Lynn, 2009）。尽管发展中国家普遍反对 ACTA，但由于他们被排斥在 ACTA 谈判之外，实际上并没有能力阻止 ACTA 的通过。

我国启动区域贸易协定谈判以来，迄今为止已缔结了 16 个自由贸易协定。其中，内地与香港、澳门关于建立更紧密经贸关系的安排（CEPA）及系列补充协议，以及中国与智利、新西兰、秘鲁和哥斯达黎加等签署的协定，对知识产权事项做了零星规定（见表6-4）。总体而言，中国区域贸易协定知识产权规定侧重于建立合作与信息交流机制，加强能力建设。换言之，旨在建立一种灵活的软性机制。中国缔结的区域贸易协定只要求缔约方遵守 TRIPS 和已经参加的知识产权国际条约项下的义务，而不要求加入新的多边条约。即便特别提及的地理标志、遗传资源和传统知识等，也未超出 TRIPS 义务的范畴。例如，对于遗传资源、传统知识和民间传说，《中国—新西兰自由贸易协定》的措辞是"各方可根据其国际义务，采取适当的措施"予以保护。对于问题或争议，也强调联络沟通和先行磋商，以降低诉讼概率，减少对贸易的影响。

表6-4　我国对外签署的 FTA 中的知识产权条款

| 谈判对象 | 时间 | IPR 形式 | 要　点 |
|---|---|---|---|
| 港、澳 | 2003 年 | | CEPA 有关补充协议：<br>1）建立合作机制，加强合作<br>2）在香港和澳门设立知识产权协调中心，进行信息交流和沟通<br>3）对知识产权保护问题进行磋商 |
| 智利 | 2005 年 | 第十、十一条 | 1）保护特定地理标志（以与 TRIPS 规定一致的方式予以保护）<br>2）与边境措施有关的特别要求 |

| 谈判对象 | 时间 | IPR 形式 | 要　点 |
|---|---|---|---|
| 新西兰 | 2008 年 | 第十二章 | 1）遵守 TRIPS 协定及双方参加的多边条约义务<br>2）开展知识产权合作、能力建设和信息交流<br>3）采取适当措施保护遗传资源、传统知识和民间传说<br>4）有关磋商的程序规定 |
| 秘鲁 | 2009 年 | 第十一章 | 1）重申已经参加的包括 TRIPS 及其修订内容在内的国际条约项下的义务<br>2）对遗传资源、传统知识和民间文艺的保护给予弹性规定<br>3）保护双方列入附件的地理标志<br>4）与边境措施有关的特别要求<br>5）进行合作和能力建设，信息交换 |
| 哥斯达黎加 | 2010 年 | 第十章 | 1）重申已经参加的包括 TRIPS 在内的国际条约项下的义务<br>2）采取适当措施保护遗传资源、传统知识和民间文艺，努力建立 TRIPS 与《生物多样性公约》相互支持关系<br>3）特别提及 WTO 体系下有关公共健康的决议<br>4）与边境措施有关的特别要求<br>5）地理标志保护<br>6）技术创新和技术转让，进行合作和能力建设，交换信息 |

资料来源：作者根据相关资料整理（截至 2013 年年末）。

我国区域贸易协定谈判实践隐含了以下三个方面的特征。其一，我国尚处于争取自身的知识产权政策、立法和体制得到认可的阶段，尚未对外输出中国的立法观念；其二，从已缔结的区域贸易协定知识产权规定来看，差异较大且较为模糊，至少目前似未影响 WTO 多边谈判的具体设想；其三，重在强调已有条约，而就一些具体问题创设符合自身利益的具体规则的能力尚有欠缺。

根据 2013 年《GIPC 国际知识产权指数》报告，我国在"参与和批准国际条约"一项指标的得分仅为 1.5 分，与上年得分一致（见表 6-5）。报告指出，从一般意义上看，中国在承诺签署国际条约方面得分相当低，不是主要国际条约的缔约方。中国尚未签署附有很多知识产权条款的任何一份自由贸易协定，也未签署专利法条约。

表 6-5　中国"参与和批准国际条约"指标得分

| 指标编号 | 国际条约 | 中方得分 |
|---|---|---|
| 27 | 《世界知识产权组织互联网条约》 | 1 |
| 28 | 《商标法新加坡条约》 | 0.5 |
| 29 | 《专利法条约》 | 0 |
| 30 | 在成为 WTO/TRIPS 成员后，至少签署一份有着实际和/或具体知识产权条款（如知识产权章节和单独的知识产权条款）的自由贸易协定 | 0 |
| 总分 | 条约（4分） | 1.5 |

资料来源：2013 年《GIPC 国际知识产权指数》。

## （二）国际知识产权规则变化给我国带来的机遇

### 1. 知识产权议题的多样化有助于形成对我国有利的共同价值观

当前国际知识产权格局面临的最重要的新动态就是中国等新兴市场国家的崛起。新兴市场国家 GDP 占全球的 25%，人口占世界总人口的 40%，新兴市场国家在政治和经济体制改革方面所获得的成功，加大了发展中国家在国际贸易、环境、可持续发展与知识产权规则制定中的话语权。随着发展中国家知识产权意识的逐步觉醒，他们更加关注平衡保护知识产权与实现经济社会发展的关系问题。在发展中国家的推动下，TRIPS 的争论开始从贸易转向了更为广泛的公共健康、农业、公平、可持续发展和人权等议题。2001 年，WTO 部长级会议达成"TRIPS 与公共健康问题多哈宣言"，联合国发布了《TRIPS 对人权的冲击》报告；2004 年，在巴西、印度、阿根廷等国的提议下，世界知识产权组织启动了"发展议程"，国际知识产权规则的议题日趋多样化。

另一方面，发达国家也对创新、竞争、知识产权保护三者之间的关系重新进行深入、全面的思考。2002 年英国知识产权委员会发布了《知识产权与发展政策融合》报告，2003 年美国联邦贸易委员会（FTC）发布了《促进创新：在专利法与竞争政策之年寻求最佳平衡》的报告。所有这些现象，标志着国际社会开始重新对知识产权如何促进经济社会发展进行反思，有助于形成更加平衡的国际知识产权制度观，这与我国倡导的互利平衡的价值观相吻合。

2. 专业性国际组织的介入为我国在国际知识产权规则变革中提供平台

目前，WIPO 与 TRIPS 是协调国际知识产权规则变革的主要平台。限于专业技能方面的约束，WTO 在许多方面还需要依赖 WIPO 的协助。同时，越来越多的专业型国际组织，如世界卫生组织、国际标准化组织、国际海关组织、国际刑警组织、绿色和平组织、世界粮农组织、国际电信联盟、万国邮联、国际商会等政府间组织和非政府组织都开始关注知识产权问题，并就本组织所管辖议题中的知识产权问题制定标准和规则。随着我国国际影响力的不断提升，应充分利用各种平台，参与和影响知识产权相关标准和规则的制定。

（三）国际知识产权规则变化给我国带来的挑战

1. 我国在新一轮国际知识产权规则的制定中存在被边缘化的危险

发达国家为了提高知识产权执法水平，绕开 WIPO、WTO 等既有的国际知识产权事务协调框架，另起炉灶，进行小范围秘密磋商，将主要发展中国家排除在外，先后开展了 ACTA、TPP、《国际服务贸易协定》（TISA）的谈判。由发达国家主导的诸边协议的谈判，破坏了

WIPO 与 WTO 既已建立的良好合作和对话机制，剥夺了发展中国家在国际规则制定中的话语权。同样，此前由美国主导的 TPP 和 TTIP 谈判也旨在区域层面进一步构筑一个知识产权高水平保护的网络。如果发展中国家不能形成一致意见，将进一步失去在国际上表达自己意愿和诉求的机会，最终可能被迫接受业已提高的知识产权保护标准。

2. TRIPS-plus 条款对我国国内政策空间造成侵蚀

TRIPS 最惠国待遇条款使得区域贸易协定中的 TRIPS-plus 条款的效力具有辐射性，即这些条款不局限于某一区域贸易协定的缔约方。诸多区域贸易协定中的不同内容的 TRIPS-plus 条款的共存，至少导致两个后果：一是各国承担的知识产权保护义务复杂化，同一成员国承担的义务不尽一致；二是发展中国家面临提高保护标准的更大压力。虽然美、欧、日等发达国家一直试图在多边机构（WIPO、WTO、植物新品种国际保护联盟等）推动制定更高的知识产权标准，但由于发展中国家数量占优势和团结合作，多边条约的制定和修改进展缓慢。然而，一旦众多发展中国家都在双边场合接受了更高水平的保护要求，就将很难阻止多边场合保护标准的整体提高。不断提高的知识产权国际标准将使得欠发达国家逐渐丧失知识产权领域的自主决定权，而难以制定一个适合本国经济发展水平的知识产权保护体制。此外，大量复杂的区域贸易协定条款义务的存在还极易产生国内法的"锁死"效应，使得发展中国家今后更加难以调整国内知识产权立法。

我国作为由要素驱动发展向创新驱动发展转变的新兴市场国家，为了给本国产业和企业的创新能力的提升赢得时间和空间，需要构建和不断完善适应我国现阶段发展需要的知识产权法律和公共政策体系。但是，TRIPS-plus 的标准体现了知识产权保护强度的提高，大大压缩了我国自主制定知识产权法律和公共政策的空间。

## 二、我国参与新一轮国际知识产权规则制定的总体方针

### (一) 战略定位

全球知识产权规则正处在变革与重构的关键时期，这其中既蕴藏着提升我国话语权的机遇，也暗含着诸多的挑战，一旦应对失策，我国又将陷入战略被动。中国要想在新一轮的知识产权规则体系中发挥更大的影响力，应当找准定位，成为知识产权国际规则的建设性参与者。中方在参与知识产权的国际谈判中，应转变自身定位，由原来的规则接收者、适应者和遵循者，逐步转变为规则制定的积极参与者，发挥建设性作用，维护自身经济利益，提升国际影响力。一方面，应看到我国企业在知识产权领域方面取得的进步以及发展前景，在某些议题或条款上着眼长远，做出适当让步，以抓住参与谈判的机会窗口，尽可能把握参与知识产权国际规则重构的各种机遇。另一方面，也要意识到我国的发展中国家地位没有改变，对于发达国家单方面制定的知识产权国际规则与条款，对我国有利的，积极推动，以获取规则话语权和影响力；对超出承受能力的，要积极发挥大国作用，尽可能联合相关利益诉求国家，防止谈判对我国形成事实"障碍"。

### (二) 总体原则

我国参与新一轮国际知识产权规则制定，应牢牢把握我国仍是发展中成员的这一定位，强调知识产权保护的全球利益均衡性，力争在TRIPS框架下完善和调整全球知识产权贸易规则，在提升参与知识产权国际规则的话语权和影响力的同时，坚决维护国家利益，为我国企业争取发展空间与前景；同时，应当以更大的勇气和更开放的心态，把握知识产权国际规则发展趋势，强化对TRIPS-plus知识产权规则新体系的研究与学习，充分利用国际知识产权规则双边、诸边、多边、区域协调平台，积极参与国际知识产权新规则制定，使我国新一轮的

知识产权制度设计与促进经济转型升级战略相结合，使国家的创新型发展战略与知识产权国际通行规则相结合，实现内在需求与国际新规则的深度融合，成为推动国际知识产权制度平衡发展的重要影响者。

（三）推进策略

首先，在全球知识产权体系的重塑过程中，应强调知识产权保护的全球利益，坚持通过全球多边渠道推进知识产权保护。充分发挥我国在 WTO 和 WIPO 中的作用，争取更多的话语权，在各类国际知识产权协调活动中争取更多的主动权；要加大对正在谈判的多边知识产权国际条约的研究力度，使任何一个国际条约的通过对我有利、为我所用；深化自主创新战略，鼓励有条件的企业积极参与世界知识产权主流的竞争，参与主流标准的制定，力争在世界知识产权多边体系中，参与利益的分享，促进国家发展，保障国家安全。

其次，在与贸易有关的知识产权多边或诸边谈判中，应反对发达国家单方面制定与知识产权有关的高标准规则，联合发展中成员，构建产业与成员方的支持联盟。密切跟踪全球与知识产权有关的重大谈判进程，作为其"影子成员"，为今后应对做足准备。加大我方参与的 RCEP、TISA、ITA 扩围等谈判力度，在上述区域经济合作机制安排中，争取把握与知识产权有关的区域协定规则的主导权，积极制定对我方有利的条款。

最后，在 FTA 谈判和 BIT 谈判中，应积极探索建立 FTA 和 BIT 谈判中有关知识产权协议的新体例与新模式。推动中日韩、中国-海合会等自由贸易协定谈判进程，在知识产权规则的制定方面，积极准备与发展中成员和发达成员不同的谈判预案，设置对我方有利的议题与条款，不断积累与发达国家成员在签署自贸协定时关于知识产权规则制定的经验，为日后与其他发达国家签署类似条款争取更大的战略主动。积极推动中美 BIT 和中欧 BIT 谈判进程，在知识产权议题上维护企业重大利益关切和国家产业安全。

### 三、提升新一轮知识产权规则制定参与度和主导权的建议

（一）制定知识产权国际化发展战略

首先，应将知识产权国际化纳入国家战略，只有从战略高度认识知识产权国际化的重要性，明确战略目标，设计有效的战略举措，才能使我国的知识产权利益"长治久安"，才能从根本上维护国家利益。

其次，应制定差别化的知识产权国际化战略，加强与发展中国家的沟通协调，构建发展中国家知识产权沟通协调机制，以抗衡发达国家主导的知识产权协议框架，力争在 WTO 与 WIPO 多边体制下解决国际知识产权争端。

最后，知识产权国际规则重构涉及国家长远利益与当前利益、总体利益与局部利益的取舍，涉及国内产业整体发展前景，需要取得产业界与公共部门的共识，需要各政府主管部门之间的协调。一方面，部门联动、形成合力很重要，另一方面，高层集中决策也很关键，应成立更高级别的知识产权工作机制，统筹协调对外谈判工作，逐步建立起一套跨部门、跨国界的高效完善的谈判机制，解决目前一直困扰国内知识产权规则制定中的"先修订法律，还是先签订国际条约"的难题。

现阶段应充分发挥知识产权与贸易部门联席会议机制的作用，积极参与知识产权国际规则的制定，提升我国应对知识产权国际纠纷的话语权与主导权，在知识产权国际规则的重构中发挥应有的影响力。在此基础上，建立更高级别的知识产权谈判协调机制，成立涉外知识产权事务协调工作组，定期开展部级会商，加强各部门间的信息沟通，发挥各自专长，形成联动，协同协作应对知识产权对外谈判与涉外事务。

## （二）推动建立知识产权国际发展同盟

美欧知识产权谈判采取的是立体网络推进模式，通常同时借助多个谈判场所推进在同一贸易政策上的立场，这一方法已为国际谈判经验丰富的美欧国家所熟练运用。区域贸易协定谈判的分散性使得美国和欧盟在知识产权标准的制定中居于支配地位，区域贸易协定理所当然地成为优先的谈判场所。除区域贸易协定之外，发达国家还不遗余力地通过其他国际组织或峰会活动，提高知识产权保护标准。

在此背景下，我国应积极推动建立知识产权发展同盟，选择关注发展目标的多边场合，使未来知识产权国际保护机制的发展在特定产业利益和公共利益中间取得平衡，这应当是发展中国家在知识产权谈判中应予以特别考虑的路径。美、欧、日、加"四边集团"成员国在知识产权领域拥有比较大的优势，发展中国家只有结成发展联盟，协调彼此立场，强化集体谈判地位，才能拥有与前者相抗衡的谈判力量，在相关场合影响谈判结果，促进知识产权国际体制的有效和民主决策。为获得相对平衡的谈判力量，我国还是应充分利用国际贸易组织和世界知识产权组织等多边谈判场所，在发展中国家拥有广泛利益的公共健康、传统知识、遗传资源等重要议题上寻求共识，推动知识产权国际谈判以民主和平衡的方式进行。

## （三）强化与知识产权相关的多边、诸边以及区域协定的研究

目前来看，尽管 ACTA、TPP 等谈判陷于停滞，但这些协议中的条款将左右未来多边知识产权谈判的发展方向。作为一个贸易大国，我国无法置身其外。以发达国家利益为导向的知识产权条款会严重威胁包括我国在内的发展中国家的利益，也会由此产生一系列损害发展中国家利益的贸易壁垒。此外，过于严苛的知识产权标准也将对我国国内规制改革带来更多压力。因此，我国应加强对新的多边、诸边知识产权协定的研究力度，主管部门和学界应当高度重视、持续跟踪，

组织开展专门研究。

同时，包括 TRIPS 在内的知识产权多边协定在严格规定各国保护知识产权责任的同时，也允许各国根据自己的实际情况进行一定的灵活处置。例如，对药品专利保护的规定和强制许可就有许多灵活性规定。这方面我们有许多可以向印度学习之处，因此应加强对协定灵活性条文的研究，充分利用其中对我国有利的一些规定，以谋取整体利益的最大化。

我国对外签署的 FTA 和 BIT 中，与知识产权相关的条款都相对简单。但从未来的发展趋势看，区域自由贸易协定与双边投资协定中知识产权条款都将向更严苛的标准看齐。例如，在 2013 年 7 月初的第五轮中美战略经济对话上，中美已达成共识，中国将以准入前国民待遇和制订外资准入"负面清单"为基础，与美方展开双边投资协定的实质性谈判。美方具体谈判所参照的是美国 2012 年公布的《双边投资协定谈判范本》（2012 U. S. Model Bilateral Investment Treaty），该范本对投资的定义中就包括了"知识产权"和"根据国内法授予的批准、授权、许可和类似权利"，并要求双方在国民待遇、最惠国待遇、业绩要求、高级管理人员等四个方面做出具体承诺。

因此政府相关部门应根据不同谈判对象，制定与知识产权相关的贸易协定与投资协定的谈判预案，在谈判小组中增加知识产权领域的专家，争取在区域与双边层面最大限度地维护自身利益。同时应加强对区域经贸协定以及双边投资协定的研究，为我国参与这些区域经贸协定及开展双边投资协定谈判做好充足准备。

（四）研究知识产权国际谈判案例，提升谈判技巧

纵观 TRIPS 的缔约历史，可以清晰地看到各种谈判技巧如何影响最终谈判结果。1985 年在美国国际知识产权联盟的游说下，《1974 年贸易法》的第 301 条适用于知识产权方面。当时，一些经济学家不仅提出将知识产权作为贸易事项，还提出了从 OECD 到 GATT 的多边谈

判议程。美国单边措施的采取使发展中国家认识到接受多边谈判的影响毕竟要小于单边措施对它们的损害。于是巴西、韩国等国家陆续接受将知识产权保护纳入 WTO 多边谈判议程。同时知识产权委员会（IPC）也应美国贸易代表办公室（USTR）的要求而产生。1986 年，知识产权委员会在欧洲各国首都和日本东京游历，从而促成了知识产权委员会、欧盟工业与雇主联盟和日本工业联盟三者之间的联合。这三者的联合极大地推进了知识产权谈判的进程。

与此相反，以巴西和印度为首的发展中国家却发现很难找到反对知识产权保护的共同理由，他们不能在发达国家中找到任何站在他们这边的同情者。这导致知识产权谈判演变为纯粹的对抗游戏，而且是一场力量分配不均衡的两方之间的对抗，这种情况对发展中国家极为不利。与此同时，美国开始将知识产权保护和普惠制的给予相结合。美国《1988 年综合贸易与竞争法》对第 301 条做了修改，美国贸易代表办公室开始确定"重点观察国家（地区）"的名单。印度、巴西、中国、中国台湾、泰国、墨西哥等国家和地区都名列其上。而印度由于其国内药品工业团体的强烈反对一直不做出退让，以致在蒙特利尔会议上知识产权谈判陷入僵局。

随着农业谈判的进行，发展中国家考虑到其在农业关税减让和多种纤维安排的废止等方面的利益，从而做出让步便达成了所谓的塔瓦卢尔文本。布鲁塞尔会议后，在谈判的最后一个阶段，印度利用欧盟的支持获得了 5 至 10 年的过渡期，并在加拿大的帮助下使一些知识产权侵权指控排除在 WTO 争端解决机制之外 5 年。可以看到，整个 TRIPS 谈判过程中，美国不断调整单边措施来影响谈判进程，而印度、巴西等发展中国家很好地利用了国内利益集团的活动，寻求在特定问题上获取发达国家同盟者，以此来谋求更为有利的谈判结果。

从 TRIPS 的谈判过程来看，单边措施的使用、各种联盟的建立等谈判技巧的应用，使谈判的进程瞬息万变。因此，我国应充分研究已有的谈判案例，利用谈判议程的设置，设法对抗大国的单边措施，或利用发达国家选民群体之间的分歧，使发达国家难以建立有效的谈判议题和牢固联盟。在谈判力量分配不均的情况下，审时度势地适当运用谈判技巧，在一定程度上限制甚至改变不公平的谈判结果。

（五）发展国内产业磋商和咨询体系，保障良好的谈判决策

成熟的产业磋商和政策咨询体系，对于完成接近现实的成本利益分析和保障良好的谈判决策非常关键。在知识产权国际谈判中，发展中国家一直比较被动。除了缺乏强有力的谈判杠杆之外，缺乏确定体现本国利益的知识产权具体谈判立场的能力也是发展中国家的软肋。提高知识产权保护标准并不总是有益的，必须进行经济与非经济方面的具体的成本与收益分析。在未来的知识产权国际谈判中，我国首先要确定自身拥有进攻性利益的政策领域（如对生物多样性和传统知识的保护），在谈判新协定之前，应仔细评估强化知识产权标准将带来的经济和社会影响；在做出评估时，必须要与政府各部门、私营部门、消费者团体和其他利害关系方协商。

在这方面，美国拥有丰富的经验，值得研究和借鉴。商界在美国贸易谈判中起到了非常重要的作用，包括通过各类咨询机构确定谈判目标和优先事项，如呼吁"没有知识产权，就没有回合谈判"；确定谈判战略，如将贸易制裁集中于印度、巴西等发展中国家的领头羊；参与某些具体谈判，提供协助或专业知识等。美国的一些知识产权游说集团经常陪同美国代表团参与谈判会议，美国政府机关也利用跨国公司的知识产权专家批评发展中国家的知识产权保护。为确保美国贸易政策与贸易谈判目标能够充分反映美国的商业和经济利益，美国建立了分级咨询体系，由贸易政策与谈判咨询委员会、政策咨询委员会、分部门职能咨询委员会以及私人组成，负责向总统、国会、美国贸易代表办公室和其他政府部门提供咨询意见。其中，成立于1974年的贸易政策与谈判咨询委员会处于咨询体系的顶端，其成员部分来自美国最资深的大企业集团，与美国贸易代表办公室有直接联系，负有就贸

易政策向国会报告的义务；就美国贸易谈判目标提供咨询意见，确保谈判结果充分反映产业利益。

（六）打造知识产权智库，加强知识产权国际化人才培养

尽管国际知识产权体制和贸易体制目前仍以国家为中心，但非国家参与者（如跨国公司和非政府组织）和次国家机构的参与正在增多。我国应积极参与这些关注可持续发展的国际组织和智库的活动，与其他发展中成员协调彼此在知识产权议题上的谈判立场，统一在国际谈判中的行动。这些机构拥有很多颇有建树的专家和大量的研究成果，也可在一定程度上弥补发展中国家贸易政策谈判智库储备不足的缺憾。这些智库努力协调各发展中国家的立场，并在国际社会强力呼吁反对 TRIPS-plus 条款。其中影响较大的有，关注发展和环境问题的"贸易与可持续发展国际中心"、作为发展中国家智库的"南方中心"、致力于发展与援助的"乐施会"、支持小农户及其社会活动的"谷物"、致力于环境保护的"绿色和平"等。这些组织在国际上拥有一定的影响力和曝光率，常常发挥智库的作用。其主要活动包括研究发达国家的知识产权谈判策略，通过举办研讨会等协调发展中国家的立场，以观察员身份列席国际会议或谈判，发表支持发展中国家立场的言论并施加国际压力等。

因此，我国应加快完善从总体利益出发、超越局部利益的知识产权谈判第三方评估和决策咨询机制，加大政府、企业和社会的投入力度，加强与国际智库间的彼此信息交流，支持我国的知识产权研究机构进行全局性、战略性研究，提出"中国议题"和"中国方案"，为对外谈判决策提供智力保障。同时，加大知识产权领域专业人才的培养力度，培育更多精通外语、精通国际规则和国外法律、熟悉国际经营战略和技术发展的复合型人才。

（七）驻外机构应增设与知识产权相关的专职部门

目前，我国驻外机构中并未设置与知识产权相关的专职部门，对

驻在国的知识产权发展趋势、法规变化没有第一手的资料与分析，驻在国中方企业在知识产权领域产生纠纷时缺乏专业的指导与帮助，影响着我国的知识产权国际化进程以及企业海外维权力度。因此，建议在驻外机构中增设与知识产权相关的专职部门，加强知识产权情报信息收集分析能力，建立知识产权保护服务热线和监控体系，对企业海外知识产权注册和海外知识产权纠纷法律服务提供支持，建立评估、选择、跟踪和监管体系，帮助企业提高对贸易伙伴法律和国际规则的运用能力。

# 第七章 数字贸易国际规则的
# 发展趋势及影响

## 第一节 全球数字贸易规则与政策走向

当今世界已进入数字经济时代，根据波士顿咨询公司统计数据，2016年全球互联网影响的经济总量达到4.2万亿美元，发达国家受益于互联网作用，经济增长提高了5%~9%，互联网对发展中国家GDP的贡献达到了15%~25%。全球商品、服务和资金流动在2007年达到约30万亿美元的历史最高纪录后，增幅逐渐放缓，甚至出现停滞或下降。但基于互联网、大数据与云计算等现代技术手段产生的数字贸易却增速迅猛。据测算，从2005年到2014年，通过互联网传输的全球数据流量增长了45倍，远远超过传统的国际商品贸易或金融资本流动的增长速度。数字经济和数字贸易带来巨大红利的同时，也给传统贸易方式和贸易规则带来了不小挑战。

### 一、数字贸易引发贸易规则的深刻变革

（一）对数字贸易与跨境电子商务的认知不断变化

互联网技术应用手段的日新月异，使得数字贸易的内涵与外延不断扩充。根据美国国际贸易委员会2013年发布的《美国和全球经济的

数字贸易》报告，数字贸易是指通过互联网交付产品和服务的商业活动。通常数字贸易包括四个方面的内容：一是数字化交付内容，如音乐、游戏、影像、书籍；二是社交媒体，如社交网络网站、用户评价网站等；三是搜索引擎，如万用搜索引擎、专业搜索引擎等；四是其他数字化产品和服务，如软件服务、在云端交付的数据服务、通过互联网实现的通信服务、在云端交付的计算平台服务等。

在现实应用中，与数字贸易密切相关的电子商务（e-commerce）目前也没有被广泛接受的权威定义。从广义上看，电子商务指通过互联网从事的商业活动，包括在线下交付货物或服务，也包括线上传输产品与提供服务，如软件等。世界贸易组织《关于电子商务的工作计划》中将电子商务定义为"通过电子方式进行货物或服务的生产、分销、销售或者支付"。

因此，从广义上来看，数字贸易与跨境电子商务并没有本质上的区别，两者属于一脉相承的，都是以互联网为基础而发生的商业活动，具有诸多相同特点和属性。但是在现实应用中，跨境电子商务通常主要指基于互联网而进行的跨境货物贸易以及相关的服务，跨境电子商务的核心仍然在于"货物流动"；而数字贸易更侧重于数字化交付内容及服务的跨境流动，核心在于"数据流动"。

（二）多边贸易框架下关于数字贸易规则难以达成共识

数字贸易作为一种新型贸易方式，其主要依托互联网体现出自由化和开放性等特点，与传统 WTO 框架下货物贸易与服务贸易规则之间都产生了不适和冲突。

在数字贸易的属性方面，到目前为止，WTO 各成员国对于数字贸易究竟适用货物贸易规则（GATT）还是服务贸易规则（GATS）还未达成一致。数字贸易具有虚拟化和可复制性等特点，贸易方式隐蔽复杂，监管难度大，使得现有 WTO 货物贸易关税规则难以对其产生效力。而如果将其列入服务领域，又将面临各国严苛的市场准入壁垒。

在边境后措施方面，数字的跨境流动要求对数字安全进行有效保护，而以欧盟为首的一些国家对于数据存储提出较高的本地化要求。如何制定全面、统一、规范、透明的数字贸易规则已成为 WTO 面临的一大难题。

（三）数字贸易壁垒与"电子摩擦"使得贸易争端解决变得更为复杂

数字贸易壁垒不仅包括针对电子产品的关税和配额，还包括形形色色的非关税壁垒。数字贸易领域主要的非关税壁垒包括：本地化措施、跨境数据流限制、知识产权侵权、国际合规性评估、网络安全风险等内容。这些非关税壁垒通常以有意或无意的歧视性法律法规，阻碍数字贸易自由流动。与传统的关税和非关税措施相比，数字贸易壁垒更为复杂与隐蔽，由此产生的"电子摩擦"（e-friction）使得传统的贸易争端解决机制也面临挑战。

（四）数字贸易的统计困难阻碍了贸易政策的有效制定

数字贸易的产生使得商品和服务的定义界限越来越模糊，无论是现有以海关为主的货物贸易统计分类，还是以《国际服务贸易统计手册2010》（MSITS2010）和《国际收支与国际投资头寸手册》（BPM6）为指引的服务贸易统计分类，都已不足以涵盖以数字贸易为代表的各类新型贸易。以互联网为载体的数字贸易使得跨国销售信息难以准确捕捉，各国贸易数据的统计变得更加复杂，政策制定者难以有效判断国家间贸易与投资收益的真实状况。

## 二、各国数字贸易政策走向

（一）美国试图占领全球数字贸易规则高地

美国是全球互联网和数字技术最发达的国家，全球市值最高的前十家公司中，互联网企业占据五席，分别是苹果、谷歌、微软、亚马逊和 Facebook，均属于美国。根据美国商务部的数据，2014 年美国数字服务出口 3997 亿美元，进口 2080 亿美元，贸易盈余超过 1500 亿美元，数字服务占当年美国服务贸易总额的 50% 以上。美国为了促进数字经济和推动数字贸易发展，实现"数据自由流动"的雄心而制定了一系列方针政策。

1. 美国在数字贸易领域内的战略目标

美国发表的一系列关于数字经济与数字贸易的报告显示，由于数字经济和数字贸易对美国经济具有极大的促进作用，并且美国在信息技术方面具有世界绝对领先的优势，因此美国国务院认定"确保自由和开放的互联网"将成为其一项重点政策。美国贸易代表希望通过推动全球数字贸易，来宣扬数字自由主义的立场，确保数据可以不受阻碍地自由流动。

为此，美国制定了清晰的数字经济与数字贸易战略，并在 2015 年 6 月颁布实施的美国《贸易促进授权法》中指出，美国商务部应达成协议来实现以下目标：

（1）确保将世贸组织当前的承诺适用于数字贸易环境中，确保对数字贸易的待遇不低于对商品贸易的待遇。

（2）禁止强迫性的本地化要求以及对数字贸易和数据流的限制。

（3）保持免税的电子传输。

（4）确保相关的法律法规产生尽可能少的贸易限制。

2. 美国将在双边及诸边协定中推动建立数字贸易规则

美国认为，世界贸易组织多哈回合谈判已陷入停滞，而各方希望解决快速发展的电子商务等数字贸易新议题，各缔约国应在世贸组织之外达成更多的双边和诸边贸易协定。美国曾主导的 TPP 及 TTIP 谈判尽管停滞不前，但对于数字贸易规则的探索还将继续。美国将在其双边和诸边贸易谈判中包括并且不断扩大数字贸易的条款与规定。美国将致力于制定全球数字贸易规则框架，使企业及消费者受益，支持美国经济增长、就业和创新。

在此前披露的 TPP 对外谈判文本中，"电子商务"作为单独章节专门列出，并且重点是不仅局限于"货物的跨境流动"，而是制定全面的"跨境数据和信息流动"的整套规则。这些规则包括确保数据自由流动、数字产品、电子认证、电子传输、个人信息、无纸贸易、电子商务网络的接入和使用、互联互通费用分摊、计算设施的位置、非应邀商业电子信息、合作、网络安全事项合作、源代码、争端解决等一系列内容。除了禁止向数字产品征收关税及对数字贸易相关的其他重要承诺建立共识外，TPP 电子商务章节还具有如下新特点：

（1）首次承诺解决数据存储本地化以及禁止数据信息跨境流动两大问题。这将有助于保障数字贸易的关键投入不受政府干预，并减少互联网"割据化"的威胁。

（2）确保消费者得以进入开放的互联网，同时要求制定在线消费者保护法，保障实施隐私及其他消费者保护措施。

（3）鼓励 TPP 成员国开展消费者保护方面的合作。

（4）首次强调消费者保护的必要性，采取措施禁止商业垃圾信息，确保隐私保护有效实施，使消费者在使用互联网时建立信心及信任。

（5）禁止强制要求在进入 TPP 市场时与政府或商业竞争对手共享软件源代码。

（6）有关数字贸易合作的全面承诺，尤其是协助中小型企业利用数字贸易。

（7）在自由贸易协定中首次承诺对网络安全及网络安全能力建设这一重要议题开展合作，TPP 成员国可以从合作中获益。

3. 美国数字贸易政策的未来走向

为了达到所设定的政策目标，美国采取了相应的诸多行动。美国国际贸易委员会（USITC）于 2013 年和 2014 年分别发布了《美国数字贸易和全球经济》系列报告 1 和 2，并于 2015 年 10 月举行了包括政府机构、智库、企业和诸多国际贸易机构的圆桌会议，共同商讨未来数字贸易发展之路。

（1）制订数字贸易参赞计划。2016 年 3 月，美国商务部在国际贸易管理局（ITA）的商业服务处下制订了数字贸易参赞计划（Digital Attache Program），拟在东盟、巴西、中国、日本、印度和欧盟的 6 个海外市场派驻数字贸易参赞。数字贸易参赞负责帮助美国企业出口开辟全球网络市场的准入，在企业面临数据经济政策挑战时提供咨询。

（2）成立数字贸易工作组。2016 年 7 月，美国贸易代表办公室（USTR）内部建立了数字贸易工作组，以快速识别数字贸易壁垒和制定相应政策规则。工作组编制了《2017 年外国贸易壁垒评估报告》，对主要国外市场上的数字贸易壁垒开展调查和评估。2016 年 12 月，美国商务部建立了数字经济顾问委员会（DEBA），成员包括科技行业巨头、创新者以及专家，旨在为政府、企业和消费者提供发展数字经济的建议。

美国国际贸易委员会 2017 年 2 月 6 日公布的消息称，将在两年内向美国贸易代表办公室提交 3 份关于数字贸易的专项报告，主要内容是检验新的数字技术对于美国企业的应用，以及数字贸易壁垒对于美国企业在国际市场竞争中的影响。

第一份调查报告《全球数字贸易 I：市场机会和关键的国外贸易限制》，将描述当前企业应用数字贸易的现状和近期发展，以及消费者利用数字技术的情况，也将提供美国的数字产品和服务的市场信息，以及产品和服务可以覆盖全球规模的其他关键国家的情况，如欧盟、中国、俄罗斯、巴西、印度和印度尼西亚等。该调查将评估数字技术在美国和其他国家市场的采用率，进一步研究本国和外国跨境数据流动的重要性。该报告还将描述海外重要市场可能阻碍数字贸易的政策和规制。

第二份和第三份报告将会分析哪些措施会影响美国企业对海外企业和国外消费者开展和提供数字贸易的能力，并评估这些政策对于美国企业数字产品和服务竞争力的影响，以及传统贸易、投资与数字贸易之间的关系。

美国在完成前期研究及上述三份报告后，将会形成相对完善的数字贸易战略政策框架体系，具体包括：①掌握当前数字经济与数字贸易全球发展情况，研究该领域新型商业模式；②评估数字流动的重要性，研究数字贸易与传统贸易和投资之间的关系，制定并引领符合美国利益的全球数字贸易规则；③对国内已有政策进行评估，并筛选出哪些政策有明显促进作用；④研究目前各国以及美国自身数字贸易中存在的限制性措施有哪些；⑤在构建数字贸易战略的同时，形成系统化的可操作的数字贸易政策措施。

### （二）欧盟数字经济与单一数字市场战略

为推动数字经济发展，欧盟制定了一系列促进数字产业发展的政策，以激发数字技术对欧盟经济的带动作用。但由于欧盟内部成员国较多，各自意见主张不同，因此，欧盟制定的数字经济政策主要集中于破除各国之间的差异性，建立欧洲单一数字市场，以此推动欧盟整体的数字经济发展。

1. 欧盟数字经济战略与欧盟数字议程

欧盟的数字经济发展战略早在 20 世纪 90 年代就已兴起，并经历了如下几个阶段：

第一阶段，《成长、竞争力与就业白皮书》在 1993 年发布，并首次提出了建设欧盟信息社会的具体意见，指出要重点加快网络基础建设。

第二阶段，2000 年"里斯本战略"发布，欧盟委员会提出目标，要在 2010 年前成为"以知识为基础、世界上具有活力和竞争力的经济体"，并据此提出了以电子政务、电子医疗和卫生、电子教育与培训、网络零售四大主要应用为支柱的发展计划。其中 eEurope2002 计划重点关注连通性，其目的是实现更廉价、更高速、更安全的互联网连接。

eEurope2005 计划的目标是实现更高的宽带普及率和其他 ICT 服务的发展，重点关注投资环境、现代化的公共服务及电子包容。2005 年欧盟发布《i2010 - 欧洲信息社会：促进经济增长和就业》，这一战略在"里斯本战略"的基础上，进一步提出了欧盟发展信息经济的目标与举措。

第三阶段，2010 年 5 月欧盟正式发布了"欧盟数字议程"，该议程是"2020 欧盟"战略中七大主要计划之一。该议程首先分析了阻碍欧盟信息技术发展的七种障碍，并提出七项优先行动。这七种障碍是：数字市场间的壁垒、缺少互操作性、网络犯罪增加与风险、缺少投资、研发与创新不够、社会缺少数字技术知识普及、未能应对社会重大挑战等。七项优先行动包括：建立一个能够让数字时代各种优势及时共享的数字市场、改进信息技术领域的标准与互操作性、增强网络信任与安全措施、增加欧盟对快速和超快速互联网的接入、加强信息技术的前沿研究与创新、加强全体欧洲人的数字技能与可接入的在线服务、释放信息技术服务社会的潜能以应对社会各种重大的挑战。

2. 欧盟"数字单一市场"战略

欧盟认为，作为全球最大的经济集团，建立欧盟各成员国之间统一的数字贸易规则至关重要。为了打破欧盟境内的数字市场壁垒，欧盟委员会于 2015 年 5 月发布了"数字单一市场"（DSM）战略，以协助欧盟在新一轮经济危机中能够抓住机遇。欧盟决策者们试图在整个地区实现数字贸易领域更多的政策协调，其中比较重要的举措就是建立欧洲数字单一市场。

数字单一市场是欧盟统一市场、促进贸易、推动经济增长的一项长期而重要的工作，共包括三个支柱：①通过跨境活动更好地在线访问数字商品和服务；②在支持投资和公平竞争的监管环境下建设高速、安全、可靠的基础设施；③通过在基础设施、研究和创新以及包容性社会和技术公民方面的投资，确保数字经济成为增长的驱动力。欧盟委员会的数字单一市场战略涉及了合法获取内容的可移植性、跨境数据流、版权保护例外和限制、中介责任和强制执行等问题。

欧盟内部也有一些人担心，最终的"数字单一市场"法规将符合美国企业的利益。欧盟委员会为此提出了"谨慎义务"的建议，2016年5月又提出开展电子商务活动时的建议，其中包含了《视听媒体服务指令》（AVMSD）的更新，对有关平台责任和本地内容要求方面做出规定，这一指令也引起了关注。

在数据保护与信息安全方面，欧盟《数据保护指令》（1995）规定了如何在各个行业收集和使用欧洲公民相关信息的共同规则，但是每个欧盟成员国可通过制定本国的法律来实施该指令。为了实现《数据保护指令》的现代化并促进数字单一市场的建立，欧盟成员国（由欧盟理事会代表）和欧洲议会于2015年年底，达成了一项新的有关《通用数据保护条例》（GDPR）的政治协定。与《数据保护指令》相比，《通用数据保护条例》将直接适用于所有欧盟成员国，从而为整个欧盟的数据保护建立一套单一的规则。但是，仍有大约40项规定允许个别成员国制定自己的标准。欧盟在2016年5月4日公布了最终的《通用数据保护条例》，成员国将在2018年5月25日前全面实施该条例。尽管缺乏精确的指导，但许多企业已经开始对该条例的监管及其实施计划进行分析。

### （三）英国数字经济战略

英国同样对于数字技术十分重视，但与美国制定的数字贸易战略不同的是，英国更加强调数字经济在本国的生产经营中的应用，并且通过数次战略规划的调整，将数字经济放置在国家战略的高度进行全国推广。

### 1.2009年"数字英国"战略

英国政府于2009年6月16日发布《数字英国》白皮书，并制定了相关的七大战略任务。

一是推进数字化进程，提升全民参与水平。提升英国整体电子通信基础建设水平，保证所有人都能够享受到更好的公共数字服务，到2012年实现至少2Mbit/s的宽带普遍服务。

二是进一步完善通信基础设施能力。一方面确保3G和下一代移动服务基本覆盖，促进移动服务市场的竞争。另一方面为广播电视公司和公众提供数字化广播平台，其中包括针对数字产业升级制定规划和提高数字音频广播覆盖。

三是保护数字知识产权，鼓励技术创新。

四是提高数字公共服务的质量。通过修改法律、调整公共政策和市场环境，努力确保公共服务的质量和覆盖范围，通过多种平台，提高数字内容服务质量。未来将在新闻采访、收集、多媒体分配和同步上进行更大的投入，从而提高新闻质量。

五是规划数字技术研究和培训市场。政府需要加速建立和完善在数字职业教育基础上的再教育体系以及高等教育技能体系，并继续对研究和创新进行投资。在学校课程中把提升数字能力列为核心课程，确保未来英国人能够从事数字相关专业的工作。

六是确定国家层面的数字安全框架。将通过企业与政府在线安全联动，为在线信息安全提供一站式服务；在打击犯罪方面，对在线消费进行保护，打击在线诈骗；在线内容安全保护方面，强调电子游戏和在线信息的管理主要依据泛欧游戏信息系统执行。

七是提升电子政务水平。政府业务应用设立"政府云服务"（G-Cloud），负责运行公共服务网络，并计划将"云技术"应用到电子政务建设之中。

2.《数字经济战略（2015—2018）》

2015年，英国政府又推出了《数字经济战略（2015—2018）》，其主要内容涉及五个方面：

一是促进基础设施、平台和生态系统的发展。支持各类互联互通的基础设施、软件平台和使用设备；帮助ICT企业提供服务和应用，支持企业相互开展资本投资；开展国际合作，帮助建立可以支持英国各个数字创新型企业对外出口的统一平台以及立体交易系统。

二是鼓励企业进行数字化创新。确保发展中的数字化创新的想法可获得商业支持、鼓励及投资；帮助初创型的数字化企业、相关老牌企业和政府中潜在的领导型客户建立联系；帮助相关的传统老牌企业获取数字专家意见，助力其规划并实施面向数字化转型的解决方案；帮助数字化创新者驱动数字化的变革，同时为已存在的商业流程进行风险管理。

三是为数字化创新者提供帮助。保护研发，简化交易流程，确保交易安全。

四是建设以用户为中心的数字化社会。注重用户需求和用户体验；注重产品的弹性、隐私性和安全性，以确保数字化产品的可信性；帮助企业开发能根据用户所在的地理位置及周围环境，智能地提供相关服务的产品。

五是确保数字经济创新发展的可持续性。鼓励跨学科合作，将研究与商业需求结合起来；确保数字化创新有法律、法规以及政策框架的支持。

3. 《英国数字战略 2017》

2017 年 3 月 1 日英国政府发布《英国数字战略 2017》，在前两个数字战略的基础上，对数字经济的定位进行了强化，并据此将数字经济提升到了国家战略的高度。其核心内容包括以下内容：

一是致力于强化数字基础设施，打造世界级的数字基础设施，加快推进网络全覆盖和全光纤、5G 建设，将宽带接入上升为一项公民基本权利。

二是努力提升国民数字技术能力，着重推进全民以计算机技术为核心的数字技能，加大数字技能培训，为每个人提供数字技能受训机会，培育数字技能人才，对既有科技教育模式进行大力改革，探索建立培育数字技能的更好模式。

三是支持数字技术创新和数字创业，投入资金和政策鼓励技术创新和创业，调整相关监管制度以便更好地促进技术发展，努力推动数字经济增长。

四是帮扶企业进行数字转型，英国政府将通过各种形式帮助和支持每一个英国企业实现数字转型，提高生产效率。

五是加强网络安全保障，提高网络安全水平，培养网络安全相关人才，并与其他国家进行交流。

六是建立数字型政府，在政府的日常工作中逐渐进行数字转型，打造数字平台型政府，以便更好地为民众提供公共服务和政务。

七是促进数字经济开放，利用多种政策措施提升数字经济在英国的潜力和地位，在加强数据保护的同时促进数字经济开放发展。

从以上内容可以看出，数字经济已经被英国摆在了国家战略的高度，在全国范围内普遍推广。英国更加注重本国数字经济产业的促进和发展，建立了从数字基础设施建设、人才培养、企业帮扶、知识产权保护、研发与创新的促进、数字政府转型等政策促进体系。英国政府期望通过这种从国家宏观高度到微观企业再到个人培养的政策体系，推动数字技术在经济发展中的整体作用，促进国家经济的增长。

### （四）发展中国家的数字贸易政策

发展中国家由于自身数字经济大多数仍处于起步阶段，因此在积极关注全球数字贸易最新发展趋势的同时，出于对自身数据和产业安全角度考虑，发展中国家对数字贸易普遍秉持相对保守的态度。

俄罗斯于 2017 年 7 月 28 日发布了《俄罗斯联邦数字经济规划》，该规划详细阐述了俄罗斯在全球数字市场中的地位、管理数字经济发展、具体量化指标等内容。其中管理数字经济发展包括三个管理层级，即战略层、操作层和战术层。战略层面确定了数字经济发展方向、战略目标和计划，操作层面则确保规划在综合管理职能方面的执行，包括：

①与专业机构共同制定未来发展前景和模式。

②审议和批准本规划在实施过程中引入变更的提议。

③根据本规划目标、任务和措施，对战略计划文件进行分析和修改。

④在本规划实施过程中，形成计划、协调、监管和汇报方面的方法论，并在综合执行本规划中提供方法论方面的支持。

⑤协调联邦执行机构与联邦主体、地方自治机构的活动，以及其与商业、公民社会和科教机构就发展数字经济和本规划实施中的问题进行互动。

⑥保障本规划执行的资源，协调利用各级预算资金和预算外资金发展数字经济的筹资活动。

⑦管理本规划实施方向中的项目和个别项目。

⑧制定数字经济领域重点研发方向。

⑨对数字经济发展和本规划的实施进行监测，对结果进行审查，对执行过程进行监督。

⑩在不断完善数字经济发展管理制度方面制定和审议相关建议。

⑪制定数字经济标准和实施规则。

⑫对论述数字经济专长提出要求并形成报告。

在数字经济发展的战术层面，俄罗斯政府将对以下方向计划的执行和项目的实施进行管理：

①制订和实施政府机构、国家机关、企业和基金机构的数字化转型计划。

②执行本规划项目，实施和扩大试点项目和最佳实践的成果。

③组织数字经济领域的研究和评估。

④制定数字经济教育大纲的法律基础，包括标准、国家要求和示范大纲。

⑤提出发展数字经济立法协调措施方面的建议。

⑥为数字经济领域的项目和倡议以及筹资提供资源。

⑦所有相关方（政府、商业、公民社会和科教界）参与数字技术

发展、工作组活动、项目评估和数字经济发展计划的管理。

俄罗斯数字经济的量化指标包括：规范性管理、人事和教育、科研能力和技术储备的形成、信息基础设施和信息安全五方面内容。

从俄罗斯的数字经济发展战略中可以看出，俄罗斯已经将数字经济上升到国家战略高度，并且制定了从宏观认知到微观管理的系统战略措施，以推动和保证本国数字经济的发展。

从国际贸易规则角度看，俄罗斯将对数字经济发展及其产生的跨境数字流动实施监管，以保护本国的国家安全、数据安全和个人隐私为目标，采取一系列的监督、监管和监测手段。可以说，将数字跨境流动的安全性"武装到牙齿"。

## 第二节　大力发展我国的数字贸易

目前，我国电子商务迅猛发展，成为推动经济发展的重要引擎，但对跨境电子商务乃至数字贸易规则方面的认知仍然不足。因此，在研究全球数字贸易规则最新发展趋势的基础上，探索制定符合我国国情的数字贸易政策，对于发展我国数字经济与数字贸易，参与制定符合自身利益的国际数字贸易规则具有重大意义。

### 一、数字贸易规则之争

（一）美欧关于数字贸易规则的分歧与谈判

美国和欧盟是当前数字贸易与数字技术最为发达的地区，二者之间的跨境数据流量全球领先。据估计❶，美国在 2012 年向欧盟出口了

---

❶ 基于美国经济分析局（BEA）、世界银行和联合国贸易与发展委员会的数据。

1146 亿美元的数字服务，占美国对欧盟出口总额的 72%。欧美之间的谈判对全球数字贸易的自由化措施将起到巨大影响。从目前来看，欧美在数字贸易规则领域仍存在较大的分歧，尤其是在隐私保护与数据本地化、数字贸易和国家安全等问题上持有不同态度，使得数字贸易全球规则的制定推进缓慢。

1. 隐私保护与数据本地化

欧盟诸多国家认为，数据自由流动有时构成了对于隐私保护的威胁，尤其是在面对美国数字技术极其发达、相关技术多数处于垄断的情形下，个人隐私保护是数据自由流动环境下的重要问题。而对于网络环境下个人隐私保护的最好办法就是数据存储本地化措施，即将数据存储器强行放置在本国之内进行保存和管理，以便确保与本国隐私相关的数据可以得到有效保护。而美国认为数据本地化措施必然会阻碍数据的自由流动，为企业造成额外的负担，这与美国所倡导的数据自由流动理念是相违背的。

2. 文化例外

美欧之间另一重要的分歧在"文化例外"问题上。以法国为代表的很多欧洲国家为了防止美国文化的入侵，保持自身文化的独立性，在对外贸易中一直坚持"文化例外"原则。在数字贸易涉及文化及相关内容时，也会将其排除在外，通常主要集中在"个人文化、娱乐服务"中的视听服务等内容方面。

在对欧盟委员会"谈判授权"的批准上，部长级理事会并没有将视听服务纳入"谈判授权"范围内。由此可见，欧洲对于保持自身文化具有潜在的一致性，美欧双方很难在此问题上达成一致。

3. 美欧之间的谈判及最新进展

由于美欧之间在数字贸易规则领域存在较大分歧，美国采取了与欧盟开展双边对话，共同商讨解决分歧的机制，主要体现在美欧在超大型自由贸易协定 TTIP 和 TISA 中开展了一系列与数字贸易规则相关的谈判。数字规则是美国在《国际服务贸易协定》（TISA）谈判中关心的主要利益所在。美国希望，数字贸易或电子商务的章节或附件能够解决跨境数据流、消费者在线保护、互操作性等方面的贸易壁垒。然而，欧盟不愿提出关于数据流的提议，也不愿意承诺将"新服务"（其中许多可能是数字服务）包括在《国际服务贸易协定》的不歧视义务中。这一分歧成为《国际服务贸易协定》谈判进展缓慢的重要原因之一。

美国和欧盟官员在 2016 年年初宣布以《欧盟—美国隐私保护协定》取代《安全港协定》，并于 2016 年 7 月 12 日生效。最终协定中规定由美国政府承担额外义务，包括在美国商务部设立新的申诉专员，补充保障措施和监督限制，以及美国企业应承担额外义务，如全面的数据处理义务等。《隐私保护协定》还做出了有关由美国机构主动进行监控和执法，以及美国和欧盟开展年度联合审查等方面的规定。此后，美国和瑞士也达成了《瑞士—美国隐私保护协定》，该协定将与美国和欧盟之间的协定相媲美。虽然企业目前可以依赖于《隐私保护协定》来确保他们的数字数据流在美国和欧盟之间传输，但隐私权倡导者们和其他一些人已经开始在法庭上对《隐私保护协定》提出了异议，这反过来可能会导致企业在加入这个计划时犹豫不决。

（二）发达国家与发展中国家在数字贸易规则领域内的分歧

目前，在世界贸易组织多边框架下，关于数字贸易及跨境电子商务议题主要存在三方立场：一是以美国为首，包括欧盟、日本等在内的发达国家，主张将数字的跨境自由流动纳入多边贸易规则；二是以中国、俄罗斯为代表的发展中国家以及欠发达国家，主张建立基于货物流动为主的跨境电子商务规则；三是非洲、加勒比和太平洋岛国等相关国家，由于自身电信与互联网等基础设施较差，反对将数字贸易及跨境电子商务议题纳入多边贸易框架下讨论。

"数据本地化存储措施"是美、欧以及发展中国家之间存在的巨大分歧之一。基于个人隐私保护而采取的"数据本地化存储措施"，要求关于本国消费者和企业的数据存储需要在本国内进行。发展中国家的这一主张与美国所提倡的"数据自由流动"理念不同，美国认为此种规定会给本国企业带来很大的经济负担。在现实中，由于目前数据存储从硬件到软件都主要集中在以美国思科为首的"IT业八大金刚"❶中，美国的信息触角已随着互联网延伸到世界各个地方，严重威胁着各国的信息安全。

发展中国家的数字技术相对落后，在数字贸易领域，更多地希望采取管理规制措施和源代码开放原则，管理规制可以直接避免一些具有敏感内容和文化侵略性的软件服务得以屏蔽，通过限制国内对这些服务软件内容的使用，限制国外服务提供者的发展，发展中国家可以保护本国文化不受侵害、产业不受冲击。同时，发展中国家基于国家安全的考虑，还希望发达国家在提供软件服务时对本国政府开放源代码；而发达国家服务提供者则担心知识产权遭受侵害，不愿公开源代码，并升级至国家政府之间进行沟通和协商。

可能的解决措施是：各个国家均采取本国所认定的数据存储器及相关软件支撑系统。成立公认的国际组织，淡化国界概念，不再强调企业所设立的地点是在哪个国家，而是由国际组织设立统一标准进行统一管理，强调企业和消费者所属国家的"网络界限"，形成以各个国家自有数据存储设备和相应数字技术为核心的"网络割据空间"。这样做的优点是可以实现数据的自由流动，而数据流动的载体会标明国界并归属每个国家，实现数据的自我保护。缺点是对每个国家数据保护的软硬件以及技术要求极高，能达到这种水平的国家很有限，形成统一的国际技术标准还有待进一步协商。

---

❶ 美国"IT业八大金刚"是：思科、IBM、Google、高通、英特尔、苹果、Oracle、微软。

## 二、我国在数字贸易领域内的相关政策

目前数字贸易在我国的重要应用仍集中在电子商务领域。近年来，我国互联网经济与电子商务发展十分迅速，2016 年《G20 国家互联网发展研究报告》指出，中国互联网经济占 GDP 比例为 6.9%，超过发达国家 5.5% 和发展中国家 4.9% 的平均水平。我国网络零售交易额自 2013 年起已稳居世界第一；全球十大电商企业，我国占据 4 席，其中阿里巴巴以 26.6% 的市场份额排名全球第一。艾瑞咨询的数据显示，2016 年我国电子商务市场交易规模为 20.2 万亿元，同比增长 23.6%；据美国 E-Marketer 公司估计，我国的跨境电子商务销售额在 2020 年将达到 1577 亿美元。

虽然我国电子商务市场的规模和潜力十分巨大，但在数字经济和数字贸易领域还存在诸多不足，如缺乏明确的战略与目标、国内知识产权保护有待提高、面临行业开放与网络安全难题等问题。另外，我国对数字贸易的认知与研究不足，仍局限在基于货物流动的跨境电子商务范畴，与美国和欧洲等发达国家推行的跨境数字流动相差甚远。

在数字贸易规则领域，我国与美国之间也存在较大差异，主要体现在跨境数据流动和源代码规则等方面。美国数字贸易规则淡化国境概念，强调信息和数据的自由流动。在跨境数据流动方面，美国在 TPP 中明确提出了全球信息和数据自由流动的理念。中国对此一直持反对态度。目前我国关于跨境数据流动的规定主要是以《中华人民共和国网络安全法》为基础，其主要目标是维护国家安全，主张将国家、社会和个人信息纳入安全考虑范围。

中美之间另一个较大的差异是源代码规则。美国在 TPP 中明确规定，缔约方不得将数据代码强制本地化，作为另一缔约方在其领土内进口、分销、买卖或使用软件及包含该软件的条件。此条款的目的是禁止政府获取源代码，防止源代码泄露，从而达到有效保护企业和个

人知识产权的目的。发达国家普遍支持这项规则，因为发达国家具有较多的专利，并且在其国内有着较完善的知识产权法律保护。但对于发展中国家，源代码的禁止公开将产生诸多程序上的重复和浪费，同时面临高昂的知识运用成本，这不利于发展中国家的经济发展。

### 三、发展我国数字贸易的思考与建议

#### （一）应从战略高度重视数字经济与数字贸易

数字经济是各国寻求可持续发展的重要机遇。作为全球经济增长最快的领域，数字经济和数字贸易成为带动新兴产业发展、传统产业转型，促进就业和经济增长的主导力量，直接关系到全球经济的未来走向和格局。世界各国都在制定相关的发展与促进战略，以求在新的技术变革中居于领先地位。OECD "2015 经合组织数字经济展望" 报告显示，截至 2015 年，80%的 OECD 成员国都制定了国家战略或者部门政策，构建了数字经济国家战略框架。如日本制定了 i-Japan 战略，澳大利亚发布了《2020 澳大利亚数字经济战略》，英国制定了《英国数字战略 2017》等。

我国目前电子商务发展规模庞大，居于世界领先地位，但是数字技术应用、数字经济和数字贸易规则制定方面却稍显落后。2017 年 3 月，数字经济被首次写入我国政府工作报告。未来，我国应将发展数字经济提升至国家战略高度，开展顶层设计，制定数字经济和数字贸易发展战略，根据我国实际情况，有针对性地提出该领域发展目标与原则，明确重点发展方向，在全社会形成利用数字技术促进经济发展的良好氛围，为推动数字贸易打下坚实的产业基础。

#### （二）注重相关技术基础设施及人才的培养

数字经济和数字贸易以通信技术的发展作为基础，为充分发挥数字技术在经济发展中的巨大作用，应建立一整套与国际接轨的技术基

础设施，保证全国范围内的互联网接入能力，实现每一地区无死角的网络覆盖。习近平主席指出"要加大投入，加强信息基础设施建设，推动互联网和实体经济深度融合，加快传统产业数字化、智能化，做大做强数字经济，拓展经济发展新空间"。数字经济具有知识密集性特点，需要大量的专业人力资本投入，尤其在我国面临新兴服务贸易和数字经济人才紧缺的情况下，应该注重相关专业技术人才培养，通过建立完整的高等教育体系，加快通信技术、计算机编程、电子商务、贸易和法律规则等专业型人才的储备和培养。

## （三）加强数字贸易国际规则相关研究

目前世界各国在数字贸易规则领域还未形成统一意见，美欧之间存在的分歧依然没有得到解决。新任美国总统特朗普执政后，美欧之间的谈判也出现停滞，《国际服务贸易协定》谈判暂停，《跨大西洋贸易与投资伙伴关系协定》谈判则进展缓慢。全球数字贸易规则尚处在萌芽与初构阶段。我国作为发展中国家，与美国等发达国家在数字贸易规则制定的理念方面存在较大的差异与分歧。当前应加强对数字贸易规则最新发展趋势的研究，开展关于数字贸易壁垒、知识产权保护、数字贸易统计、争端解决机制等一系列问题的研究，对新型数字贸易规则可能带来的影响进行评估，以应对可能出现的"电子摩擦"。同时借鉴欧美之间数字贸易规则谈判经验，未雨绸缪，研究我国与发达国家之间数字贸易领域谈判的应对预案。

## （四）探索符合我国国情与发展中国家利益的数字贸易规则

目前，发达国家与发展中国家在数字贸易自由化领域内持有不同立场，我国应充分利用在全球电子商务领域内的领先优势，加快确立电子商务与数字贸易对外谈判方略。同时，更要处理好国家利益、网络安全和数字贸易之间的关系，在大力发展数字贸易的同时，要坚定不移地维护我国的网络安全与核心利益。

首先，以跨境电子商务发展为基础建立相关规则体系。我国是电子商务大国，因此可以以此为契机，在相关议题上探索规则的建立，如网上消费者保护、跨境数字化产品税收征收等议题。

其次，协调区域关系，推动双边、多边贸易协定发展。将跨境电子商务规则上升至数字贸易规则范畴，并尝试在相关业务领域与贸易伙伴国签订双边协定，规则涵盖范围再从区域内向区域间发展，逐步建立完善的国际规则。

最后，在更大范围内推广符合我国利益的数字贸易规则。在多边框架下，探索提出符合我国产业发展利益的数字贸易规则，代表广大发展中国家发声，在完善贸易规则的同时不断扩大我国制定规则的影响力和适用性。

# 第三节　数字贸易规则对我国软件进出口的影响

当前，软件服务呈现数字化趋势，形成了以"软件即服务"（SaaS）为主要类型的云计算数字贸易。企业通过互联网进行软件的多地域跨境传输，可以根据市场需求情况快速调整产品与服务内容，并通过远距离数据存储和分析，极大地降低了企业成本，提高了企业效率。软件服务的数字化改变了传统软件进出口模式，而数字跨境流动的规则与壁垒，也将对数字化软件贸易产生重大影响。

## 一、数字经济与数字贸易对我国软件进出口的积极影响

### （一）各国数字经济发展为我国软件出口提供巨大市场空间

当前，世界各国均积极制定数字经济战略，大力发展本国的数字经济。数字经济与数字贸易相关政策的实施，必然提高各国数字经济

的发展，同时对技术和软件等产生巨大需求。各发达国家的软件市场空间巨大，同时这些国家的信息技术基础设施也较为发达，有利于软件的数字化出口。

### （二）贸易方式数字化减少了我国软件出口的成本

目前，世界服务呈现数字化趋势，新科技的兴起和应用极大地提高了服务的可贸易性，促进了服务贸易的发展。软件产品贸易从依托光盘、移动硬盘等载体以货物的形式进行交易，转变为通过互联网以数字流动的方式传递，贸易方式的转变促使软件出口方式发生了变化，而数字化的产品与服务形态降低了软件的出口成本。

### （三）数据跨境流动提高了贸易效率

美国提出的数字贸易政策以实现数据的跨境自由流动为目标，无论这种目标最终是否能够完全实现，数据的跨境流动性都正在不断提高，受到约束和保护的措施正在逐渐减少。伴随云计算技术应用的加深，数字贸易基础设施的不断完善，跨地区、跨国境的资源可以实现共享。数字流动性的不断提高，使软件企业可以实时掌握全球市场的最新动态，并且根据需求提供相应的服务内容。企业市场需求导向性不断增强，软件产品与服务提供不仅大大缩短了时间，同时更加贴合市场需求，贸易发生的频次得到了极大提高，贸易效率发生了根本性变化。

从进口方面来看，数据自由流动可以提高本国企业的效率，降低服务使用成本。数据的自由流动，可以促进本国企业及时享受到国外快速、便捷的服务，降低了我国获取国外高端服务的成本，促进了知识密集型要素的流动。

## 二、数字贸易规则对我国软件进出口提出的挑战

### (一)"电子摩擦"可能增加

在数字贸易规则不断创新的同时,数字贸易壁垒的形式也在不断变化。从目前来看,数字贸易壁垒主要分为关税壁垒和非关税壁垒。从关税壁垒来看,主要有关税和配额两种。关税可能通过提高数字流动的成本并将成本转嫁给最终客户,从而限制了数字贸易相关企业的市场准入。配额可能直接对于外国数据的跨境输入输出数量和价值进行限制,提高市场准入门槛。从非关税壁垒来看,限制逐渐呈现多样化趋势,通常以有意或无意的歧视性法律法规和/或阻碍数字贸易自由流动的法律法规形式出现。与传统的关税与非关税措施相比,数字贸易壁垒更为复杂与隐蔽,由此产生的"电子摩擦"可能对软件贸易发展构成阻碍。

### (二)本地化措施增加企业成本

欧洲国家在数字贸易规则方面强调个人隐私保护,因此提出了相关的本地化措施以保护个人数据隐私不被侵犯。本地化措施要求数据存储器必须安置在本国境内。这样做可以将本国的核心隐私数据置于政府的有效控制之下,而不会被其他国家所窃取。但是限制跨境数据流的法规可能会迫使企业在一个国家内部建立本地服务器基础设施,这不仅会增加成本和减少规模,还会形成可能更容易面临网络安全风险的数据孤岛。对软件贸易企业来说,在开展数字化软件产品与服务贸易时,在贸易国安置相关的数据存储器,会增加企业的成本,从而阻碍数字化软件贸易的发展。

### (三)软件出口面临的市场环境更为复杂

世界各国在软件贸易领域采取的贸易保护手段各有不同,不同国

家贸易壁垒的程度高低不一、形式有所差异。美国等发达国家软件企业自身具有强大的国际竞争力,对于我国软件的出口并未设置太多障碍,但在进入发达国家市场时,我国软件出口企业面临着相当激烈的市场竞争。而发展中国家由于软件服务竞争力不足,而且对数字化产品与服务贸易的有效监管是发展中国家面临的普遍难题,因此我国软件出口企业在发展中国家经常遭遇各种各样的隐形壁垒,导致我国在全球软件市场的份额难以得到大幅提升。

(四)数字贸易争端解决机制缺失

数字贸易所涉及的内容丰富多样,知识产权保护、数据流动限制、本地化规则等均与之相关,数字贸易的非关税壁垒更加多样、手段更加隐蔽,各国对数字贸易规则没有达成共识,更没有建立相应的争端解决机制。我国对于数字贸易壁垒的识别和电子摩擦的判断能力还有待提高,也缺乏相应的贸易摩擦反应机制,数字软件出口易遭受不公平待遇。

(五)数字跨境自由流动可能对国内产业造成冲击

美国倡导数字贸易自由化,推动数据跨国自由流动。但是对于发展中国家来说,自身数字产业基础薄弱,技术相对落后,数据跨境自由流动会使发达国家科技巨头迅速占领发展中国家市场,对软件数字产业相对较弱的发展中国家造成冲击,不利于自身产业的发展。

发展中国家为防止本国产业受到冲击,往往采取一系列产业和贸易的保护措施。这些措施的初衷是保护本国产业发展,本国文化不受侵害,确保本国软件服务的安全性。但是,却可能增加了软件服务的成本,并被认为有贸易保护主义的倾向。

### 三、相关建议

#### （一）夯实数字经济产业基础，增强软件出口竞争力

产业是贸易的基础，贸易是产业的外延。促进软件贸易发展最基本的内容还是要夯实我国软件产业基础。为了应对数字贸易规则的挑战，我国应该制定数字经济发展战略，从数字基础设施建设、技术支持、人才培养、知识产权保护等几个方面制定相关措施，大力推动我国软件数字化在国内的应用，推动数字技术在国内的推广，消除数字鸿沟，以达到大力发展数字经济、夯实软件数字化产业的目的。

#### （二）完善国内知识产权保护制度，维护企业合法权益

发达国家数字贸易规则的核心内容之一是保护知识产权免受侵害，对于侵权行为给予更为严厉的打击。软件服务是技术密集型产业，集中了大量的知识产权。为了保护软件企业的合法权益，应加大我国知识产权保护力度，打击盗版、窃取企业源代码等行为。培养企业形成遵守知识产权法律法规的行为习惯，以便适应国际竞争中政策法规的变化。

#### （三）制定符合自身利益的数字贸易规则，引导我国软件出口

发达国家基于自身产业发展制定出符合本国利益的数字贸易规则，但由于美欧之间利益出发点存在差异，导致数字贸易规则至今无法达成统一意见。我国应该抓住机会，主动参与全球治理，在数字贸易规则制定中发声，代表广大发展中国家，更代表本国企业利益，推动形成各国认可、有利于自身发展的数字贸易规则。加强政府在区域合作和双边协定中的贸易谈判，通过谈判和协商等形式帮助企业打开国际市场，提高软件企业适应数字化时代要求的能力。

（四）建立并完善争端解决机制，积极应对"电子摩擦"

软件出口的数字化趋势，引起了多种多样的非关税壁垒，贸易保护国会采取各种措施保护本国产业，也容易形成贸易摩擦。而新型非关税壁垒引起的贸易摩擦往往争端解决机制不够健全，因此，我国应加强对数字贸易摩擦的跟踪研究工作，推动建立数字贸易与电子商务领域内的争端解决机制，维护我国软件出口企业的利益。

（五）探索数字贸易适度开放，提高国内市场竞争性

随着数字技术的不断发展，未来数字贸易自由化趋势日趋明显，各国的贸易壁垒也将在谈判中逐步降低。只有在开放的环境中，才能形成国际统一认可的规则标准，才能占领国际规则的主导权。我国可尝试在自由贸易试验区范围内，探索开展数字服务的有条件开放，探索建立数字内容"负面清单"管理模式，增加国内市场竞争程度，提高产业生产效率。并及时开展针对数字服务开放的压力测试与效果评估，为应对数字贸易领域内的谈判打下基础。同时，必须鼓励技术先进型企业开展自主创新，在数字技术等相关领域大胆尝试，进行突破性技术创新，提高数字贸易的国际竞争力。

（六）探索事中事后监管规则，规范国内市场良性竞争

数字贸易的监管至关重要，为使我国软件贸易企业更好地适应国际规则的变化，应提高对数据跨境流动、数字化软件产品与服务进出口的监管能力，建立预警监测机制，加强国内市场监管，规范包括电子商务和数字产业在内的市场行为。

# 第八章　京津冀协同创新发展与全国科创中心建设

## 第一节　京津冀协同创新发展战略

京津冀地区是我国北方经济版图的核心，2015 年 4 月 30 日，《京津冀协同发展规划纲要》正式出台。探索京津冀协同创新发展路径，将有效推动京津冀区域整体可持续发展，并对我国其他区域的协同创新发展具有重要的推广借鉴意义。

### 一、京津冀地区创新资源比较

#### （一）创新主体

##### 1. 高新技术企业

京津冀高新技术企业数量、营业收入等在全国并不占优势，但其质量占有绝对优势（见表 8-1），2013 年京津冀高新技术企业新产品 R&D 项目数、出口额分别占全国的 12.2%、5.6%。在三地内部，北京比天津高新技术企业的发展相对较好，R&D 项目数量较多，天津高新技术产业出口额高于北京，河北高新技术企业发展不足。

表 8-1　2013 年京津冀高新技术产业发展状况

| 区域 | 规模以上工业企业个数 | 主营业务收入/亿元 | 利润/亿元 | R&D 项目数/项 | 出口/亿元 |
|---|---|---|---|---|---|
| 全国 | 26894 | 116048.9 | 7233.7 | 80860 | 49285.1 |
| 北京 | 782 | 3826.1 | 292.4 | 5391 | 1118.8 |
| 天津 | 585 | 4243.5 | 297.9 | 2890 | 1537.0 |
| 河北 | 504 | 1381.0 | 107.8 | 1634 | 150.5 |
| 京津冀占全国百分比（%） | 6.9 | 8.1 | 9.6 | 12.2 | 5.6 |

数据来源：《中国科技统计年鉴 2014》。

## 2. 高等院校

高等院校作为向社会输送创新技术、创新人才、创新理念的组织，是最重要的创新源之一。京津冀三地高校数量占全国的 10.5%，其中河北省在高校数量上占有绝对优势，但是从质量上却远远落后于京津两地，118 所高校中只有 1 所"211"高校。北京作为全国的文化中心拥有一大批高质量院校，高等院校中的 R&D 课题投入人员、R&D 课题数远远超过津冀两地，而且创新成果产出也相当丰富，2013 年有效发明专利为 26165 件，是天津的 6 倍、河北的 23.6 倍，北京高等院校的创新能力十分突出（见表 8-2）。

表 8-2　2013 年京津冀高等院校指标对比

| 区域 | 高等院校/所 | 从业人员/人 | R&D 课题/项 | R&D 课题投入人员/（人/年） | 发表科技论文/（篇/万人） | 有效发明专利/（件/万人） |
|---|---|---|---|---|---|---|
| 全国 | 2491 | 2296262 | 711010 | 324494 | 8.3 | 1.0 |
| 北京 | 89 | 139305 | 76331 | 32232 | 53.5 | 12.4 |
| 天津 | 55 | 47123 | 18875 | 10803 | 18.3 | 2.9 |
| 河北 | 118 | 101072 | 16809 | 8664 | 4.2 | 0.2 |

数据来源：《中国科技统计年鉴 2014》。

3. 研发机构

研究开发机构与高等院校是一个地区技术创新能力的直接反映。京津冀地区是全国研究与开发机构最集中的区域之一，其中尤以北京最为明显（见表8-3）。2013年北京共有研究与开发机构380个，占全国总量的10.3%，这个比例远远超出津冀地区。与高等院校情况类似，北京研究与开发机构的数量、产出等各项指标均高于天津、河北两地。河北与天津相比，河北研究机构数量高于天津，R&D人员与天津相当，但承担R&D课题数、产出的科技论文、有效发明专利均少于天津，因此河北研究机构的质量有待提高。

表8-3 2013年京津冀研究与开发机构指标对比

| 区域 | 机构/个 | 从业人员/人 | R&D课题/项 | 发表科技论文/（篇/万人） | 人均有效发明专利/（件/万人） |
|------|---------|-------------|-------------|--------------------------|------------------------------|
| 全国 | 3651 | 761963 | 85069 | 1.2 | 0.4 |
| 北京 | 380 | 163135 | 25540 | 24.7 | 9.2 |
| 天津 | 58 | 15036 | 1228 | 2.0 | 0.6 |
| 河北 | 76 | 19569 | 755 | 0.3 | 0.1 |

数据来源：《中国科技统计年鉴2014》。

（二）创新人才

创新人才对区域协同创新能力的提高是不可或缺的。自主创新活动是创新人才的活动，自主创新能力的提高最终要归结为创新人才创新能力的提高。因此，创新人才的数量与质量，在一定程度上决定了企业、国家自主创新能力的高低，同时也是评价地区创新环境的重要指标。2013年，北京、天津和河北各有R&D人员12.8万人、4万人和4.7万人，广泛地分布于企业、科研机构和高校（见表8-4）。但是R&D人员中从事基础研究人员的数量明显不足，表明基础研发能力较为薄弱。

**表 8-4　2013 年京津冀创新人才分布**

| 地区 | R&D 人员全时当量/人年 | 研究人员/人 | 基础研究/人 | 应用研究/人 | 试验发展/人 |
|------|------|------|------|------|------|
| 全国 | 3532817 | 1484040 | 223192 | 395619 | 2914045 |
| 北京 | 242175 | 127649 | 35933 | 59253 | 146991 |
| 天津 | 100219 | 40325 | 5662 | 13864 | 80693 |
| 河北 | 89546 | 46803 | 5043 | 12615 | 71888 |

数据来源：《中国科技统计年鉴 2014》。

## （三）研发资金投入

2013 年，北京、天津和河北的 R&D 经费内部总额分别为 1185 亿元、428 亿元和 218 亿元，经费筹措来源主要依靠政府和企业资助（见表 8-5）。从 R&D 用途来看，用于基础研究的支出比例普遍偏低，三地支出额分别为 137 亿元、18 亿元和 7.9 亿元，约占 R&D 投入的 11.5%、4.2% 和 3.6%，而基础性研究投入的不足必然制约原始创新的发展。因此，应加大基础研究的投入比例，同时扩充 R&D 经费的来源渠道。

**表 8-5　2013 年 R&D 经费内部总额对比**　（单位：万元）

| 地区 | R&D 经费内部支出 | 基础研究 | 应用研究 | 试验发展 |
|------|------|------|------|------|
| 全国 | 118465980 | 5549512 | 12691151 | 100225316 |
| 北京 | 11850469 | 1372366 | 2580388 | 7897716 |
| 天津 | 4280921 | 180320 | 535021 | 3565580 |
| 河北 | 2818551 | 79114 | 308879 | 2430558 |

数据来源：《中国科技统计年鉴 2014》。

## 二、京津冀协同创新发展中存在的问题

京津冀协同发展这一重大国家战略自提出以来，京津冀三地以协同创新引领协同发展，北京首先提出要建设全国科技创新中心，发挥首都在科技创新领域的服务和示范功能、支撑和引领功能、集聚和融合功能、辐射和带动功能，以此推动京津冀协同发展迈向更深更广的层次。在取得成绩的同时，也应该看到，京津冀协同创新发展仍面临着不少瓶颈与障碍有待突破，尤其是在这一国家战略背景下，首都还应在科技创新的体制机制、成果共享、产业协调、创新引领等方面发挥更大作用。

### （一）促进创新融合发展的机制体制有待进一步完善

自提出京津冀一体化发展以来，三方一直在推进科技方面的合作。京津冀三方科技部门先后签署了《北京市科委、天津市科委、河北省科技厅共同推动京津冀国际科技合作框架协议》《京津冀协同创新发展战略研究和基础研究合作框架协议》等合作协议。但目前为止，充分有效的协同创新体制机制还没有完全建立起来，尚未形成三地创新资源统筹合理配置、创新链条梯度衔接、创新体制机制协调联动的局面。创新主体之间由于分属于不同的地区、部门和系统，人员和经费投入等因素影响了彼此之间的协同创新关系的建立和运行，促进科技资源融合发展的组织模式和运行机制还需要进一步探索。

### （二）科技转化与共享能力有待进一步提升

根据《中国城市创新报告（2015）》对各城市技术产业化能力的测评结果，北京位于上海之后，而天津位于深圳之后，排名第四，前十名中没有包括河北的主要城市。科技成果转化能力不强仍然是影响京津冀协同创新发展的重要瓶颈。主要表现在：科技成果的主要形式

相对比较单一；高等学校、科研机构的科技成果从实验室走进市场总隔着一堵"无形的墙"，科研仪器设备利用效率不高甚至"束之高阁"；新技术新产品推广应用的市场拉动不足，许多经过申请获得批准的专利由于其转化的经济价值或社会价值有限而无法实现转化；在新产品、新设备等市场准入方面，仍存在过于复杂烦琐的多环节、长周期审批核准问题，导致科技成果错失转化和产业化的良机；政府和科研单位之间对科技成果产权关系不明晰，科研单位在进行科技成果转化时往往瞻前顾后、畏手畏脚；传统的科技成果评价方法的影响犹在，应用性研究及其成果没有得到应有的承认等。京津冀三地在基础研究、应用研究、市场导入、成果转化和产业化方面还没有做到紧密结合、成果共享与协调发展，促进政、产、学、研、用协同创新的能力还需进一步提高。

（三）首都科技对京津冀协同发展的引领与带动作用不足

根据《进一步创新体制机制加快全国科技创新中心建设的意见》，北京要深化"首都科技条件平台"建设，进一步完善以科技资源开放量和服务企业业绩为导向的市场化评价机制，鼓励高等学校、科研机构、大型企业向社会开放共享科研仪器设备、数据资料、科技成果和科技人才等科技资源，为中小企业提供联合研发、委托研发、中试检测、技术转移、人才培训等服务。在现实中，京津冀三地还存在科技创新活动交叉重复、分散封闭和"孤岛"现象，河北在创新能力综合测评、创新基础条件与支撑能力、品牌创新能力测评方面与北京、天津的差距还非常大。北京作为全国科技创新中心，具备创新资源聚集、创新示范区实力强大、总部经济明显等诸多优势，但对于周边地区科技资源的融合功能、科技创新的支撑引领功能、京津冀协同发展的辐射带动功能都还有待进一步提升。

（四）促进协同创新的服务体系需要进一步完善

2015 年 2 月，首都科技发展战略研究院发布的"首都科技创新发展指数 2014"数据显示,北京的创新服务在四个一级指标中得分相对较低,提升空间也最大,科技中介服务机构、同业协会等相互协调的科技中介服务体系与深圳存在一定差距。

上海作为全国金融中心,在金融体系方面比北京更为完善,而且上海十分注重出台相关政策加快金融服务创新。2015 年 8 月,上海发布《关于促进金融服务创新支持上海科技创新中心建设的实施意见》,从推动多样化信贷服务创新、发挥多层次资本市场支持作用、增强保险服务科技创新功能等方面多措并举支持科技创新。而北京的金融体系,尤其是风险投资体系存在一定不足,2013 年北京风险投资资金来源中,50%以上均来自企业,而政府所提供的风险投资资金不足 20%。获得政府资金直接支持的创业风险投资机构比例不足 25%,说明北京的风险投资体系中企业仍是投资的主体,政府在资金扶持金额和覆盖面方面仍有较大的不足。

(五) 区域协同创新的政策措施还需进一步落实

为建设全国科技创新中心,北京市构建了"1+$N$"的创新政策体系,包括《关于进一步创新体制机制加快全国科技创新中心建设的意见》和"京校十条""京科九条"等配套政策。2015 年北京市出台了《关于加快首都科技服务业发展的实施意见》,确定了一系列支持措施。实施服务业扩大开放试点,推动科技服务领域政策创新,创新外籍人才出入境政策,将 1.5 万余家科技服务企业和高新技术企业等纳入政策范围。在中关村国家自主创新示范区实行"1+6"和"新四条"等试点政策,扩大税前加计扣除的研发费用范围、科技成果使用处置和收益管理改革等 6 项政策推广到全国。到目前为止,新政策还处在消化期,许多科技成果转化的激励政策还没有落到实处,加快科技成果应用和新兴产业发展的企业扶持政策也需要进一步加强。同时,这些政策措施也仅局限于北京一地,没有辐射覆盖到其他两个地区,政策的联动效应还没有发挥出来。

### 三、推动京津冀协同创新发展的政策建议

在京津冀协同发展这一国家战略的大背景下，北京作为全国科技创新中心需承担更多的核心功能，充分发挥北京科技创新资源优势，推动京津冀协同创新与产业协作，着力推进京津冀协同创新共同体建设，支撑引领京津冀协同发展等国家战略实施。应贯通京津冀地区产业上下游链条，构建科技功能分工明确、产业链与创新链高效衔接、创新要素有序流动与共享的区域创新驱动发展格局，打造世界级创新型城市群。

（一）推动体制机制创新

（1）建设京津冀协同创新共同体。以促进创新资源合理配置、开放共享、高效利用为主线，以深化科技体制改革为动力，推进区域协同创新，打造引领全国、辐射周边的创新发展战略高地。积极推进京津冀区域全面创新改革试验，全面打造协同创新共同体，探索一批可在全国复制、推广的改革措施和创新性政策。推进区域创新资源统筹合理配置、创新链条梯度衔接、创新体制机制协调联动，形成具有区域特色的创新制度安排和政策体系。

（2）推进创新体制机制协调联动。设立跨省市的全面创新改革领导机构，成立"京津冀创新协同发展战略指导工作组"，协调各部门、各地区或各级政府的行动与具体政策，研究制订《京津冀协同创新发展的战略机遇、重大挑战和联合行动计划》，倡导和牵头进行《京津冀促进科技成果转化条例》的研究和制定工作，出台与国家法律配套的地方法规。

（二）搭建区域创新合作体系

（1）建立跨区域创新协作服务平台。发挥首都科技条件平台作

用，建设首都科技大数据平台，为京津冀三地企业、科研机构提供联合研发、测试检测、技术转移等多种服务，开展产业关键共性技术研发、技术标准创制等工作。建立跨区域创新协作服务平台，引导北京创新创业服务机构在津冀设立分支机构，通过"线上信息对接+线下专业服务"的平台模式，形成辐射全国的技术转移枢纽。

（2）完善融合创新合作体系。积极推动京津冀三地创新主体市场化合作，协同实施一批技术创新工程，联合建立一批产业技术创新战略联盟，联合组建一批高端实验室、技术中心、工程（技术）研究中心，共建一批科技园区和创新社区，构建企业、高校院所、产业投资机构、科技咨询机构等多主体参与的创新合作体系。围绕传统产业升级改造、新兴产业培育、大气污染治理、城市综合运行等方面，加强关键技术联合攻关和集成应用。

（三）推动技术创新与产业创新

（1）实施技术创新跨越工程。实施知识创新中心计划和技术创新跨越工程，打造全球原始创新策源地，在新一代信息技术、生物医药、能源、新能源汽车、节能环保、先导与优势材料、数字化制造、轨道交通等产业领域实施八大技术跨越工程，引领支撑首都"高精尖"经济发展。引导首都创新成果等在合作区域产业化，培育区域性高端产业发展，促进以创新驱动为主导的高端产业在京津冀地区逐步形成。

（2）推动京津冀产业协同发展。从目前产业发展现状来看，两市一省的产业差异性比较强。北京以现代服务业为主导，总部经济、科技研发、高端服务优势突出；天津是加工业主导型发展模式，产业优势在于高端制造、研发转化和国际港口；河北是资源型主导发展模式，产业优势在于资源优势、成本优势和加工优势。北京建设全国科技创新中心，有助于首先辐射并服务于京津冀地区，密切京津冀三地的创新联系和产业联系，形成"北京基础研究和原始创新—天津技术研发和成果转化—河北技术承接和产业化"的产业链条，同时促进天津

"全国先进制造研发基地"、河北"产业转型升级试验区"战略目标的顺利实现，为京津冀协同发展格局奠定良好的基础。要优化区域创新格局和产业合作格局，促进京津冀各区域产业高端化、精细化、差异化发展。加快推动高端要素资源向"六高四新"集聚，完善高端产业功能区配套服务体系，增强产业承载能力，培育各具特色的优势产业集群。不断提升首都科技、信息、金融、商务等服务业的辐射带动能力，合作搭建京津冀服务业融合创新和展示交易平台，推动形成覆盖区域的生产性服务业辐射圈。推动以科技服务业、"互联网+"和信息服务业为代表的现代服务业高端发展，促进服务业向专业化、网络化、规模化、国际化方向发展。

（四）构筑开放创新高地

（1）建立健全国际科技合作机制。落实《京津冀国际科技合作框架协议》，建立和完善合作机制，充分利用和共享中国（北京）跨国技术转移大会等国际创新合作平台，进一步对接国际创新资源和渠道，推动国际创新项目成果在京津冀地区落地。鼓励京津冀三方共享国际科技合作资源，建立国际科技合作机制，推动园区、机构、技术成果落地京津冀地区。促进大型科学仪器设备、重大科技基础设施、重大科学工程和科技信息资源等的共享共用。定期召开京津冀技术成果转化对接（或产业投资需求对接）推介会。

（2）构筑全球技术创新合作网络。坚持"引进来"与"走出去"并重、引智引技和引资并举，吸引国际高端创新机构、跨国公司研发中心、国际科技组织落户。在研发合作、技术标准、知识产权、跨国并购等方面为企业搭建服务平台，鼓励企业建立国际化创新网络。加快亚欧创新中心、中意技术转移中心、中韩企业合作创新中心等国际技术转移中心建设，推动跨国技术转移。鼓励国内企业在海外设立研发机构，加快海外知识产权布局，参与国际标准研究和制定，抢占国际产业竞争高地。鼓励拥有自主知识产权和品牌的企业开拓国际市场，培育以技术、标准、品牌、质量、服务为核心的外贸竞争优势，提高产业在全球价值链中的地位。

（五）构建鼓励协同创新的优良服务环境

（1）推动区域创新资源共享。整合京津冀地区科技信息资源，建立工作信息沟通机制，跟踪发布科技合作动态、针对热点问题开展舆情分析，促进三地科技项目库、成果库、专家库、人才库等信息资源互动共享。建立健全组织方式、工作机制和绩效评价体系，进一步提高科研基础设施、科学仪器设备、科学数据平台、科技文献、知识产权和标准等各类科技资源的共享和服务能力。

（2）优化协同创新发展的"软环境"。建立京津冀有机衔接、互联互通的合作体系，打造区域协同创新中心。进一步落实建立京津冀区域协同创新发展战略研究和基础研究长效合作机制，搭建三地共同研究战略平台，重点聚焦科技创新一体化、生态建设、产业协同发展、政策协同创新、科技资源共享等方面，打造京津冀科技协同创新发展的"软环境"。建立便捷高效的商事服务机制，推动集群注册登记、"先照后证"等改革，降低创业门槛。鼓励社会资本投资兴办孵化机构，引导孵化机构提升产业培育能力。培育和发展要素市场，完善技术市场运行机制。加快推进研究开发、技术转移和融资、知识产权服务、第三方检验检测认证、质量标准、科技咨询等机构改革，构建社会化、市场化、专业化、网络化的技术创新服务平台。

（3）打造科技创新人才高地。建立京津冀人力资源开发孵化基地，加强创新人才和科技人才的联合培养，加强区域科技人才制度衔接。创新人才机制，探索建立分层次、多领域的引才用才平台，凝聚和培养一批高端技术人才、科技成果转化人才和项目管理人才，推进人才集群化发展。鼓励入选"千人计划""海聚工程"等高层次人才积极参与重大专项。探索建立灵活多样的创新型人才流动与聘用方式。推动共享专家智库信息，筛选出京津冀协同创新领域表现突出的科技人才，定期开展京津冀人才（国际研究人员、技术经理人、技术经纪人等）培训班。

（六）完善协同创新政策体系建设

（1）强化科技创新顶层设计。落实《关于建设京津冀协同创新共同体的工作方案（2015—2017年）》和《北京技术创新行动计划（2014—2017年）》，研究在京津冀区域内实现高新技术企业互认备案、科技成果处置收益统一化、推行创新券制度等相关政策。落实《北京加强全国科技创新中心建设总体方案》，分解任务、分步实施，明确关键点、责任部门，切实保障各项任务和改革措施落地。研究制订好一系列专项行动计划，从不同层面、针对不同领域将国家重大创新部署落细落实。推动中关村自主创新示范区政策在京津冀相关地区落地。研究自主创新示范区、自贸区、保税区等多区政策叠加对协同创新的激励方式，探索"负面清单""权力清单"等行政管理体制改革模式。

（2）完善协同创新投融资政策。健全多元化投入体系，鼓励多种方式筹措创新资金。促进三地投融资市场融合，配合科技部发起设立"京津冀科技成果转化联合投资基金"，引导社会资本加大投入，加快推进京津冀区域协同创新发展。改善科技型中小企业融资条件，鼓励金融机构推进知识产权质押贷款、科技保险、科技物业资产证券化等科技金融产品创新，促进科技成果资本化、产业化。完善无偿资助、偿还性资助、贷款贴息、风险补偿、股权投资、后补助等多样化财政资金支持方式。探索采用创新券制度，促进中小企业联合高等学校、科研院所开展科技攻关。

（3）完善创新政策配套体系。围绕"1+N"创新政策体系，研究出台促进全国科技创新中心建设，推动京津冀协同创新发展的具体政策，完善高校院所、财税、金融、人才、国资国企改革等领域的配套政策。深入实施服务业扩大开放试点，推动科技服务领域政策创新，创新外籍人才出入境政策。开展科技服务业创新发展试点，探索通过后补贴、联盟购买服务等方式，引导行业龙头企业开放技术和市场资源，建设市场化运作的公共服务平台。

## 第二节 全国科技创新中心建设的核心功能

2014 年 2 月 26 日，习近平总书记在北京视察工作时指出，"要明确城市战略定位，坚持和强化首都全国政治中心、文化中心、国际交往中心、科技创新中心的核心功能，努力把北京建设成为国际一流的和谐宜居之都"。研究北京建设全国科技创新中心的核心功能具有重大意义。

### 一、国内主要科技创新中心的功能定位

（一）上海建设具有全球影响力的科创中心

2015 年 5 月，上海出台《关于加快建设具有全球影响力的科创中心的意见》，提出要建设具有全球影响力的科技创新中心，成为世界创新人才、科技要素和高新科技企业集聚度高，创新创造创意成果多，科技创新基础设施和服务体系完善的综合性开放型科技创新中心，成为全球创新网络的重要枢纽和国际性重大科学发展、原创技术和高新科技产业的重要策源地之一，跻身全球重要的创新城市行列。

（1）协同创新的核心城市。上海作为长江经济带的龙头，将加强与长三角地区的协同与合作，形成差别发展、优势互补的区域创新体系。作为区域创新中心的核心城市，上海将主动发挥枢纽作用，加快全球研发、金融、贸易和航运中心建设，加强创新服务体系，带动、服务和引领长三角地区的转型升级，形成以上海为核心，南京和杭州

为两翼的长三角创新中心，以提升整体创新竞争力。

（2）创意加高端制造中心。以高端制造业为支撑，以创意产业提升产业技术创新水平，提高设计和集成创新能力；重点增强大飞机、核电、大规模集成电路及装备、新能源汽车等高端装备集成制造能力。建设关键共性技术研发中心和产业化示范基地，积极发展服务型制造业和高技术生产型服务业，带动长三角地区的制造产业链升级，形成以制造业为基础的区域创新中心。

（3）多元化的创新创业中心。长期以来，上海的大型国有企业和外资企业占比较高，技术来源以引进技术消化吸收和改进创新为主，研究开发投入中政府和外资比例较大。要营造有利于创新创业的生态环境，形成企业成长机制，调动民间创新创业的动力与活力。

（4）面向全球开放的科技创新中心。国际创新中心对环境的要求要高于对国际都市的要求，建设国际科技创新中心需要国际经济中心、金融中心、贸易中心和航运中心的支持，上海在国际大都市的基础上，瞄准国际化标准，增强创新能力，从"四个中心"向"五个中心"转化。在人才政策、资本市场、知识产权保护等创新环境建设上与国际接轨，提高上海作为区域创新中心的核心城市的全球影响力。

（二）深圳建设具有世界影响力的一流科技创新中心

2014年，深圳出台《深圳国家自主创新示范区发展规划纲要（2015—2020年）》，明确提出五大战略定位，即创新驱动发展示范区、科技体制改革先行区、战略性新兴产业聚集区、开放创新引领区和创新创业生态区。在发展目标上，提出到2020年，将深圳建设成为具有世界影响力的一流科技创新中心。

（1）创新驱动发展示范区。强化科技同经济对接、创新成果同产业对接、创新项目同现实生产力对接、研发人员创新劳动同其利益收入对接，严格知识产权保护，增强科技进步对经济发展的贡献度，实现经济增长方式从要素驱动、投资驱动向创新驱动转变，率先实现创新驱动发展，争当国家科技创新排头兵。

（2）科技体制改革先行区。围绕推进科技治理体系和治理能力现代化，加快推进科技投入机制改革，破除影响创新驱动的制度藩篱，加强科研项目和资金管理，建立适应不同科技创新主体和项目的财政支持机制。促进科技资源开放共享，优化科技创新综合评价体系。

（3）战略性新兴产业聚集区。推进科技创新与产业发展无缝衔接，以技术创新孵化和培育新兴产业，聚焦3D打印、虚拟现实、人工智能、生命健康、脑科学等前沿技术，加强电子信息、新能源、新材料、生物医药等核心关键技术研发，推动战略性新兴产业和未来产业的深入发展，打造国家级战略性新兴产业集群。大力推动移动互联、大数据、云计算、物联网等与各行各业相结合，运用"互联网+"创新要素整合与共享，促进技术进步、效率提升和组织变革，催生产业新形态。

（4）开放创新引领区。面向"一带一路"国家发展战略，发挥深圳中心城市的辐射带动作用，强化区域创新合作交流。加强国际科技合作，积极对接国际高端人才、先进技术、资本和研发资源，强化产能输出、技术溢出和成熟模式的国际辐射，整合利用全球创新创业资源，打造全球创新网络的重要枢纽和国际性重大科学发展、原创技术与高新科技产业的重要策源地之一。

（5）创新创业生态区。聚焦创客需求，在发展空间、资金扶持、技术支撑、公共服务等方面，制定形式多样、机制灵活、更具吸引力的多层次政策措施，发挥基础优势，利用制造业雄厚和产业链齐全的条件，集聚整合全球创客创新资源，打造国际性活动品牌，努力打造交流广泛、活动集聚、资源丰富、成果众多、创业活跃的国际创客中心。

## 二、北京作为全国科技创新中心的核心功能

北京建设全国科技创新中心，应当坚持高起点、高标准，立足全球，高端定位，争取成为全国乃至全球科学发现的前沿阵地、技术发明的强大引擎、产业发展的核心平台、价值发掘的战略高地以及效应发散的重要枢纽。

### （一）科学发现的前沿阵地

科学发现是技术创新的先导和前提。全国科技创新中心最基础的功能是培养和集聚大量高端科技创新人才和机构，聚焦重大前沿基础研究领域，形成一批具有影响力的原创理论和思想，打造全球科学创新的重要策源地。

#### 1. 集聚一批高素质的基础研究人才和团队

创新活动的开展源于创新思想的产生，而创新思想的产生离不开高素质的基础研究人才和团队。他们依托高等院校、科研院所等创新载体，通过知识投入，贯穿于创新活动的始终，是创新战略的决策者、创新要素的组织者、创新过程的管理者和创新风险的承担者，并通过人力资源的流动，保证知识溢出在不同创新主体之间进行。建设全国科技创新中心要坚持两条腿走路，一方面加快完善本地的高端基础研究人才培养体系，另一方面在全球范围内发掘顶尖人才和团队，为科技创新活动提供源源不断的高层次人才和智力支撑。

#### 2. 建设一批世界一流的高等院校和科研机构

高等院校和科研机构是科学研究最重要的主体。现代高等院校一般具有知识输出、人才培养、创新实践三大功能。一方面，它是创新知识的重要来源、创新人才的培养基地。大量高校毕业生学成之后进入企业工作，为企业的技术创新提供了源源不断的智力支撑。另一方面，它与产业界的联系日益紧密，许多创新产业集群如美国加州的硅

谷和波士顿地区的 128 公路，都是以大学为核心发展起来的。科研机构除独立研究外，还经常通过联合申报、共同研究等形式与高等院校开展合作，通过产学研战略联盟、产业技术创新战略联盟等形式与企业建立联系，优势互补，共同攻关，提高科技研发能力，降低创新风险。全国科技创新中心的核心功能之一，就是建设一批世界一流的高等院校和科研机构，不断推动网络数据科学、纳米科学、核科学、航空宇航科学、量子信息学等前沿基础学科的发展与完善。

3. 涌现一批标志性、革命性、颠覆性的科学理论和思想

创新成果是创新活动的主要产出，也是全国科技创新中心核心功能的重要衡量指标。北京作为全国科技创新中心，要牢牢把握科技革命大趋势，以国家目标和战略需求为导向，聚焦脑科学研究、量子通信研究、纳米科学研究等领域，超前部署一批大科学中心、国家重点实验室等科研创新基地，加快推进高能同步辐射光源验证装置、综合极端条件实验装置、地球系统数值模拟器等大科学装置建设，通过研究形成一批标志性、革命性基础研究理论和思想，逐步强化原始创新能力，并确保基础研究投入强度全国领先。

（二）技术发明的强大引擎

技术发明是产业发展的重要基石。全国科技创新中心的另外一项重要功能是以企业为主体，围绕国家经济社会发展重大需求，突破一批具有全局性、前瞻性、带动性的关键共性技术，并加快科技成果向现实生产力转化。

1. 突破一批全局性、前瞻性、引领性、关键共性技术和核心瓶颈技术

技术创新能力是全国科技创新中心保障自主创新成果的源头供给和抢占世界科技发展制高点的关键。建设全国科技创新中心，要集聚一批世界知名企业的技术创新总部，以新一代信息通信技术、数字化制造、生物医药、新能源、先导与优势材料、轨道交通等领

域为重点，联合相关高等院校、科研院所和上下游企业，构建创新合作网络，深入研究制约经济社会发展的关键领域和环节，促进基础性、系统性、带动性技术研发领域不断取得突破，产生一批世界前沿的技术和成果。

2. 诞生一批全球有影响力的"引擎"企业和高成长型创新企业

企业是技术创新活动的主要组织者和骨干力量，要成为全国科技创新中心，必须有若干国家和世界级的领军企业。其中，以大型科技类企业为代表的"引擎"企业集中了行业绝大部分研发投入与产出，带动着产业链上下游企业以及相关配套产业的发展，对整个城市的技术创新活动具有带动和组织作用。大量中小型科技企业，特别是高成长型创新企业的高度集聚，构成了一个城市的创新活力，并有望成长为未来的"引擎"企业。全国科技创新中心要建立覆盖企业初创、成长、发展等不同阶段的政策支持体系，培育一批具有国际竞争力的创新型企业和国际知名品牌。

3. 实现全球领先的技术成果转化效率

技术成果转化是打通科技和产业、科技与经济的通道。全国科技创新中心要深化和完善中国技术交易信息服务平台，建设全国统一的技术交易信息披露、报价和支付系统，开展技术转让、难题招标、拍卖等公开交易模式创新，加快全国技术市场一体化进程。同时，针对目前成果转化过程中存在的供需信息不对称、技术价值难量化、技术交易难推进等问题，探索建立技术评估指标体系与评估系统，为广大技术拥有者、投资方、科技服务机构提供技术成果转化、技术产业化、科技投融资等全方位评估，通过全球领先的科技成果转化效率发挥高新技术的带动作用。

**(三) 产业发展的核心平台**

全国科技创新中心的建设以科技研发能力为基础，但只有拥有完整的创新链，实现服务尤其是资本与科技创新活动的相互支撑，才能将科技创新成果和创意产业化，引领支撑产业向"高精尖"方向发展，提升科技创新的经济带动力。

1. 加快构建"高精尖"产业创新体系

建设全国科技创新中心要有"高精尖"的产业结构作为支撑。只有建立起高端引领、创新驱动、绿色低碳的产业发展模式，才能真正实现从科技到经济的跨越。构建"高精尖"产业创新体系，一方面，要通过源头性技术突破培育和衍生新兴产业和产业链，不断催生新技术、新产品、新模式、新业态，重点打造下一代信息技术、生物医药、新材料与新能源、高端制造、环保等战略性新兴产业和现代生产性服务业集群。另一方面，要推动信息化与工业化融合，利用信息智能技术推动传统制造向现代"智造"转变，在研发、品牌、流通等产业服务化领域形成竞争力，带动传统制造产业转型升级。

2. 创新服务助推科技型企业做大做强

创新服务是指为支撑和促进科技创新主体的创新活动而提供的社会化、专业化服务，它通过开展与科技创新直接相关的信息服务、企业孵化服务、新技术交易服务、资金服务、法律咨询服务、专业技术培训服务等，为知识和技术的买卖双方搭建交流平台、提供精准服务，有效降低创新成本、化解创新风险、加快科技成果转化、提高整体创新效率，对知识流动和技术转移发挥着关键性的促进作用（见表8-6）。建设全国科技创新中心要不断加强研究开发、技术转移和融资、计量、检验检测认证、质量标准、知识产权和科技咨询等公共服务平台建设，推动科技服务业向高端化、专业化、网络化、规模化、国际化方向发展。

表8-6　创新服务分类及服务内容

| 服务分类 | 服务机构 | 服务内容 |
|---|---|---|
| 信息咨询服务 | 技术信息和工程技术信息服务中心 | 开展信息服务，遵循用户的信息需求，提供相关的科技信息，为用户消除信息的不确定性和信息的不对称性，尽可能全面、及时、准确、真实地掌握信息，使之得以充分合理利用，提高信息的使用效率 |
| | 企业技术诊断所、专家咨询思想库 | 为企业技术疑难病症进行会诊，找出问题的原因，提出解决的办法和对策，或为企业的技术发展进行战略规划，并寻求发展思路 |
| 成果转移服务 | 技术产权交易机构 | 实现技术、知识转移的商业化，谋取最大的经济效益，交易的主要内容有专利代理、许可证办理、合同登记、交易合同认定、知识产权的认定与变更登记、技术软硬件产品等技术商品的买卖 |
| | 生产力促进中心 | 开展技术信息咨询、诊断、培训、代理、评估、交流、推广等服务，政府推动企业技术进步的助动器，通过科技资源的组织，帮助企业建立技术创新体系，增强市场的核心竞争力 |
| | 企业技术中心 | 科技成果的研究、开发，形成企业主导产品关键技术的自主开发能力，拥有自主知识产权，形成核心技术，为企业发展提供持续不断的技术支持 |
| | 工程研究中心 | 科研、开发、产品、市场融为一体的实体机构，解决科技成果产业化、市场化、规模化的问题 |
| | 商会、行业和协会组织 | 机构向会员提供技术咨询、人员培训、成果转化、资质认证、信誉评估等中介业务，最大可能地为会员增加创收服务 |

| 服务分类 | 服务机构 | 服务内容 |
|---|---|---|
| 投融资服务 | 科技投资信托、创新投资、风险投资咨询、创业投资担保 | 高新技术产业化的起步和发展进行风险投资、投资咨询和担保 |
| 法律监督服务 | 科技法律事务所、专利事务所 | 为科技成果提供的法律服务，包括专利申报代理、专利纠纷的法律诉求、专利实施的保护、科技法律咨询、科技法律的事务代理 |
| 法律监督服务 | 知识产权评估中心和科技评估中心 | 承担着技术价值、技术背景、市场分析，商业化前景、技术的可开发性等内容的评估工作，同时开展科技项目的评估论证 |
| 企业孵化服务 | 企业服务器和技术创业服务中心 | 孵化科技创新企业和中小企业；为企业提供场地、后勤服务，制订经营规划，科研设备、资金贷款担保，律师、会计等专业人才培训、咨询、调研；提供代理工商、税务手续等创业条件；给予科技产品的开发—生产—市场全过程支持 |

资料来源：根据相关文献整理。

### 3. 积极推进资本与科技产业化深度融合

科技创新始于技术、成于资本，资本市场的培育和金融机构的支持是全国科技创新中心建设和发展的重要保障。风险资本是知识资本和金融资本的结合，新思想、新点子的市场化和新企业的成长都需要风险资本的催化，因此风险投资一般发生在应用研究和中试阶段。金融机构风险偏好程度相对较低，更多时候在企业的产业化和商业化阶段投入资金，以推动技术创新成功进入市场。全国科技创新中心要集聚国内外有实力的金融机构和风险投资机构，强化金融机构和资本市场对科技创新的支持，鼓励金融机构和资本市场开展科技金融创新，形成强大的科技金融资金流通能力，有力支持首都、京津冀乃至全国科技创新、创业、科技型企业和产业发展。

## （四）价值发掘的战略高地

全国科技创新中心建设的高级境界是深入推进全面创新改革试验，在北京形成有利于科技创新的政策制度、文化氛围，探索出一套可复制、可推广的创新模式，为建设创新型国家提供强有力的支撑。

1. 健全有助于科技创新的政策制度

政策制度是科技创新体系中的重要一环。政府可以通过制定相应的财税金融政策，鼓励企业增加研发投入，解决中小型科技企业和创新型企业的融资难问题；可以通过制定相应的产业政策，引导传统产业向高科技产业和现代服务业转型升级；可以通过制定相应的人才政策，保证重要创新资源的快速流动和高效配置；还可以通过制定相应的知识产权保护制度、科技成果转让制度、成果收益分配制度等，健全知识产权交易市场，有效激发创新热情（见表8-7）。全国科技创新中心要充分发挥京津冀全面创新改革试验区和中关村先行先试的政策优势，通过体制和机制创新打通"政产学研金介用"整个创新链条，成为全国乃至全球创新创业首选地和示范地。

### 表8-7　创新政策分类、内容及作用机理

| 政策 | 内　容 | 作用机理 |
|---|---|---|
| 财政政策 | 对基础研究给予研发补贴与税收优惠等 | 税收减免，加速R&D设备的折旧，技术方面与国外交易所得收入的税收减免，向R&D机构或大学提供捐款或捐赠设备的税收减免，对新产品开发或工业产品的国有化税收减免 |
| 金融政策 | 提供买方信贷，建立风险投资基金资助和激励创新，为政策性金融机构提供低息贷款 | 促进风险投资发展优惠政策、鼓励风险资本和各种基金对创新的投入，用于创新启动资金和发展快能创造大量就业机会的创新企业；建立风险投资基金对创新的支持，创造条件，发展以创新企业为主的资本市场 |

| 政策 | 内　容 | 作用机理 |
|------|--------|----------|
| 采购政策 | 规定采购产品的对象、技术标准、价格、数量、比例、采购款的来源与支付方式 | 政府采购手段为技术创新创造需求和提供市场 |
| 人才政策 | 技术入股制度，科技人员持股经营制度，技术开发奖励制度 | 形成以保护知识产权为核心的分配制度和经营制度，使科学和技术成果在参与企业的经营和分配中获得其应有价值，激发科技人员的技术创新和创业精神 |
| 中小企业政策 | 政府融资、风险资金、项目支持、信贷担保等中小企业政策 | 增强了资助渠道的透明度，向中小企业提供有关组织与管理问题的咨询渠道，帮助中小企业聘用或雇用研究人员和工程技术人员，可以增强中小企业吸收和应用新知识、新技术的能力 |
| 产业政策 | 产业结构、产业组织、产业技术、产业布局政策 | 对促进技术创新十分重要，对技术的引进、联合开发与自主开发有较强的指导作用；设立科技园和高新技术开发区，促进高新技术产业发展，推动技术创新与扩散 |

资料来源：根据相关文献整理。

2. 营造有助于科技创新的文化氛围

创新文化是创新精神的孵化器，创新文化可以从价值观念和行为规范等方面激发创新主体的创新行为，推进全国科技创新中心建设。全球知名的科技创新中心如硅谷、纽约、伦敦等的成长壮大都得益于鼓励创新、宽容失败、崇尚竞争、合作共享的文化氛围。北京是全国的政治中心，"等级制""官本位"思想的影响比较深远，市场意识不强，未来要主动创造、扩大及优化有利于各种创新要素的聚合与聚变的创新创业人文环境，积极开展创新创业文化宣传活动，大力支持高校院所开设创业课程，传播创业理念，着力培养以大企业离职人才、海外留学归国人才、高校人才、90后大学生等为主的创新创业群体围绕互联网跨界需求，发掘新的服务，创造新的价值，打造国际科技创新文化的先行区。

**（五）效应发散的重要枢纽**

全国科技创新中心建设的终极目标是把握"一带一路"、京津冀协同发展等重大机遇，统筹国内国外两种资源、两个市场，强化国内外创新资源整合能力，将北京打造成为可以比肩硅谷的全球重要科技创新中心，代表国家参与国际创新竞争，增强我国在全球创新网络中的影响力和引导力。

1. 积极推动京津冀协同创新

北京建设全国科技创新中心，既要立足北京，又要跳出北京。首先就是要整合区域的创新资源，优化区域创新资源配置，以北京全国科技创新中心建设为契机带动整个京津冀地区的创新发展。要依托京津冀协同创新共同体，搭建知识资源共享平台，共建产业发展促进中心、产业孵化基地、科技园区，加速知识外溢，推动京津冀地区创新要素市场一体化。同时，强化中关村的技术发现、源头支撑、示范引领作用，优化区域分工和产业布局，通过"科技研发+中试基地+产业化基地"的合作模式，形成京津冀创新产业集群，为京津冀协同发展提供有力支撑。

2. 强化对全国科技创新的支撑和辐射

建设全国科技创新中心要发挥首都优势，进一步加强北京的科技资源融合功能、科技创新的支撑和引领功能，提高科技创新覆盖和辐射的广度和深度。要利用北京优势，构建并完善中央和地方科研及产业资源对接机制，鼓励和支持地方院校、企业与国家级院校、企业合作开展研究，共建共享国家科学中心、重点实验室、工程（技术）研究中心。要进一步集成已有的科技条件平台和中介服务机构资源，加快科技创新创业载体建设，建设一批高端化、专业化、多元化的服务支撑平台和配套服务支撑体系，不断推进产品创新、应用创新、品牌创新、业态创新和商业模式创新，建立一系列鼓励创新的体制机制，为国家全面创新改革积累新经验、提供新思路。

3. 推动与全球科技创新网络的交流与合作

全国科技创新中心还要成为我国在全球科技创新网络中技术、信息、人才、资本、服务联系与流动的重要枢纽，不仅具备强大的知识、技术生产能力，而且要通过引进来、走出去等形式与全球科技创新网络开展交流与合作。一要充分发挥服务业扩大开放综合试点和中关村国家自主创新示范区政策叠加优势，吸引海外顶尖科学家和团队来京发展，鼓励跨国公司在京设立研发中心，鼓励国外标准、计量、检测、认证服务机构共同参与科技创新服务平台建设。二要加快科技创新走出去步伐，鼓励行业龙头企业、创新型领军企业在海外布局研发中心，支持科研院所、高校和企业在境外申请专利，积极参与国际标准制定，鼓励创新成果在全球范围内落地，推动知识产权等科技服务加快融入全球化进程。三要利用大国首都优势，集聚国际组织机构、汇聚全球媒体、学术资源，积极组织国际会议与国际活动，增强北京在全球科技创新体系中的影响力和渗透力。

北京全国科技创新中心的核心功能要紧密结合京津冀协同发展的大战略，深入分析三地的需求和短板，由近及远、由易到难，重点在技术就近转化和承接载体建设上下功夫，既要培养引领京津冀协同发展的新动能，又要推动三地的融合发展和产业升级。

## 第三节　建设全国科技创新中心的思路与举措

### 一、北京科技创新的成果与不足

近年来，北京积极探索，在创新主体、创新载体、创新服务、创新政策、创新体制机制等方面取得了重要进展，但建设全国科技創新中心城市仍然面臨諸多固有挑戰，亟待加強科技供給側結構性改革。

（一）自主創新能力顯著增強，但原始創新能力仍待提升

據統計，現代技術革命的成果約有90%源于基礎研究和其他原始性創新。近年來，北京地區的單位承接了10多個國家科技重大專項，涌現出北斗衛星導航系統、超大規模集成電路、第三代核電技術、碳基集成電路、遺傳診斷技術、三維感知技術等一批處于國際前沿水平的重大科技成果。"十二五"期間，北京地區的單位累計獲得國家科學技術獎項目數量占全國的比例超過30%，中關村企業累計創制國際標準184項。截至2016年年底，北京萬人發明專利擁有量超過70件。但總體來看，基礎研究薄弱，原始創新能力不足仍然是科技創新的短板，突出表現在諾貝爾自然科學獎獎項少、世界級科技領軍人物少、關鍵領域核心技術對外依賴度大、科技論文質量不高等方面。

（二）高端創新要素不斷聚集，但缺少科技領軍企業

目前，在京兩院院士有700多人，約占全國的1/2。國家重點實驗室79個，試點國家實驗室3個，國家工程技術研究中心近70家，分別約占全國的1/3和1/5。各類科研院所400多家，位居全國首位。2016年，研究與試驗發展活動人員達36.2萬人，經費投入占北京地區生產總值的比例達到5.9%，位居全球領先水平。創業投資和股權投資管理機構3800家，管理資金總量約1.6萬億元人民幣。國家高新技術企業超過1.2萬家，約占全國的1/6。擁有跨國公司地區總部159家，外商自建研發機構57家，中外合資共建研發機構22家。但與之形成巨大反差的是，科技創新行業領軍企業缺少，既缺少像通用電器、西門子、微軟、IBM等全球領先的國際科技領軍企業，也缺少像華為、阿里巴巴、華大基因等全球知名的本土科技領軍企業。

（三）"高精尖"经济结构初步显现，但科技成果转化能力仍有较大提升空间

北京积极促进科技成果转化，加快推动经济向"高精尖"结构转型发展，科技创新对产业高端化发展作用显现。位于中关村的中国国际技术转移中心集聚了近 150 家技术研发机构、服务类机构、创新创业孵化类机构、国外技术代理公司，形成了科技领域的"小生态"，已经开拓了 50 多个国家、近 2000 条国际渠道，并与 30 多个国家的 200 多家机构建立了合作关系。2015 年，科技服务业增加值 1820.6 亿元，占北京地区生产总值的 7.9%。金融、信息、科技服务三大优势产业对经济增长贡献率超过 70%。"十二五"时期，单位地区生产总值能耗、水耗累计分别下降 24.5% 和 20.2%。但科技成果转化能力不强，仍然是影响全国科创中心建设的重要瓶颈。据统计，自 2006 年以来，北京高校专利出售数量一直维持在极低水平，增幅并不明显，仅从 2006 年的 88 件增长至 2014 年的 197 件，远远低于高校专利申请数量和授权数量的增长。同样，高校的技术转移合同数量在 2006 年到 2014 年期间也一直徘徊在 1000 件左右，未能有所突破。

（四）体制机制和政策创新不断，但改善空间依然巨大

北京制定实施了《关于深化科技体制改革加快首都创新体系建设的意见》和《关于进一步创新体制机制加快全国科技创新中心建设的意见》，深入推进中关村国家自主创新示范区建设，开展服务业扩大开放综合试点等，组织实施创新券制度，体制机制改革和政策创新"两手抓"，不断为科技创新发展注入新动能。然而，作为全国科创中心建设的重要承载区——中关村科技园，依然面临国家、北京、管委会的纵向联动机制创新，央地协作、军民融合、园区统筹的横向协调机制创新，才能更加有效整合多方资源，统筹推进一区

16园发展。相对而言，北京在科技中介服务方面与深圳存在一定差距，在科技金融方面与上海的差距明显。此外，科技成果转移转化等一系列新政策还处在消化期，政策激励还没有落到实处，加快科技成果应用和新兴产业发展的企业扶持政策也需要进一步加强。

（五）辐射引领能力较强，但京津冀协同创新发展有待提升

据测算，北京在首都科技创新发展的辐射引领指标得分从2010年的75.12增长至2014年的79.20，年均增长1.02分。据统计，2015年北京技术合同成交额达到3452.6亿元，占全国的35.1%。"十二五"期间北京的技术合同成交额的70%以上辐射到京外省市和国外，覆盖全国全部地级以上城市，其中输出到津冀的技术合同成交额增长了67.7%。在京津冀协同发展战略下，三地签署了《北京市科委、天津市科委、河北省科技厅共同推动京津冀国际科技合作框架协议》《京津冀协同创新发展战略研究和基础研究合作框架协议》等合作协议，规划建设京津冀协同创新共同体。然而，京津冀协同创新发展仍面临明显制约，一是北京对于周边地区科技资源的融合功能、科技创新的支撑引领功能、对京津冀协同发展的辐射带动功能仍待进一步提升；二是在基础研究、应用研究、市场导入、成果转化和产业化方面结合不紧密；三是创新资源统筹合理配置、创新链条梯度衔接、创新体制机制协调联动机制远未形成。

## 二、全国科技创新中心建设的方向和举措

面对新形势、新任务与新要求，北京市要围绕全国科技创新中心建设发力，围绕重大工程突破攻坚，围绕战略产业聚焦施策，向体制机制改革要动力，以科技创新为引领开拓发展新境界，为我国加速迈进创新型国家行列，加快建设世界科技强国提供坚强支撑。

### （一）激活创新主体更高效

创新驱动战略的核心在于人才，关键在于激发人才创新创造活力。坚持高起点、高标准，建设结构合理的创新人才团队，造就一批具有国际影响力的科学大师和学科带头人等优秀研究群体，在全球范围内吸引一批能够承接重大任务、取得尖端成果、做出卓越贡献、形成"塔尖效应"的顶尖人才。支持高等学校、科研院所和有条件的企业共建基础研究团队。鼓励"以我为主"发起国际大科学计划和大科学工程，吸引海外顶尖科学家和团队参与。尊重市场经济规律和人才成长规律，促进科研人员双向流动，加大创新创业人才激励力度，激发创新者动力和活力，引领带动"大众创业、万众创新"的热潮。

面向经济社会发展需要，支持不同类型的高水平大学和学科差别化发展，合理选择一流大学和一流学科建设路径。推进新兴交叉学科建设，开辟新的学科方向，加强基础学科与应用学科、自然科学与人文社会科学交叉融合，积极推动网络数据科学、量子信息学、生物医学、纳米科学与技术、核科学与技术、航空宇航科学与技术、生物信息学等学科发展与完善。探索建立中央、地方高校及院所等多种形式的高校联合体、校院联合体、校企联合体，发挥各自优势，形成科技创新合力。鼓励高等学校开展国际评估，扩大交流合作，推进国际化进程。鼓励有实力的高校院所等科研机构在基础研究和重大全球性科技领域，积极参与国际科技合作、国际大科学计划和有关援外计划。

强化科技与产业、科技与金融、科技与经济深度融合，构建跨界创新合作网络。支持各类研发创新机构发展，鼓励企业建立开放式创新平台，大力支持本土跨国企业在京设立全球研发中心、实验室、企业技术研究院等新型研发机构。积极支持本土企业以境外投资并购等方式获取关键技术，鼓励国内企业去海外设立研发中心。探索共建合作园、互设分基地、成立联合创投基金等多种方式，吸引跨国公司自建或共建研发机构，深化国际创新交流合作，融入全球创新网络。着力激发企业创新动力和市场活力，培育一批具有国际竞争力的科技领军企业，支持一批"专、精、特、新"中小型科技创新企业，促进科技创新型企业集聚集群发展。

## （二）推动创新载体更丰富

围绕建设具有全球影响力的科技创新中心，加快推动北京中关村科学城、怀柔科学城、未来科技城，建设国际一流的综合性大科学中心。强化原始创新，增强国际科技竞争话语权。集中力量实施脑科学、量子计算与量子通信、纳米科学等大科学计划，重点在信息科学、基础材料、生物医学与人类健康、农业生物遗传、环境系统与控制、能源等国家应用基础研究领域取得一批具有全球影响力的重大成果。推动建设跨学科综合型国家实验室，促进科技基础设施共建共享，为原始创新提供开放共享平台。深化与中国科学院的院市合作机制，积极配合"率先行动计划"，重点支持卓越创新中心建设。争取更多重大科技基础设施落户北京，加快推进高能同步辐射光源、综合极端条件实验、地球系统数值模拟等大科学装置建设，积极推动转化医学国家重大科技基础设施建设。建设支撑未来网络基础研究开发和产业创新的基础性公共平台。促进与中央企业和民营科技型企业等合作，支持重点实验室、工程（技术）研究中心等高水平研发中心建设。

---

**专栏：美国阿贡国家实验室的委托经营（GOCO）管理模式**

阿贡国家实验室成立于1946年，是美国原子能委员会（1977年后成为美国能源部）的第一个国家实验室，也是美国能源部所属最大的研究中心之一。现今阿贡国家实验室已从最初的主要从事核能研究逐步扩展到基础科学、能源资源、环境管理、国家安全、科学设施等多个研究领域，并形成了一套成熟的运作模式和管理机制。

阿贡国家实验室实行的是政府所有、委托经营（GOCO）的管理模式。在此模式中，实验室的土地、研究设施和主要经费由政府提供，而管理工作则通过合同委托给企业、大学或非营利机构等承包商，政府不直接干预实验室的具体运行。GOCO 模式有利于实验室对国家战略和社会需求做出快速响应，使资源配置和使用更加灵活有效，有助于吸引世界一流的科学人才，还可以更好地利用大学和企业的研发管理经验，从而被大多数美国国家实验室所采用。能源部 17 个国家实验室中，有 16 个都采用 GOCO 模式，其中有 6 个国家实验室通过竞标合同由总部在俄亥俄州哥伦布斯的非营利性的私营公司 Battelle 管理。

大力支持众创空间发展。整合各类科技资源，推进大型科学仪器设备、科技文献、科学数据等科技基础条件平台建设，加快财政投入的科研基础设施向创新创业中小企业开放，建立健全开放共享的运行服务管理模式和支持方式。鼓励发展混合所有制的孵化机构，支持有优势的民营科技企业搭建孵化器等创新平台，探索设立国有非企业研发机构。扶持发展孵化器、加速器等创业服务机构，支持创建创业大学、创客学院，鼓励存量商业商务楼宇、旧厂房等资源改造，促进市区联动、社会力量参与，提供开放的创新创业载体。引导和鼓励国内资本与境外合作在京设立创新创业孵化平台，引进境外先进创业孵化模式，提升创新型孵化器孵化能力。加快发展高端创业孵化平台，支持创新型孵化器在海外设立跨境创业服务平台，构建集创业孵化、资本对接、营销服务等为一体的众创空间。

聚焦中关村国家自主创新示范园区，统筹"一区多园"协调发展，打造全国科技创新高地。聚力推进中关村科学城建设，依托中国科学院有关院所、高等学校和中央企业，集中建设下一代互联网及应用技术创新园、航天科技创新园、航空科技园、宽带技术产业创新园等专业园区，打造新型特色产业园和产业技术研究院，实现基础前沿研究重大突破，形成一批具有世界影响力的原始创新成果，为经济社会发展孕育新兴产业增长点，形成国家知识创新和战略性新兴技术重要源头。完善"一区多园"统筹发展机制，明确中关村国家自主创新示范区各园区发展功能和产业定位，建立"一区多园"协调机制，坚持综合性园区与专业化园区发展相结合，坚持主导产业和特色产业发展相结合。强化中关村创新平台功能，充分发挥北京市和中央在京单位的改革合力，探索新一轮更高层面、更宽领域的改革试点，进行新的政策设计，形成新一批政策突破。以中国国际技术转移中心为载体，加快建设国家技术转移集聚区，打造辐射全国、链接全球的技术转移枢纽。

实施技术创新跨越工程，打造国家创新驱动先行区。建设国际一流的和谐宜居之都，实施首都蓝天、生态环境持续改善、食品质量安全保障、重大疾病科技攻关、城市建设与精细化管理提升等系列行动。实施新一代信息技术、生物医药、能源、新能源汽车、先导与优势材料、数字化制造、轨道交通等产业技术跨越发展工程，加快战略性新兴产业跨越发展。积极引领新经济发展，实施"互联网+"行动计划，推动现代服务业高端化发展，全面推进"设计之都"建设，深化科技与文化融合发展，加快推动北京国家现代农业科技城建设，促进现代农业创新发展。

（三）优化创新服务更完善

围绕推动政府职能从研发管理向创新服务转变，完善科技创新平台，构建创新创业服务体系，全面提升创新创业服务能力和水平。

完善科技创新服务平台。完善首都科技条件平台、首都科技大数据平台、中关村开放实验室等公共服务平台。加快院士专家工作站、院士专家服务中心建设。推进研究开发、技术转移和融资、知识产权服务、第三方检验检测认证、质量标准、科技咨询等机构改革，构建社会化、市场化、专业化、网络化的科技创新服务平台。统筹建设全国知识产权运营公共服务平台，建设国家知识产权服务业集聚发展示范区。探索推动产业协同创新共同体建设，构建集约化、专业化、社区化的创新创业环境，助力产业转型升级和大众创业、万众创新。

构建创新创业服务体系。推动建立以政府为主导，以孵化器为基础，以科技服务平台为支撑，汇集政策指导、科技创新、资本对接、成果转化、创业服务等功能，凝聚官、产、学、研、金、介、媒等多个科技发展元素的创新创业服务模式。建立便捷高效的商事服务机制，降低创业门槛。引导科研院所和高等学校为企业技术创新提供支持和服务。鼓励小微企业和创业团队通过创新券方式，利用国家级和市级重点实验室、工程技术研究中心及北京市设计创新中心等开展研发活动和科技创新。鼓励社会化新型研发机构发展。完善市场化、国际化、专业化服务体系，建立全球创新联络站，拓展国际合作窗口，形成与国际接轨的服务业扩大开放新格局，推动科技服务深度融入全球化进程。

促进科技中介服务。重点支持和大力发展研究开发、技术转移、检验检测认证、创业孵化、知识产权、科技咨询、科技金融等专业科技服务和综合科技服务，培育一批知名科技服务机构和骨干企业，形成若干个科技服务产业集群。培育市场化新型研发组织、研发中介和研发服务外包新业态。发挥科技类行业协会作用。建立与国际知名中介机构深度合作交流的渠道，打造辐射全球的技术转移交易网络。

（四）落实创新政策更到位

加大财政科技投入力度，促进科技创新多元化投入。加强对基础研究的财政投入，完善稳定支持机制。设立北京市战略性新兴产业技术跨越工程引导资金，加大对产业关键共性技术和贯穿创新链科技创新项目的支持力度。完善创业投资引导机制，通过政府股权投资、引导基金、政府购买服务、政府和社会资本合作等市场化投入方式，引导社会资金投入科技创新领域。放宽对外资创业投资基金的投资限制，鼓励中外合资创业投资机构发展。支持创业投资机构加大对境外高端研发项目的投资，分享高端技术成果。围绕推进"高精尖"经济结构，设立专项发展资金，研究制定覆盖先进制造业、现代服务业、总部经济和高新技术产业的针对性产业发展政策，进行重点突破和集中扶持，帮助企业降低成本，激励企业创新发展。

强化税收优惠支持。完善企业研发费用计核方法，调整目录管理方式，扩大研发费用加计扣除优惠政策适用范围。落实国家对包括天使投资在内的投向种子期、初创期等创新活动投资的相关税收支持政策。实施国家调整创业投资企业投资高新技术企业条件限制的规定，允许有限合伙制创业投资企业法人合伙人享受投资抵扣税收优惠政策。探索研发投入双倍抵扣政策。对科技研发、收购创新资源和重大项目、模式和业态创新转型等方面的投入，均视同于利润。落实国家关于高新技术企业和科技型中小企业科研人员通过科技成果转化取得股权奖励收入时，可在 5 年内分期缴纳个人所得税的税收优惠政策，并积极争取进一步完善股权奖励递延缴纳个人所得税办法。

加强金融支持。围绕国家科技金融创新中心建设，以中关村银行设立为契机，强化科技金融服务。建立国有资本创业投资基金制度，扩大政府天使投资引导基金规模，强化对创新成果在种子期、初创期的投入。引导社会资本加大投入力度，对引导基金参股天使投资形成的股权，5 年内可原值向天使投资其他股东转让。支持保险机构开展科技保险产品创新，支持保险机构与创投企业开展合作。组建政策性融资担保机构或基金。建设股权众筹平台，探索开展股权众筹融资服务试点。开展债券品种创新，支持围绕战略性新兴产业和"双创"孵化产业通过发行债券进行低成本融资。推动互联网金融创新中心建设。在中关村国家自主创新示范区探索为科技创新创业企业提供股权债权相结合的融资服务方式；鼓励符合条件的银行业金融机构在依法合规、风险可控的前提下，与创业投资、股权投资机构实现投贷联动，支持科技创新创业。

落实国家"双创"政策，建设一批国家级创新平台和"双创"基地。实施"创业中国中关村引领工程"，鼓励龙头骨干企业、科研院所、高等学校建设市场化的众创空间，服务实体经济转型升级。引导众创空间自主探索、自我管理、自律发展。依托社会机构组织开展众创空间评选、创业项目遴选、业务指导和监督管理。实施中关村大街改造提升工程，加快海淀区"一城三街"建设，完善创新生态体系和创新链条。深入推进国家科技服务业区域试点、北京市服务业扩大开放综合试点、中关村现代服务业试点。降低科技服务领域外资准入门槛，引导和鼓励国内资本与境外资本合作设立新型创业孵化平台。

加强创新创业人才支持。推进中关村人才管理改革试验区建设，开展外籍人才出入境管理改革试点，对符合条件的外籍人才简化永久居留、签证等办理流程，让北京真正成为人才高地和科技创新高地。开展人才引进使用中的知识产权鉴定制度试点。深入推进"千人计划""海聚工程"等领军人才计划，打造世界一流人才发展平台和人才制度高地。深入实施"北京市科技新星计划""科技北京百名领军人才培养工程""北京学者计划""高层次创新创业人才支持计划""中关村高端领军人才聚集工程"等人才计划，建立健全人才梯度培养机制。创新人才培养机制，健全人才评价体系，推进人才结构战略性调整。对国有企事业单位科研人员和领导人员因公出国进行分类管理，对技术和管理人员参与国际创新合作交流活动，实行有别于领导干部、机关工作人员的出国审批制度。探索建立科研人员双向流动机制，鼓励高等学校和科研院所人才互聘，允许高等学校、科研院所设立一定比例的流动岗位，吸引企业人才兼职。鼓励科研人员在职离岗创业。允许高校和科研院所等事业单位科研人员在履行所聘岗位职责前提下，到科技创新型企业兼职兼薪。加大创新创业人才激励力度。构建职务发明法定收益分配制度，完善科研院所绩效工资和科研经费管理制度，提高科研项目人员经费比例。探索采用年薪工资、协议工资、项目工资等方式聘任高层次科技人才。对高校和科研院所以科技成果作价入股的企业，放宽股权激励、股权出售对企业设立年限和盈利水平的限制。探索实施国有企业股权激励和员工持股制度，试点国有科技创新型企业对重要科技人员和管理人员实施股权和期权激励。妥善解决各类人才住房、医疗、子女入学等现实问题，鼓励人才集聚的大型企事业单位和产业园区利用自用存量用地建设单位租赁房或人才公寓。优化海外人才医疗环境，鼓励支持具备条件的医院加强与国内外保险公司合作，鼓励医院与商业医疗保险直接结算。支持国内社会组织兴办外籍人员子女学校。

## （五）健全创新制度更坚实

深入落实创新驱动发展与体制机制改革系列重大部署，充分发挥中关村国家自主创新示范区改革"试验田"的作用，加快推进京津冀全面创新改革试验，破除制约创新的制度藩篱，形成充满活力的科技管理和运行机制，为科技供给侧改革建立坚实的制度保障。

推动政府创新治理现代化。依法全面履行政府职能，建立权力清单和责任清单制度。深化行政审批制度改革，提高行政效能，建立创新政策调查和评价制度，加快政府职能从研发管理向创新服务转变，为各类创新主体松绑减负、清障搭台。建立科技创新智库，提升对创新战略决策的支撑能力、科技创新政策的供给能力、创新理念的引领能力，推进决策的科学化和现代化，探索政策措施落实情况第三方评估机制。大力发展市场化、专业化、社会化的创新服务机构和组织，逐步建立依托专业机构管理科研项目的市场化机制。建立健全科技报告制度和创新调查制度，加强公共创新服务供给。建立健全创新政策协调审查制度。推动创新薄弱环节和领域的地方立法进程，构建适应创新驱动发展需求的法治保障体系。深化科技项目资金管理改革，建立符合科研规律、高效规范的管理制度，强化对科研人员的激励。

健全技术创新市场导向机制。加快营造公平竞争的市场环境。改进互联网、金融、节能、环保、医疗卫生、文化、教育等领域的监管，支持和鼓励新业态、新商业模式发展。严格知识产权保护，加快形成行政执法和司法保护两种途径优势互补、有机衔接的知识产权保护模式，健全知识产权举报投诉和维权援助体系。探索建立符合国际规则的政府采购技术标准体系，完善新技术、新产品首购首用风险补偿机制。建立高层次、常态化的企业技术创新对话、咨询制度，发挥企业和企业家在创新决策中的重要作用。健全国有企业技术创新经营业绩考核制度，加大技术创新在国有企业经营业绩考核中的比例。

加强协同创新体制机制建设。央地合力助推改革向纵深发展，允许在京中央高等学校、科研院所在符合国家相关法律法规的前提下，经主管部门授权，试行北京市的相关创新政策。在京中央高等学校、科研院所依法自主决定科技成果转移转化收益分配，支持北京市统筹用好各类创新资源，鼓励市属和中央高等学校协同创新。积极推动军民融合发展，鼓励在京企业、高等学校和科研院所承担国防科技前沿创新研究工作，并给予相关配套优惠政策。加快构建京津冀协同创新共同体，构建分工合理的京津冀创新发展格局，建立协同创新政策互动、资源共享、市场开放三大机制，构建创新资源、创新攻关、创新成果三大平台，开展先行先试政策推广、产业转移升级、生态文明建设先行和科技金融创新四大试点，联合打造创新发展战略高地和自主创新源头，让科技创新成为支撑经济社会可持续发展的原动力，勇当区域协同发展和创新驱动发展的先行者。

# 参考文献

［1］ Anttiroiko A V. Science Cities：Their Characteristics and Future Challenges ［J］. International of Technology Management，2014，28（3-6）：395-418.

［2］ Asheim B T. The Changing Role of Learning Regions in the Globalizing Knowledge Economy：A Theoretical Re-examination ［J］. Regional Studies，2012，46（8）：993-1004.

［3］ Atkinson R D, Correa D K. 2007 State New Economy Index：Benchmarking Economic Transformation in the State ［R］. The Information Technology and Innovation Foundation.

［4］ Atkinson R D, Gottlieb P D. The metropolitan new economy index：benchmarking economic transformation in the nation's metropolitan areas ［R］. Progressive Policy Institute.

［5］ Bessant J, Alexander A, Tsekouras G, et al. Developing innovation capability through learning networks ［J］. Journal of Economic Geography，2012，2（1）：19-38.

［6］ Chapple K, Markusen A, Schrock G, et al. Gauging Metropolitan "High-Tech" and "I-Tech" Activity ［J］. Economic Development Quarterly，2016，18（1）：10-29.

［7］ Choi HaeOk. A Study of Actor's Knowledge Network in Creative Industry：The Formation Process and Structural/Spatial/Temporal Characteristics of Innovation Cluster in the Case of Digital Contents ［D］. Tokyo：The University of Tokyo, 2011.

[8] L Corona, J Doutriaux, S A Mian. Building Knowledge Regions in North America: Emerging Technology Innovation Poles [J]. Books, 2006, 19 (38): 227-231.

[9] Cunha I V D, Selada C. Creative urban regeneration the case of innovation hub [J]. International Journal of Innovation and Regional Development, 2009, 1 (1): 371-386.

[10] Knight R V. Knowledge-based development: policy and planning implications for cities [J]. Urban Studies, 1995, 32 (2): 225-260.

[11] Koh F C, Koh W T, Tschang F T. An analytical framework for science parks and technology districts with an application to Singapore [J]. Journal of Business Venturing, 2005, 20 (2): 217-239.

[12] Krätke. Global Pharmaceutical and Biotechnology Firms' Linkages in the World City Network [J]. Urban Studies, 2014, 51 (6): 1196-1213.

[13] Lazzeroni M. High-tech Activities, System Innovativeness and Geographical Concentration: Insights into Technological Districts in Italy [J]. European Urban and Regional Studies, 2010, 17 (1): 45-63.

[14] LeSage J P, Fischer M M, Scherngell T. Knowledge spillovers across Europe: Evidence from a Poisson spatial interaction model with spatial effects [J]. Papers in Regional Science, 2007, 86 (3): 393 - 421.

[15] Maskell Peter, Harald Bathelt, Anders Malmberg. Building global knowledge pipelines: the role of temporary clusters [J]. European planning studies, 2006, 14 (8): 997-1013.

[16] Matthiessen, Christian Wichmann, Annette Winkel Schwarz. World cities of scientific knowledge: Systems, networks and potential dynamics. An analysis based on bibliometric indicators [J]. Urban Studies, 2014, 47 (9): 1879-1897.

[17] Miao C, Wei Y D, Ma H. Technological learning and innovation in China in the context of globalization [J]. Eurasian Geography and Econom-

ics, 48 (6): 713-732.

[18] Moulaert F, Sekia F. Territorial Innovation Models A Critical Survey [J]. Regional Studies, 2003, 37 (3): 289-302.

[19] Nam Yoonjae, George A Barnett. Globalization of technology: Network analysis of global patents and trademarks [J]. Technological Forecasting and Social Change, 2011, 78 (8): 1471-1485.

[20] NEA, NASDAQ. Cybercities: a city-by-city overview of the high-technology industry [R]. American Electronics Association.

[21] Pan Raj Kumar, Kimmo Kaski, Santo Fortunato. World citation and collaboration networks: uncovering the role of geography in science [J]. Scientific Reports, 2012, 2 (11): 902.

[22] Saxenian A. The new Argonauts: Regional advantage in a global economy [M]. Cambridge: Harvard University Press, 2007.

[23] Schumpeter J. The theory of economic development: an inquiry into profits, capital, credit, interest, and the business cycle [M]. New Brunswick, N J: Transaction Books, 1983.

[24] Scott A J. Techno polis: High-technology Industry and Regional Development in Southern California [M]. Berkeley, Los Angeles, Oxford: University of California Press, 1993.

[25] Seitinger S. Spaces of innovation: 21st century techno poles [D]. Cambridge: MITDepartment of Urban Studies and Planning, 2004.

[26] Simmie J. Innovative Cities [M]. London and New York: Spon Press, 2001.

[27] Simmie J. Innovation and Space: A Critical Review of the Literature [J]. Regional Studies, 2005, 39 (6): 789-804.

[28] Smilor R W, Gibson D V, Kozmetsky G. Creating the Technopolis: High Technology development in Austin, Texas [J]. Journal of Business Venturing, 1989, 4 (1): 49-67.

[29] Smilor R, O'Donnell N, Stein G, et al. The Research University and the Development of High-Technology Centers in the United States [J].

Economic Development Quarterly, 2014, 21 (3): 203-222.

[30] Taylor P J, Derudder B, Faulconbridge J, et al. Advanced producer service firms as strategic networks, global cities as strategic places [J]. Economic Geography, 2013, 90 (3): 267-291.

[31] Thornton P, Flynn K. Networks and Geographies in the Study of Entrepreneurship [J]. Handbook of Entrepreneurship Research, 2003, 18 (5): 409-413.

[32] Watson, Allan. The world according to iTunes: mapping urban networks of music production [J]. Global Networks, 2012, 12 (4): 446-466.

[33] Wong K W, Bunnell T. "New economy" discourse and spaces in Singapore: a case study of one-north [J]. Environment and Planning A, 2006, 38 (1): 69-83.

[34] Caves. Multinational firms, Competition and Productivity in host country markets [J]. Economic, 1974, 41 (162): 176-193.

[35] Charles Edquist, Leif Honunen. Theory and policy for the demand Side [J]. Technology In Society, 1999, 21 (1): 63-79.

[36] DeBresson C, Amesse F. Networks of Innovators: A Review and Introduction to the Issue [J]. Research Policy, 1991, 20 (5): 363-379.

[37] Dosi. Technical Change and Economic Theory [M]. London: Pinter, 1988.

[38] Findlay R. Relative Backwardness, Direct Foreign Investment and Transfer of Technology [J]. Quarterly Journal of Economics, 1978, 92 (1): 1-16.

[39] Hospers G J. Creative Cities: Breeding Places in the Knowledge Economy [J]. Knowledge, Technology & Policy, 2003, 16 (3): 143-162.

[40] Sternberg R J. Implicit theories of intelligence, creativity, and wisdom [J]. Journal of personality and social psychology, 1985, 49 (49): 607-627.

[41] Pillai P M. Technology Transfer, Adaptation and Assimilation [J]. Economic and Political Weekly, 1979, 14 (47): 121-126.

[42] Aitken B, A Harrison. Do Domestic Firms Benefit from Direct Foreign

Investment? Evidence from Venezuela [J]. American Economic Review, 1999, 89 (3): 605-618.

[43] Coe D T, E Helpman. International R&D Spillovers [J]. European Economic Review, 2004, 39 (5): 859-887.

[44] Romer P. Endogenous Technological Change [J]. Journal of Political Economy, 1999, 98 (98): 71-102.

[45] ANSI. National Standards Strategy for the United States [R]. Washington DC, 2000.

[46] Xu B, Wang J. Capital Goods Trade and R&D Spillovers in the OECD [J]. Canadian Journal of Economics, 1999, 32 (5): 1258-1274.

[47] Cipolla C M. Guns, sails and empires: technological innovation and the early phases of European expansion 1400 ~ 1700 [M]. New York: Pantheon Books, 1965.

[48] Perkins D. The evolution of American foreign policy [M]. Cambridge: Oxford University Press, 1954.

[49] Wong C Y, Wang L. Trajectories of science and technology and their co-evolution in BRICS: Insights from publication and patent analysis [J]. Journal of Informatics, 2015, 9 (1): 90-101.

[50] Twelfth Five Year Plan (2012—2017): Faster, More Inclusive and Sustainable Growth [R]. Planning Commission, Government of India. November 2012.

[51] Report to the People 2012 [R]. National Innovation Council, Government of India. November 2012.

[52] Chaminade C, Vang J. Globalization of Knowledge Production and Regional Innovation Policy: Supporting Specialized Hubs in the Bangalore Software Industry [J]. Research Policy, 2008, 37 (10): 1684-1696.

[53] The GATT Uruguay Round: A Negotiating History (1986-1992), Volume II: Commentary [R]. Terence P Stewart, 1993.

[54] William A Lovett, Alfred E Eckes Jr, Richard L Brinkman. U. S.

Trade Policy: History, Theory, and the WTO [M]. New York: M E Sharpe, 2004.

[55] Blakeney M. Trade Related Aspects of Intellectual Property Right: A Concise Guide to the TRIPS Agreement [M]. London: Sweet & Maxwell, 1996.

[56] Henry Etzkowitz, Loet Leydesdorff. The dynamics of innovation: from National Systems and "Mode 2" to a Triple Helix of university−industry−government relations [J]. Research Policy, 2000, 29 (2): 109-123.

[57] B Lindstrom. Scaling Back TRIPS−plus: An Analysis of Intellectual Property Provisions in Trade Agreement And Implications for Asia and the Pacific [J]. New York University Journal of International Law and Politics, 2010, 1 (2): 111 − 124.

[58] Henning Grosse Ruse−Khan. China−Intellectual Property Rights: Implications for the TRIPS−plus Border Measures [J]. The Journal of World Intellectual Property, 2010, 13 (5): 620-638.

[59] Susy Frankel. The Legitimacy and Purpose of Intellectual Property Chapters in FTAs [R]. Victoria University of Wellington Legal Research Papers, NO1, 2011.

[60] WTO Declaration on Global Electronic Commerce, WT/MIN (98) / DEC/2, 20 May 1998.

[61] J Schott, Cathleen Cimino−Isaacs. Assessing the Trans−Pacific Partnership Volume 2: Innovations in Trading Rules [R]. Peterson Institute for International Economics, March 2016.

[62] European Commission [R]. Report of the 13th Round of Negotiations for the Transatlantic Trade and Investment Partnership, April 2016.

[63] Inside U. S. Trade, Cross−Border Data Provisions Not Included In Draft EU Digital Trade Chapter, July 27, 2016.

[64] U. S. International Trade Commission, Digital Trade in the U. S. and Global Economies, July 2013, Part 1, p. 5-2.

[65] European Commission [R]. Report of the 17th TISA Negotiation Round,

April 2016.

[66] Inside U. S. Trade, Financial Services Firms Fight TPP Data Flow Rules, Backed By House GOP, November 19, 2015.

[67] European Commission [R]. Report of the 21th TISA Negotiation Round, November 2016.

[68] European Commission [R]. Report of the 16th TiSA Negotiation Round, 31January-5February 2016, 19/02/2016.

[69] United States International Trade Commission [R]. "Digital Trade in the U. S. and Global Economies." Part 1. July 2013.

[70] James Canham and Members of the Accenture Global Customs Industry Team. "From Borders to Boundless: The Digital Dilemma in Customs." WCO News. October 2013.

[71] APEC. APEC Digital Prosperity Checklist [R]. November 2008.

[72] United States International Trade Commission [R]. "Promoting Cross-Border Data Flows Priorities for the Business Community." April 2014.

[73] Greg Hicks. "Digital Trade and Cross Border Data Flows in the Trans-Pacific Partnership." Mar 2014.

[74] Bach S, G Erber. Electronic Commerce: A Need for Regulation? [R]. The World Trade Organization Millennium Round, 2001.

[75] Digital Trade in the U. S. and Global Economies Part 1. Investigation No. 332-531. USITC. USITC Publication 4415, 2013.

[76] Soumitra Dutta, Bruno Lanvin, Sacha Wunsch-Vincent. The Global Innovation Index [R]. Cornell University, INSEAD and WIPO, 2017.

[77] Rachel F Fefer, Shayerah Ilias Akhtar, Wayne M Morrison. Digital Trade and U. S. Trade Policy [R]. January 13, 2017.

[78] 马克思, 恩格斯. 马克思恩格斯选集 (1-4) [M]. 中共中央马克思恩格斯列宁斯大林著作编译局, 译. 北京: 人民出版社, 1995.

[79] 约瑟夫·熊彼特. 经济发展理论 [M]. 杜贞旭, 郑丽萍, 刘昱岗, 译. 北京: 商务印书馆, 1990.

［80］约瑟夫·熊彼特. 资本主义、社会主义和民主［M］. 吴良健，译. 北京：商务印书馆，1979.

［81］约翰·希克斯. 价值与资本［M］. 薛蕃康，译. 北京：商务印书馆，1982.

［82］雷蒙德·弗农. 国际企业的经济环境［M］. 沈荣根，封福海，译. 上海：上海三联书店，1990.

［83］保罗·克鲁格曼，茅瑞斯·奥伯斯法尔德. 国际经济学［M］. 海闻，等译. 北京：中国人民大学出版社，1998.

［84］迈克尔·波特. 竞争优势［M］. 陈小悦，译. 北京：华夏出版社，2005.

［85］迈克尔·波特. 国家竞争优势［M］. 李明轩，邱如美，译. 北京：中信出版社，2007.

［86］乔尔·布利克，戴维·厄恩斯特. 协作型竞争［M］. 林燕，译. 北京：中国大百科全书出版社，1998.

［87］狄昂照，等. 国际竞争力［M］. 北京：改革出版社，1992.

［88］李建平. 科技进步与经济增长［M］. 北京：中国经济出版社，2005.

［89］黄茂兴，等. 国家创新竞争力研究：理论、方法与实证［M］. 中国社会科学出版社，2012.

［90］杜奇华. 国际技术贸易［M］. 2版. 上海：复旦大学出版社，2012.

［91］薛伟贤. 国际技术贸易［M］. 西安：西安交通大学出版社，2008.

［92］刘春田. 知识产权法教程［M］. 北京：中国人民大学出版社，1995.

［93］国家创新驱动发展战略纲要. http://www.most.gov.cn/yw/201605/t20160520_ 125675.htm.

［94］国家中长期科学和技术发展规划纲要（2006—2020年）. http://www.gov.cn/zwgk/2006-02/14/content_ 191891.htm.

［95］"十三五"国家科技创新规划.

［96］何传启，张凤. 知识创新：竞争新焦点［M］. 北京：经济管理出版

社，2001.

[97] 尹继佐. 世界城市与创新城市：西方国家的理论与实践 [M]. 上海：上海社会科学院出版社，2003.

[98] 陈向东. 国际技术转移的理论和实践 [M]. 北京：北京航空航天大学出版社，2007.

[99] 曹阳. 国际知识产权制度 [M]. 北京：法律出版社，2011.

[100] 朱雪忠. 知识产权制度战略化问题研究 [M]. 北京：北京大学出版社，2010.

[101] 吴汉东. 知识产权制度国际化问题研究 [M]. 北京：北京大学出版社，2010.

[102] 王景川. 知识产权制度现代化问题研究 [M]. 北京：北京大学出版社，2010.

[103] 马丹. 美国对外贸易体制研究 [M]. 北京：中国经济出版社，2010.

[104] 何志鹏. 国际经济法的基本理论 [M]. 北京：社会科学文献出版社，2010.

[105] 刘振环. 美国贸易政策研究 [M]. 北京：法律出版社，2010.

[106] 陈劲，黄海霞，张赤东. 中国创新发展报告 [M]. 北京：社会科学文献出版社，2017.

[107] 中华人民共和国科学技术部. 国际科学技术发展报告 2010 [M]. 北京：科学出版社，2010.

[108] 中华人民共和国科学技术部. 国际科学技术发展报告 2011 [M]. 北京：科学出版社，2011.

[109] 左海聪. 国际贸易法 [M]. 北京：法律出版社，2004.

[110] 方创琳，等. 中国创新型城市发展报告 [M]. 北京：科学出版社，2013.

[111] 陈劲，等. 科学、技术与创新政策 [M]. 北京：科学出版社，2013.

[112] 埃德奎斯特，赫曼. 全球化、创新变迁与创新政策 [M]. 胡志坚，

王海燕, 译. 北京: 科学出版社, 2012.

[113] 韩宇. 美国高技术城市研究 [M]. 北京: 清华大学出版社, 2009.

[114] 高锡荣, 罗琳, 张红超. 从全球创新指数看制约我国创新能力的关键因素 [J]. 科技管理研究, 2017, 37 (1): 15-20.

[115] 张强. 全球科技创新中心建设的国际模式比较 [J]. 品牌, 2015 (12).

[116] 赵峥, 刘芸, 李成龙. 北京建设全国科技创新中心的战略思路与评价体系 [J], 中国发展观察, 2015 (6): 77-81.

[117] 赵志耘. 以科技创新引领供给侧结构性改革 [J]. 中国软科学, 2016 (9): 1-6.

[118] 赵磊. 科技创新在供给侧结构性改革中引领作用研究 [J]. 科技创新与生产力, 2016 (9): 1-4.

[119] 黄亮, 杜德斌. 创新型城市研究的理论演进与反思 [J]. 地理科学, 2014, 34 (7): 773-779.

[120] 刘硕, 李治堂. 创新型城市建设国际比较及启示 [J]. 科研管理, 2013 (1): 58-64.

[121] 马海涛, 方创琳, 吴康. 链接与动力: 核心节点助推国家创新网络演进 [J]. 中国软科学, 2012 (2): 88-95.

[122] 马琳, 吴金希. 全球创新网络相关理论回顾及研究前瞻 [J]. 自然辩证法研究, 2011 (1): 109-114.

[123] 周立军. 区域创新网络的结构与创新能力研究 [J]. 南开大学, 2009, 30 (2): 10-12.

[124] 陈蕾. 基于创新系统的中国区域自主创新能力评价及提升对策研究 [D]. 大连: 东北财经大学, 2011.

[125] 赵峥, 刘芸, 李成龙. 北京建设全国科技创新中心的战略思路与评价体系 [J]. 中国发展观察, 2015 (6): 77-81.

[126] 许辉, 杨洁明, 罗奎, 等. 境外创新型城市研究进展及启示 [J]. 城市规划, 2015, 39 (5): 84-89.

[127] 杜德斌. 全球科技创新中心的空间分布、发展类型及演化趋势

[J]. 上海城市规划, 2015 (1): 76-81.

[128] 杜德斌, 等. 上海创建国际产业研发中心的战略研究 [J]. 科学学与科学技术管理, 2005, 26 (4): 23-29.

[129] 侯彬, 邝小文. 熊彼特的创新理论及其意义 [J]. 科学社会主义, 2005 (2): 86-88.

[130] 刘元凤. 创新型城市的综合评价研究 [D]. 上海: 复旦大学, 2010.

[131] 王松, 胡树华, 牟仁艳. 区域创新体系理论溯源与框架 [J]. 科学学研究, 2013, 31 (3): 344-349.

[132] 白春礼. 世界科技创新趋势与启示 [J]. 科学发展, 2014 (3): 5-12.

[133] 刘硕, 李治堂. 创新型城市国际比较及启示 [J]. 科研管理, 2013 (1): 58-64.

[134] 牛欣, 陈向东. 城市创新跨边界合作与辐射距离探析——基于城市间合作申请专利数据的研究 [J]. 地理科学, 2013, 33 (6): 659-667.

[135] 钱维. 创新型城市发展道路——美国典型城市转型经验和启示 [J]. 改革与开放, 2011 (4): 16-19.

[136] 宋河发, 穆荣平, 任中保. 国家创新型城市评价指标体系研究 [J]. 中国科技论坛, 2010 (3): 20-25.

[137] 赵峥. 国外主要创新城市发展实践与借鉴 [J]. 决策咨询, 2011 (1): 87-92.

[138] 周叔莲, 王伟光. 科技创新与产业结构优化升级 [J]. 管理世界, 2001 (5): 70-78.

[139] 白津夫. 站在国家战略高度谋划首都科技创新中心建设 [J]. 前线, 2015 (2): 87-89.

[140] 国务院发展研究中心课题组. 上海建设具有全球影响力科技创新中心的战略思路与政策取向 [J]. 科学发展, 2015 (5): 59-68.

[141] 申建军. 关于建设国家科技创新中心的思考 [J]. 前线, 2015 (1): 87-89.

[142] 姜鑫，余兴厚，罗佳. 我国科技创新能力评价研究［J］. 技术经济与管理研究，2010（4）：41-45.

[143] 王志刚. 加快建设创新型国家［N］. 人民日报，2017-12-7.

[144] 上海市人民政府发展研究中心课题组. 上海建设具有全球影响力科技创新中心战略研究［J］. 科学发展，2015（4）：63-81.

[145] 陈仲常，马红旗. 国际技术贸易与我国技术创新能力的关系研究——基于我国高技术产业的实证分析［J］. 产业经济研究，2010，2010（4）：65-74.

[146] 张鸿博. 技术贸易及贸易模式演变探究［D］. 沈阳：东北大学，2014.

[147] 徐元. 建设创新型国家对我国对外技术贸易发展的影响［J］. 中国科技论坛，2007（7）：7-11.

[148] 吴欣. 我国技术贸易、服务贸易与实物贸易关系研究［J］. 统计与决策，2014（4）：110-113.

[149] 刘迪玲. 新形势下我国技术贸易发展对策研究［J］. 国际贸易，2016（9）：28-31.

[150] 周利梅. 中国技术贸易竞争力研究［D］. 福州：福建师范大学，2016.

[151] 吕晓青. 中国知识产权保护与国际技术贸易研究［D］. 杭州：浙江大学，2007.

[152] 何婧. 出口管制法律制度基本问题探析［J］. 长安大学学报（社会科学版），2016，18（3）：131-135.

[153] 许海云，张娴，张志强，等. 从全球创新指数（GII）报告看中国创新崛起态势［J］. 世界科技研究与发展，2017（5）：391-400.

[154] 陆娇，陈大明，江洪波，等. 发达国家技术出口管制政策对中国的影响与启示［J］. 科学，2015，67（6）：39-42.

[155] 钱文婕. 美国出口管制的风险警示［J］. 中国外汇，2017（7）：62-64.

[156] 钱海松. 我国技术贸易影响技术进步的理论机制与实证检验［D］.

杭州：浙江工商大学，2016.

[157] 张月友，陈凤，夏杰长. 中国创新全球化水平及其影响因素研究——基于中国、美国、日本和印度四国的比较 [J]. 国际贸易问题，2017（8）：27-39.

[158] 张志强. 洞察科技发展趋势支撑科学发展决策 [J]. 世界科技研究与发展，2017（7）：96-96.

[159] 李政，杨思莹. 十年创新型国家建设：成就、经验与问题 [J]. 学习与探索，2017（1）：123-131.

[160] 高锡荣，罗琳，张红超，等. 从全球创新指数看制约我国创新能力的关键因素 [J]. 科技管理研究，2017，37（1）：15-20.

[161] 皮·杜阿尔，郑秉文. 试论技术创新全球化趋势——兼评"国家创新体制"理论 [J]. 世界经济，1995（1）：20-23.

[162] 李顺德. 知识产权贸易与知识产权产业 [J]. 对外经贸实务，2007（11）：4-8.

[163] 詹映.《反假冒贸易协定》（ACTA）的最新进展与未来走向 [J]. 国际经贸探索，2014，30（4）：96-108.

[164] 张磊，徐昕，夏玮.《跨太平洋伙伴关系协议》（TPP）草案之知识产权规则研究 [J]. WTO 经济导刊，2013（5）：85-88.

[165] 李晓玲，陈雨松. 国际知识产权贸易谈判的新方略 [J]. 环球法律评论，2011，33（1）：150-160.

[166] 肖夏. 国际知识产权协议之谈判问题研究 [J]. 武汉：武汉理工大学学报（社会科学版），2012，25（2）：157-162.

[167] 魏艳茹. 双边投资协定中的知识产权条款研究 [J]. 国际经济法学刊，2007，14（02）：225-237.

[168] 范超. 知识产权保护全球化体制变革与我国的应对策略 [J]. 国际贸易，2014（1）：25-29.

[169] 杨静，朱雪忠. 中国自由贸易协定知识产权范本建设研究——以应对 TRIPS-plus 扩张为视角 [J]. 现代法学，2013，35（2）：149-160.

[170] 佘小红. 自由贸易协定中知识产权条款研究 [D]. 苏州：苏州大学，2013.

[171] 赵喜仓，刘丹. 美国知识产权密集型产业测度方法研究 [J]. 镇江：江苏大学学报（社会科学版），2013，15（4）：85-89.

[172] 杜颖. 知识产权国际保护制度的新发展及中国路径选择 [J]. 法学家，2016（3）：114-124.

[173] 郭雨洒. TPP 最终文本之 TRIPS-plus 条款探究 [J]. 电子知识产权，2016（1）：44-51.

[174] 丛立先.《跨太平洋伙伴关系协议》知识产权谈判对我国的影响及其应对策略 [J]. 国际论坛，2014（5）：46-52.

[175] 李墨丝. 超大型自由贸易协定中数字贸易规则及谈判的新趋势 [J]. 上海：上海师范大学学报（哲学社会科学版），2017（1）：100-107.

[176] 王晶. 发达国家数字贸易治理经验及启示 [J]. 开放导报，2016（2）：50-54.

[177] 李忠民，周维颖. 美国数字贸易发展态势及我国的对策思考 [J]. 全球化，2014（11）：60-72.

[178] 李海英. 数据本地化立法与数字贸易的国际规则 [J]. 信息安全研究，2016，2（9）：781-786.

[179] 沈玉良，金晓梅. 数字产品、全球价值链与国际贸易规则 [J]. 上海：上海师范大学学报（哲学社会科学版），2017（1）：90-99.

[180] 李忠民，周维颖，田仲他. 数字贸易：发展态势、影响及对策 [J]. 国际经济评论，2014（6）：131-144.

[181] 李杨，陈寰琦，周念利. 数字贸易规则"美式模板"对中国的挑战及应对 [J]. 国际贸易，2016（10）：24-27.

[182] 苏珊·阿里尔·阿伦森. 数字贸易失衡及其对互联网治理的影响 [J]. 信息安全与通信保密，2017（2）：63-69.

[183] 陈靓. 数字贸易自由化的国际谈判进展及其对中国的启示 [J]. 上海：上海对外经贸大学学报，2015，22（3）：28-35.

[184] 乔斯林·马德琳，安德里亚斯·马瑞尔，白晓柯. 无疆界的数字

服务贸易，该如何统计？［J］. 金融市场研究，2016（8）：26-35.

［185］逄健，朱欣民. 国外数字经济发展趋势与数字经济国家发展战略
［J］. 科技进步与对策，2013，30（8）：124-128.

［186］何其生，张喆. 国际自由贸易中的"文化例外"原则［J］. 公民与
法（法学版），2012（5）：4-8.

# 后 记

本人自 2003 年以来，一直从事区域经济合作、全球经贸规则、国际服务贸易、服务业对外开放等领域的研究，近年来在科技创新、技术贸易、知识产权贸易、数字贸易等领域承担了相关部委的课题研究任务。本书是笔者在科技创新与国际贸易领域长期跟踪研究的阶段性成果，恰逢我国迎来改革开放 40 周年，特将这些研究成果整理出来并公开出版，供相关同人交流参考。

本书在写作与出版的过程中，得到了多方人士的支持与帮助，在此一并表示感谢。首先要衷心感谢中国经济研究院白津夫院长，在科技创新领域给予了本人诸多宝贵指导。感谢商务部国际贸易经济合作研究院李钢副院长对本人日常研究工作的指导与支持。感谢商务部服贸司、科技部火炬中心、工信部研究院、国家知识产权局、北京市科委的有关领导和同人，在与他们开展联合研究的过程中，本人获得了大量有益的资料与信息。同时感谢商务部研究院国际服务贸易研究所李俊研究员、李西林副研究员、王拓博士与孙铭壕博士的大力支持，本书的部分资料源于他们完成的相关课题研究报告。另外，还要感谢就读于中国人民大学的杜轶楠、饶瑞、常皓亮等同学，他们在写作资料的收集、整理、加工等方面做了大量的工作。在此对他们的辛勤劳动与大力支持表示深深感谢！

限于知识水平有限，本书仅是笔者在科技创新与国际贸易方面开展跨领域研究的起步之作，尚有大量的前沿与难点问题有待进一步深入探寻与思考。由于时间仓促，本书难免存有不足甚至谬误之处，敬希读者不吝赐教。

崔艳新

2018 年 2 月